Uwe Fenner

Erfolgreich mit Stil

Uwe Fenner

Erfolgreich mit Stil

Der Knigge für alle Lebenslagen

Linde international

Bibliografische Information Der Deutschen Bibliothek
Die Deutsche Bibliothek verzeichnet diese Publikation in der Deutschen Nationalbibliografie; detaillierte bibliografische Daten sind im Internet über http://dnb.ddb.de abrufbar.

ISBN 978-3-7093-0251-4

Abbildungen: Institut für Stil und Etikette

1210 Wien, Scheydgasse 24, Tel.: +43/1/24 630
www.lindeverlag.de
www.lindeverlag.at

Umschlag: buero8
Satz: deleatur (www.deleatur.com)
Druck: Hans Jentzsch & Co. GmbH., 1210 Wien, Scheydgasse 31
1

Inhalt

Statt eines Vorworts 9
Einleitung. 11

1. Kapitel: Die Geschichte des Benimms 13

225 Jahre Knigge. 13
Benimm-Boom zur Gründerzeit 14
Die Zwischenkriegszeit – Bewerber entdecken Benimm als soft skill 15
Die Ära der Erica „von“ Pappritz 16
Die Fünfziger- und Sechzigerjahre 17
Und heute? 18

2. Kapitel: Der moralische Aspekt in der Betrachtung von Stil und Etikette – Erlaubt ist, was gefällt 21

Geschmacklosigkeiten 24

3. Kapitel: Tischetikette 27

Sprechen oder essen – nur eines geht! 27
Das Tischgespräch 34
Aufstehen und Setzen 36
„Liebes Geburtstagskind!“ – Tischreden I 39
„Reden ist Silber, Schweigen ist Gold“ – Tischreden II 43
„Sehr geehrter Herr Präsident“ – Tischreden III 44
Die passende Kleidung 46
Verwirrendes Besteck 59
Wie esse ich ...? 62

4. Kapitel: Allgemeine Regeln des täglichen Miteinanders . . . 69

Die Menschen sind nicht gleich . . . 69
Die Standardregeln . . . 70

5. Kapitel: Benimm im Alltag . . . 81

Haus und Wohnung . . . 83
Ein Gast kommt zu Besuch . . . 88
Beim Neueinzug . . . 90
Auf gute Nachbarschaft . . . 93
Beim Einkaufen . . . 95
Zu Gast bei Freunden und Bekannten . . . 97
Stil und Etikette unterwegs . . . 100
In der Kirche . . . 104

6. Kapitel: Business-Etikette – Die Grundlagen . . . 105

Was ist Business-Etikette und woher kommt sie? . . . 105
Begegnungen im Büro – Der Gruß . . . 109
Besuch kommt ins Büro . . . 112
Geschäftspräsentationen . . . 118

7. Kapitel: Business-Etikette – Am Telefon . . . 155

Das effiziente, stilsichere Telefonat . . . 156
Anrufbeantworter und Rückruf . . . 157

8. Kapitel: Business-Etikette – Brief und E-Mail . . . 161

9. Kapitel: Kleidung und Dresscode . . . 173

Im Büro – Business-Dresscode für den Herrn . . . 173
Was der Gentleman in der Freizeit trägt . . . 180

Kleidung zu besonderen Anlässen – Abendgarderobe, Hochzeits- und Trauerkleidung für den Mann ... 182
Ladies' Dresscode ... 189

10. Kapitel: Drucksachen ... 193

Hochzeit ... 193
Geburt ... 200
Weitere Einladungen ... 201
Tischführungskarten ... 205

11. Kapitel: Gesammelte Fragen und Antworten ... 207

12. Kapitel: Internationale Business-Etikette ... 289

Argentinien ... 289
Brasilien ... 293
China ... 297
England ... 301
Frankreich ... 304
Indien ... 307
Israel ... 310
Italien ... 313
Japan ... 316
Russland ... 319
Spanien ... 322
USA ... 325
Vereinigte Arabische Emirate ... 329

Anhang ... 332
Danksagung ... 334
Register ... 337

Statt eines Vorworts

Lieber Uwe Fenner,

wir kennen uns nun seit über 20 Jahren. Ich denke in erster Linie an Ihre großen Einladungen in Frankfurt. Sie waren der Gastgeber schlechthin, gerade auch der aufstrebenden „Financial Community" und haben dem Austausch untereinander viel Raum gegeben. In meiner Retrospektive haben Sie den Salon der guten alten Zeit ein Stück weit wieder entstehen lassen und diesem durch den Ihnen immanenten Stil einen besonderen Rahmen gegeben. Das in Deutschland so selten gewordene Clubleben, welches in den angelsächsischen Ländern so viel weiter verbreitet ist, wäre die ideale Wirkungsstätte für Ihren gelebten Stil und die dazugehörige Etikette.

Mit Ihrem Buch haben Sie einen wertvollen Beitrag zu einem stilvollen und kultivierten Miteinander geleistet. Es hält Orientierung und Anregungen bereit in einer durch den Mainstream häufig verwechselbar und beliebig gewordenen Gesellschaft.

Viel Aufmerksamkeit und Erfolg wünsche ich Ihnen und Ihrer Berufung,

herzlich, Ihr
Alexander Graf Matuschka

Einleitung

„Benimm ist wieder in“, „Lebenseleganz beflügelt die Karriere“ und „Wer gute Manieren zeigt, wird unter sonst Gleichen am Ende immer das Geschäft machen“. Das sind Überschriften, die in unserer, von hartem internationalen Wettbewerb gekennzeichneten Zeit immer häufiger zu lesen sind. Zumindest das Reden und Schreiben über Höflichkeit und gutes Benehmen scheint wieder in Mode gekommen zu sein. Fast jeden Tag können wir in der Zeitung lesen, dass es bei aller Emanzipation der Frauen doch als liebenswürdig gilt, ihnen etwa die Tür aufzuhalten. Nun, Benimmregeln sind nichts Neues.

Die ältesten bekannten schriftlichen Ratschläge zum guten Benehmen stammen aus dem Jahre 1240. Ein fahrender Dichter und Minnesänger, der sich als „Tanhuser“ bezeichnete, schrieb in jenem Jahr ein Traktat mit dem Titel „Tischzucht“. Immerhin ist dieser erste Etikette-Autor durch Richard Wagners am 19. Oktober 1845 in Dresden uraufgeführte Oper Tannhäuser unsterblich geworden. Tannhäuser, eigentlich ein Liebeslyriker, entwickelte in seiner Schrift einen umfangreichen Katalog von Benimmregeln, der unter anderem von den folgenden Gebräuchen dringend abriet: Sich während des Tafelns die Nägel zu schneiden, sich so gierig auf das Essen zu stürzen, dass man sich dabei in den Finger beißt, zu schmatzen, zu rülpsen und zu furzen oder sich ob der Läuse ausgiebig zu kratzen. Ebenso sollten die Leser davon absehen, sich kräftig in die Hand zu schnäuzen, um mit derselben anschließend die gemeinsame Schüssel nach saftigen Fleischbrocken zu durchsuchen.

Benimmbücher von einst und jetzt hatten und haben immer das gleiche Ziel: dem Verfall von Sitte und Anstand mittels Regeln Einhalt zu gebieten und letztlich das Zusammenleben in einer Gemeinschaft erträglicher zu machen. Benimmregeln oder auch ganz einfach nur das Gebot gegenseitiger Rücksichtnahme, die Überlegung, wie das eigene Handeln auf andere wirkt, beugen Missverständnissen und Verärgerung vor und bringen letztlich gerade auch dem Rücksicht Übenden langfristige Vorteile.

1. Kapitel: Die Geschichte des Benimms

Doch nicht nur in unserer Zeit sind Ratgeber zu Benimm und Etikette gefragt. Im 16. Jahrhundert beispielsweise wurden die Deutschen, vor allem in Frankreich, als „porco tedesco“, als deutsches Schwein, verachtet. Heute noch streicht die hochkultivierte französische Aristokratie ihre Überlegenheit gegenüber dem gemeinen Volk stark heraus und pflegt den Abstand zu jenen, denen sie Kultur absprechen, deutlich zu zeigen. Zur Verfeinerung vor allem der französischen Sitten entscheidend beigetragen hat das absolutistische Barockimperium des Sonnenkönigs Ludwig XIV. in der zweiten Hälfte des 17. und im frühen 18. Jahrhundert. In der nunmehr festen Residenz mussten unzählige Menschen auf vergleichsweise engem Raum zusammenleben. Das gelang vor allem durch die in diesem Hofstaat fein ausgebildete Sozialpyramide, in welcher jeder einen bestimmten Rang einnahm und eine gewisse Funktion ausübte, die seinen „Wert“ bemaß.

225 Jahre Knigge

Die Zeiten wandelten sich und mit ihnen auch die Auffassung von gutem Benehmen und dem wünschenswerten Umgang der Menschen untereinander. Im Jahre 1788 schließlich veröffentlichte Adolph Freiherr Knigge sein berühmtes Werk „Über den Umgang mit Menschen“. Dass „Der Knigge“ bis heute Synonym für einen Benimmratgeber ist, beruht allerdings auf einer Fehlinterpretation seines Werkes: Der Ursprungs-Knigge war mitnichten ein Benimmbuch, sondern stellte vielmehr einen Leitfaden praktischer Lebensphilosophie dar. Dass „Der Knigge“ zum Lehrbuch der feinen Gesellschaft wurde, verdankt er seinem späteren Bearbeiter, dem Berliner Pädagogen Friedrich Philipp Wilmsen, der 20 Jahre nach Freiherr Knigges Tod dem Werk einen Teil hinzufügte, der tatsächlich Hinweise zur Etikette enthielt.

Allerdings hatte Knigge durchaus das Fundament dafür gelegt: In seinem Buch vermittelte er seine Überzeugung, dass für ein funktionierendes Zusammenleben der Menschen innerhalb einer Gesellschaft bestimmte Regeln notwendig seien. Sein Buch ist bestimmt von den immer wiederkehrenden Forderungen nach den schon von den mittelalterlichen „Manieren-Dichtern“ eingeforderten Lebensmaximen: Augenmaß, Bescheidenheit und Zurückhaltung in allen Dingen. Knigges praktische Philosophie enthält die Forderung an die Leser, zwar effektiv, doch stets moralisch zu handeln.

Benimm-Boom zur Gründerzeit

In der Gründerzeit des Kaiserreichs erlebten Benimmbücher einen wahren Boom. Durch Deutschlands Wandel vom Agrar- zum Industriestaat wurde der materielle Besitz zum Kriterium der Klassifizierung eines Menschen. An die Stelle von Stand und Adel traten Fabrikanten und Geschäftsleute. Viele „Neureiche“ und „Schlotbarone“ waren schnell in die Lage gekommen, den Lebensstandard zu leben, der vorher nur dem Adel und dem alteingesessenen Bildungsbürgertum vorbehalten war. Diese Menschen verfügten aber nicht über das notwendige Benimm-Know-how, um in der feinen Gesellschaft eine gute Figur abzugeben. Mithilfe einschlägiger Benimmbücher wollte man den fehlenden Schliff nachholen.

Individuelle Visite, Begrüßen, Tischetikette und Bekleidungsfragen dominierten auch damals die Benimmbücher von Constanze von Franken, Ernst von Hagen und Albert Hohenwart, der jungen Damen Ratschläge zur Vermeidung von Peinlichkeiten gab. Beispielsweise sei

„den Hund spazieren zu führen für eine junge Dame kein geeignetes Geschäft“. Denn „auch der wohlerzogenste Hund kann sie in unangenehme Situationen bringen“ (Albert Hohenwart, „Form und Takt“, um die Jahrhundertwende 19./20. Jahrhundert).

Die Zwischenkriegszeit – Bewerber entdecken Benimm als soft skill

Zwischen den Weltkriegen erlangte neben dem Adel, den Unternehmern und den gutbürgerlichen Selbständigen auch erstmals die heterogene Gruppe der Angestellten ein Gewicht im Kreise derer, die für sich guten Stil und Etikette in Anspruch nahmen – oder sich zumindest dafür interessierten. Viele von ihnen wurden aufgrund der wirtschaftlichen Instabilität der Weimarer Zeit zu „Stehkragenproletariern“, zu „vornehmen“ Arbeitslosen. Gerade auch die häufig mit besten Manieren ausgestatteten entlassenen Offiziere, die aus Not zum Gigolo avancierten, haben in den Filmen der Zwanzigerjahre des 20. Jahrhunderts Berühmtheit erlangt. Und auch damals wurden bei Bewerbungen diejenigen bevorzugt, die „nett“ wirkten – und dazu gehören natürlich gute Manieren. So boomten in jener Zeit Benimmbücher. „Kavalier und Dame“ (Ullstein, 1928) und Cornelia Knopps „Der gute Ton von heute“ (Beyer, ebenfalls 1928) sind Zeugnisse dieser Epoche.

Die Nazis hassten das Bürgertum und den Adel, den es ja nur noch als Namensbestandteil gab. Dennoch zogen auch Hitler und seine Gesinnungsgenossen bei den Premieren in Bayreuth den Frack an und legten damit nahe, dass ein wenig Benimm auch in der Herrenmenschen-Welt der Nazis für das eigene Fortkommen nicht so schlecht sein könnte.

Eine praktische Anweisung, wie denn eigentlich vorbildliches nationalsozialistisches Benehmen auszusehen hätte, gab es nicht. „Der BdM-Rock schließt das Abendkleid nicht aus und ebenso wenig der Frack das Braunhemd“, so lautete die Anweisung in Constanze von Frankens 1937 wieder aufgelegtem Benimmbuch. Daneben ermahnten andere Schriftwerke, etwa das von Carl Schütte im Jahr 1934 veröffentlichte: „Sein Führer ist ihm [dem jungen Nationalsozialisten] ein Vorbild in Mäßigkeit und Einfachheit. Ein Hitlerjunge und ein Hitlermädel murrt und knurrt nicht, wenn der Eintopf-Sonntag da ist."

Die Ära der Erica „von" Pappritz

Der Zweite Weltkrieg brachte, nicht zuletzt aufgrund der Flüchtlingswellen, erneut große Verwerfungen in der gesellschaftlichen Struktur mit sich und zog über weite Strecken eine Angleichung der Klassen nach sich. Das „Nichts" war nach dem Krieg für die meisten Deutschen die Startrampe, was eine größere Chancengleichheit bedeutete. Ähnlich wie nach der Reichsgründung in den Achzigerjahren des 19. Jahrhunderts und nach dem Ersten Weltkrieg entwickelte sich im Rahmen des deutschen Nachkriegs-Wirtschaftswunders eine neue Unternehmerschicht – gleichsam aus dem Nichts. Diese neuen Teile der Gesellschaft benötigten wiederum Unterstützung in Sachen Stil und Etikette, was einen erneuten Boom der Benimmbücher hervorrief.

Für Aufruhr sorgte Mitte der Fünfzigerjahre das Benimmbuch der Erica Pappritz, die als stellvertretende Protokollchefin des Auswärtigen Amtes in Bonn tätig war. Ihr Buch, in welchem die später irrtümlich von Journalisten zur Erica „von" Pappritz geadelte Dame die in der jungen Republik verwegene Behauptung aufstellte, wahre Manieren und wahrlich guter Stil seien letztlich doch nur beim Adel anzutreffen, war sogar Gegenstand einer Anfrage im Deutschen Bundestag. Diese Anfrage monierte, dass die nach Auffassung der Anfragenden überholten und nicht zu einer Demokratie passenden Ansichten durch Frau Pappritzens Tätigkeit im Auswärtigen Amt ja geradezu einen amtlichen Charakter besäßen. In bürgerlichen Kreisen lästerte man dagegen eher darüber, dass Frau Pappritz lange Unterhosen bei Herren als schlechten Stil ansah.

© Erica Pappritz 1958 © MARCO, Bonn 1959/2003

Die Fünfziger- und Sechzigerjahre

Die letzten Jahrzehnte des vergangenen Jahrhunderts haben jedoch wohl stärkere Veränderungen gebracht als der Zweite Weltkrieg. Nach dem Krieg noch war es selbstverständlich, dass sämtliche Bundestagsabgeordneten zur Eröffnung einer Legislaturperiode und zur Vereidigung einer neuen Bundesregierung im Cutaway im Hohen Hause saßen. Niemals gab es einen Neujahrsempfang ohne Cutaway und keine bedeutende Verlobung wurde ohne diesen offiziellen Morgenanzug vollzogen, den zumindest die älteren Herren selbstbewusst trugen. Den jüngeren war der Kleine Stresemann erlaubt, ein Anzug, ähnlich wie der Cutaway mit grau-schwarz gestreiften Beinkleidern, zu denen seit den Rapallo-Verhandlungen des Weimarer Außenministers Stresemann eine schwarze Jacke über einer silbergrauen Weste mit silbergrauer Krawatte gehörte. In machen Hotels tragen die Empfangs-Angestellten noch heute diese seltsame Mischung aus Geschmacklosigkeit und altem Stil.

Kein Lehrer hätte es zur damaligen Zeit, außer zum Sportunterricht, gewagt, ohne Anzug und Krawatte im Unterricht zu erscheinen. Ärzte trugen unter ihren langen, hochgeschlossenen, weißen Kitteln in den Fünfziger- und Sechzigerjahren selbstverständlich einen Anzug mit weißem Hemd, Doppelmanschetten mit Manschettenknöpfen und eine Krawatte. Lediglich des Jacketts entledigte man sich, bevor man den Kittel mit dem Stehbord überstreifte.

Doch nicht nur die Kleider waren andere, auch die Sitten. Meine Generation lernte Tanzen in der Tanzstunde, was offensichtlich wieder populär wird. Der Tanzlehrer brachte uns außerdem bei, dass man aufsteht, wenn eine Dame das Zimmer betritt, wenn wir diese Regeln nicht schon aus unseren Elternhäusern kannten. Niemand wäre auf die Idee gekommen, Fisch mit dem Messer zu essen. Wer kein Fischbesteck besaß, deckte zwei Gabeln, obwohl die Messer längst rostfreie Klingen besaßen, die keinen üblen Stahlgeschmack mehr auf Fisch, Kartoffeln und Spargel übertrugen.

Die Achtundsechziger-Zeit brachte wiederum größere Umwälzungen mit sich. Die Anhänger dieser Generation sahen „unter den Talaren" (der Professoren) nur „den Muff von tausend Jahren" und wollten weder von der Werte erhaltenden Geschichte noch von den Inhalte befördernden Formen etwas wissen. Ohne die „Achtundsechziger" wären Turnschuhe tragende Politiker im Parlament wohl nie Realität geworden.

Und heute?

Jetzt sind die Kinder der Achtundsechziger-Generation dran. Und – egal, ob ihre Eltern sich mit deren Zielen identifiziert haben oder nicht –, eines haben viele Zeitgenossen gemeinsam: Sie haben ihre Kinder nicht mit der notwendigen klaren Führung erzogen. Und prompt passiert das, was bei Generationswechseln immer passiert: Das Pendel schlägt um. Die Kinder der Achtundsechziger-Generation waren häufig gar nicht glücklich mit der Freiheit, oder besser Führungslosigkeit, in der sie aufwuchsen. Deshalb wollen sie nachholen und ich glaube, das ist auch gut so.

Die Einhaltung von Spielregeln – denn nichts anderes sind Benimm, guter Ton und Etikette – trägt nachhaltig zu einem funktionierenden Miteinander der Menschen bei. Wir befinden uns in einer Zeit, in der die Menschen wieder erkannt haben, dass gutes Benehmen, Manieren, guter Stil und Etikette nützlich sind – auch im Beruf. So ist der Mensch, namentlich der Mensch in Management und Verkauf, als „Botschafter seiner Firma“ stets Imageträger des Produkts – und somit auch ein Impulsgeber für die Kaufentscheidung beim Kunden.

2. Kapitel: Der moralische Aspekt in der Betrachtung von Stil und Etikette – Erlaubt ist, was gefällt

Stil und Etikette werden leicht als allenfalls liebenswerte, wenn bisweilen auch alberne Formen, ja Formalismen abgetan. Der Mensch lebe in Freude und in Frieden auch ohne solchen „Formalkram". Höflichkeit, Manieren, gutes Benehmen, das sei etwas für Menschen, die nicht genug zu tun hätten. Für Adelige und Menschen ohne Rückgrat, die Stil-Attitüden brauchten, weil sie aus ihrer Persönlichkeit heraus keine Anerkennung fänden. Der gefestigte Mensch hingegen setze sich mit Klarheit im Handeln und mit Eindeutigkeit in seinen Äußerungen viel effizienter und erfolgreicher durch. Wer wisse, was er von sich selber halte, sei nicht auf gute Aufnahme bei anderen angewiesen. Er könne es sich kraft seiner Stärke leisten, ungeschminkt zu sagen, was er denke, und zu tun, was ihm selbst und nicht anderen gefalle.

Zusätzliche Nahrung erhält diese Auffassung durch die entsprechende Abbildung von Stars und Publikumslieblingen in den Medien. Solange es Idole sind, stilisieren Journalisten deren schlechtes Benehmen häufig zu liebenswerten Eigenheiten. Wehe jedoch, wenn ein Prominenter in Ungnade fällt. Dann wird ihm jede kleinste Verfehlung, jede bei jedem anderen Menschen auf Verständnis stoßende schlechte Laune als unmöglicher Fehler und ungezogenes Benehmen ausgelegt. Solange Michael Jackson erfolgreich seine Tourneen absolvierte und viel Geld verdiente, waren all seine Allüren liebenswert. In dem Moment, in dem ihm ein strafrechtlicher Vorwurf gemacht wird, wird plötzlich jede Regung kritisch unter die Lupe genommen. Der gute Stil ist in der Mediengesellschaft auch dazu da, um Menschen, die man in die Ecke drängen will, der frechen Verletzung der allgemeingültigen Regeln zu überführen. Ansonsten gilt: Erlaubt ist, was gefällt. Und je verrückter sich ein Mensch verhält, als desto origineller, kreativer und bewundernswerter wird er angesehen. Jedenfalls solange er die Spielregeln der Mediengesellschaft einhält. Diese werden vom Common Sense nicht etwa der Bevölkerung, wie das die auf Fairness und Gerechtigkeit der Demokratie gerne verweisenden Journalisten glaubhaft machen wollen, sondern vom Common Sense der Medien bestimmt.

Die Medien scheinen insoweit die geistige Führung in der Gesellschaft übernommen zu haben. Was früher der Hof war, die weltlichen und geistlichen Fürsten, die mit Baukunst und Gartenarchitektur Kunstgeschichte schrieben, mit der Auswahl ihrer Hofkomponisten und -maler oder zumindest einem – heute würde man sagen – Sponsoring von Künstlern unsterblichen Werken zur Entstehung verhalfen, das scheinen heute die Medien geworden zu sein. Allerdings muss man feststellen, dass die Fürsten das, was sie schufen beziehungsweise schaffen ließen, auch selbst bezahlten. Darin unterscheiden sich die heutigen Meinungsmacher: Sie übernehmen für ihre Veröffentlichungen häufig nicht in ausreichendem Maße Verantwortung. Das jüngste Beispiel ist die angebliche „Rehabilitierung" von ehemals exkommunizierten Bischöfen durch den Papst. Entgegen der Aussagen der Medien hatte der Papst diese jedoch gar nicht „rehabilitiert". Der Papst wollte den Bischöfen lediglich die Chance geben, bei Einhaltung und öffentlicher Bejahung der Prinzipien des letzten vatikanischen Konzils wieder in die Kirche aufgenommen zu werden. Diese noble Geste „cäsarischer Milde" nannten die Medien vor dem Hintergrund der äußerst dummen Leugnung des Holocaust durch einen der betroffenen Bischöfe „Rehabilitation" und entfachten damit auf verantwortungslose Weise eine Hetzkampagne gegen den Papst.

Was vielen Regierenden unserer westlichen Demokratien fehlt, sind der Wille und die Fähigkeit zur geistigen Führung, zur Erziehung zur Verantwortung durch Beispiel, der Wille, eigene Lehren zu ziehen durch Austausch mit den Eliten, und das Vermögen, diese Erkenntnisse verantwortlich weiterzugeben. Es fehlt sozusagen ein Integrationsort des guten Geschmacks.

Guten Stil zu leben bedeutet, moralisch zu leben und zu handeln. Konkret umfasst dies etwa die Rücksichtnahme und Hilfe gegenüber dem Nächsten, Liebenswürdigkeit gegenüber älteren Menschen, Bescheidenheit in der Beanspruchung von Allgemeingut, Mithilfe bei der Bewältigung der Gemeinschaftsaufgaben. Somit können wir feststellen, dass guter Stil zwar ein Luxusgut ist, aber keines, auf welches eine Gemeinschaft verzichten kann.

Die Substanz von Stil und Moral jedoch ist Wahrhaftigkeit. Wer kommt denn noch als Beispielgeber, als geistiger und moralischer Führer in Frage? Bei der Suche nach einer moralischen Instanz in einer Demokratie wird man meist auf die Dichter, Schriftsteller und andere Künstler verwiesen. Doch was genau befähigt diese schlussendlich zum geistigen und moralischen Vorbild einer Gesellschaft? Schriftsteller sind da vielleicht nur Politikern ähnlich: Sie können ihre Botschaft am besten rüberbringen.

Es bleibt also wohl bei den Popstars und den Sabine Christiansens und Günter Jauchs als Vorbilder der Nation. Das bedeutet dann jedoch, dass weitgehend erlaubt ist, was gefällt. Nur Menschen, die sich bewusst von dieser Alles-ist-erlaubt-Mentalität distanzieren, weil sie sich selber als Menschen sehen, die auch Verantwortung für ihre Mitmenschen tragen, und Menschen, die erkannt haben, dass die Beherrschung guten Stils sie ziert, werden sich um gutes Benehmen kümmern und dieses an ihre Kinder weitergeben. Menschen, die sich um Stil und gutes Benehmen bemühen, werden langfristig mehr Vorteile als Nachteile davon haben.

Geschmacklosigkeiten

„De gustibus non est disputandum" – „Über Geschmack lässt sich nicht streiten" – ist ein kluges Sprichwort. Allein, es trifft nicht immer zu. Es gibt Geschmacklosigkeiten, über deren Einstufung als solche weitgehend Konsens herrscht. Die wichtigsten davon sind:

- ✧ Angeberei, die offensichtlich als Vorspiegelung falscher Tatsachen erkennbar ist,
- ✧ sich Vorteile zu sichern, die nicht redlich erworben wurden,
- ✧ freundliche Menschen zum eigenen Vorteil auszunutzen,
- ✧ andere durch Unwahrheiten zu Handlungen zu bewegen, die sie bei Kenntnis des wahren Sachverhalts nicht vornehmen würden,
- ✧ andere in Diskussionen zu unterbrechen, dazwischen zu reden, nicht ausreden zu lassen, niederzubrüllen,
- ✧ andere in ihrem ästhetischen Empfinden durch unpassende oder zu spärliche Kleidung, mangelnde Hygiene, Ungepflegtheit, schlechte Gerüche und unpassende Geräusche zu beleidigen,
- ✧ Hilflose sich selbst zu überlassen, über sie zu lachen oder sie zu verspotten,
- ✧ Zusagen zu machen, Versprechen abzugeben und diese nicht einzuhalten,
- ✧ eigene Verantwortlichkeit zu leugnen und andere wider besseres Wissen zu beschuldigen,
- ✧ die Vorteile einer Gemeinschaft zu nutzen, sich aber den Pflichten zu entziehen.

Diese Liste der Geschmacklosigkeiten zeigt, wie sehr schlechtes Benehmen, schlechter Geschmack eine Sache der Moral ist, und macht deutlich, dass ein Regelwerk des guten Benimms letztlich eine Anleitung zu moralischem Handeln sein muss. Die meisten Etiketteregeln haben ihre Wurzel in moralischem Tun.

Vielfach sind Benimmregeln jedoch auch nur die Voraussetzung für ein reibungsloses Miteinander. Wenn festgelegt ist, dass der Mann links und die Frau rechts gehen, dann hat dies natürlich keine moralische Dimension. Es klappt nur eventuell der Spaziergang besser, wenn Mann und Frau das wissen und beachten. Aber da die Regel nun mal lautet, dass der Würdigere immer rechts geht, hat deren Beachtung dann doch wieder eine moralische Komponente: Indem ich jemanden bitte, rechts von mir zu gehen, ehre ich ihn, denn ich gebe ihm zu verstehen, dass er der Würdigere ist, ohne dass ich diesen Satz aussprechen muss.

3. Kapitel: Tischetikette

Mein Weblog „Wie isst man was und wie verhält man sich beim Essen?“ befasst sich in vielen Folgen mit den Themen Essen und Tischsitten: Wie esse ich eine Artischocke? Wie sitze ich richtig während des Essens? Worüber unterhalte ich mich bei Tisch? Darf ich Kartoffeln schneiden? Wie verhalte ich mich, wenn sich ein neuer Gast der Tischrunde nähert? Diese und viele andere Fragen behandelt das folgende Kapitel.

Sprechen oder essen – nur eines geht!

1. Regel: Man spricht nicht mit vollem Mund.

Gehen Sie mal in die Kantine und setzen Sie sich an einen Tisch, an dem Diskutanten bereits wortreich aufeinander losgehen. Die feurigsten und lautesten Teilnehmer an der Diskussion schleudern meist nicht nur ihre Argumente heraus, sondern gerne mit diesen auch noch das eine oder andere Essensbröckchen, welches sie sich noch unmittelbar vor ihrem Verbalerguss in den Mund geschoben haben. Hand auf's Herz: Geben wir einmal genau acht, erwischen wir uns fast alle gelegentlich bei diesem Fehlverhalten.

Mein Tipp: Unterbrechen Sie das Essen kurz, während Sie sich an der Diskussion beteiligen.

Eine Hilfestellung kann es sein, Gabel und Messer solange man spricht über Kreuz auf dem Teller abzulegen. Ohne Besteck kann man schließlich nichts in den Mund „nachschieben“! Vermeiden Sie es jedoch, „Brücken zu bauen", also das Besteck halb auf dem Teller, halb auf dem Tisch zu positionieren.

Besteck in Pausenstellung

Früher stieß man manchmal auf sogenannte Messerbänkchen. Das waren kleine, meist silberne Böckchen, auf denen man das Besteck, vor allem das schon benutzte, platzierte, um den Teller frei zu haben und das (schmutzige) Besteck nicht auf dem Tischtuch ablegen zu müssen. Diese Messerbänkchen waren stets umstritten – viele hielten sie für spießig –, doch praktisch waren sie allemal.

2. Regel: Bei der Tischkonversation fällt man dem anderen nicht ins Wort.

Diese Regel, die überdies für jedes Gespräch und jede Diskussion gilt, erscheint ebenso selbstverständlich wie jene, nicht mit vollem Mund zu sprechen. Trotzdem wird auch dagegen permanent verstoßen.

Übrigens: Das Sprechen mit vollem Munde resultiert vielfach daraus, dass man den anderen nicht ausreden lässt. Ließe man ihn seinen Satz zu Ende bringen, hätte man selbst währenddessen seinen Happen geschluckt und könnte dann, nachdem der Diskussionspartner seinen Beitrag gebracht hat, mit leerem Mund und ohne ihn zu unterbrechen in vorbildlicher Weise kontern.

3. Regel: Man beginnt gemeinsam mit dem Essen.

Seit Menschengedenken gilt das gemeinschaftliche Essen als Kulthandlung. Nur unkultivierte Menschen sehen die gemeinsame Tafel ausschließlich als Ort physischer Nahrungsaufnahme an. Aus diesem Grund unterwerfen sich Teilnehmer einer Tischgesellschaft meist freiwillig und gerne gewissen Abläufen und Gebräuchen.

Die Aufforderung, erst dann mit dem Essen zu beginnen, wenn alle, die am Tisch sitzen, ihre Speise vor sich haben, erscheint selbstverständlich. Doch achten Sie mal darauf, wie gierig sich manche Zeitgenossen auf ihr Essen stürzen, bevor es andere an der Tafel überhaupt erreicht hat. Daneben will der eine oder andere noch zu Ende rauchen, obwohl alle das Essen bereits vor sich haben und ganz Verwegene entscheiden: „Mein Essen wird kalt, ihr habt sicher nichts dagegen, wenn ich schon anfange."

Mein Tipp: Die Aufforderung, schon mit dem Essen zu beginnen, sollte vorweg allenfalls von demjenigen artikuliert werden, der noch nichts auf dem Teller hat und auf den die anderen sonst warten würden.

Dieser kann das höfliche Warten der anderen abwehren, etwa mit den Worten: „Bitte fangt an, es wäre schade, wenn euer Essen kalt würde." Die Gefahr des Kaltwerdens ist denn auch neben nachvollziehbarer Eile der einzige Grund, aus dem man vom gemeinsamen Essensbeginn absehen darf. Isst hingegen nur einer der Teilnehmer der Tischgesellschaft eine Vorspeise, so darf er diese selbstredend vor dem allgemeinen Essensbeginn verzehren.

Den Start zum Essen geben Gastgeberin oder Gastgeber; wenn es keinen Gastgeber gibt, die würdigste Dame beziehungsweise der älteste Herr am Tisch. Der Wunsch „Guten Appetit!“ gilt in feinen Kreisen als spießig. Ich rate allerdings dazu, sich den allgemeinen Gepflogenheiten der jeweiligen Tischgesellschaft anzupassen. Ganz schlecht ist „Mahlzeit!“, ein Ausspruch, der als Kantinengruß verpönt ist.

4. Regel: Man verlässt den Tisch gemeinsam.

Ebenso wie der Beginn eines gemeinschaftlichen Essens unterliegt auch dessen Beendigung gewissen Regeln. Wer sich zusammen mit anderen zu einem gemeinsamen Essen niederlässt oder sich einer Essensrunde zugesellt, verlässt den Tisch nie vorzeitig, sondern wartet, bis alle aufstehen und das gemeinsame Essen mit dieser Geste beenden. Auf keinen Fall darf man einfach aufstehen und gehen. Für Ausnahmen müssen zwingende Gründe, wie die Abfahrt des Zuges oder ein anstehender Termin, vorliegen.

Für sein aus nachvollziehbaren, zwingenden Gründen vorzeitiges Aufstehen und Verlassen der Tafel entschuldigt sich der Betreffende. Er wird in diesem Falle eine allgemeine Gesprächspause nutzen, aufstehen und der Tischgesellschaft die Gründe seines Weggangs erläutern, sich gegebenenfalls beim Gastgeber bedanken und sich von der Gesellschaft durch Kopfnicken und einen Abschiedsgruß verabschieden. In einer offiziellen Tischgesellschaft wird der Gastgeber sich ebenfalls kurz entschuldigen und den Gast zur Tür begleiten.

Mein Tipp: Vorzeitiges Verlassen der Tafel ist ebenso unhöflich wie verspätetes Eintreffen. Fügen Sie sich der Tischgesellschaft solidarisch ein.

5. Regel: Die Gastgeberin, der Gastgeber, die würdigste Dame am Tisch oder der älteste Herr geben das Signal zum Beginn des Essens und dessen Beendigung.

Bei offiziellen Tischgesellschaften geschieht dies beispielsweise mit den Worten: „Ich denke, wir nehmen den Kaffee und den Digestif jetzt im Salon!“ Damit erhebt sich derjenige, der sich für befugt hält, die Tafel aufzuheben. Die anderen tun es ihm gleich und folgen dem „Regisseur“. Der gut erzogene Mensch bleibt in dieser Situation nicht länger sitzen, wie man das gelegentlich wahrnehmen muss: Häufig wollen zwei Personen am Tisch, die sich inmitten einer spannenden Unterhaltung befinden, nicht aufstehen. Sie bleiben am Tisch sitzen und setzen ihr Gespräch ohne Rücksicht auf die anderen Teilnehmer der Tischgesellschaft fort. Das ist schlechter Stil. Ihre Unterhaltung können die beiden auch beim Digestif oder Kaffee in Gesellschaft der anderen weiterführen. Bleiben sie jedoch als einzige Gäste am Tisch sitzen, stören sie die bei jeder Tischgesellschaft gewollte Gemeinsamkeit und behindern darüber hinaus das Abräumen der Tafel.

6. Regel: Man sitzt ordentlich am Esstisch.

Wozu dienen eigentlich Tischmanieren? Warum kann nicht jeder essen, wie und wann er will? Ebenso, wie sich Menschen zu besonderen Anlässen in ähnlichem Stil und festlich kleiden, um eine feierliche Atmosphäre zu erzeugen, unterwerfen sich kultivierte Menschen freiwillig bestimmten Sitten und Gebräuchen beim Essen, um auf diese Weise das Miteinander zu fördern. Gleichzeitig unterstützen sie durch das Beachten gewisser Regeln die Kommunikation und den Genuss. Keiner sollte den anderen durch Kauen und Schmatzen, schlechte Haltung oder unangenehme Gespräche die Freude am Essen und den Spaß an der guten Unterhaltung verderben. Ein schön gedeckter Tisch mit ansprechend arrangierten Speisen, eine in ähnlichem Stil gekleidete, sich sozial und stilvoll verhaltende Tischgesellschaft – das sind die Faktoren, die eine gemeinsame Mahlzeit von der bloßen Nahrungsaufnahme unterscheiden.

Eine gute Haltung bei Tisch ist ein wichtiger Bestandteil der Tisch-Etikette. Man sitzt dabei locker, aber aufrecht und ziemlich nahe an der Tischplatte; die Beine befinden sich unter dem Tisch. Beide Hände liegen (in Deutschland) während des Essens auf dem Tisch auf, jedoch nur bis zum Handgelenk.

Rechtshänder halten den Löffel in der rechten Hand. Die linke liegt bis zum Handgelenk auf dem Tisch. Isst man mit Messer und Gabel, befindet sich das Messer in der rechten, die Gabel in der linken Hand. Der Linkshänder handhabt das in der Regel umgekehrt. Wird eine Speise nur mit der Gabel gegessen, so nehmen Rechtshänder diese in die rechte, Linkshänder meist in die linke Hand.

Die Hand, in der sich das Besteck befindet – und erst recht der dazugehörige Arm –, haben mit dem Tisch keinerlei Berührung, es sei denn in kurzen Essenspausen, in denen die Hand – immer noch das Esswerkzeug nunmehr fast waagrecht haltend – genau bis zum Handknöchel auf dem Tisch liegt. In etwas längeren Essenspausen wird das Besteck auf dem Teller abgelegt, die Hände befinden sich, wie beschrieben, bis zum Handgelenk auf dem Tisch.

7. Regel: Man gestikuliert niemals mit Besteck in der Hand.

Macht der Tischgast eine Essenspause und legt er in dieser sein Essbesteck über Kreuz auf den Teller (keine Brücken bauen!), kann er durchaus seine Hände zur Unterstreichung seiner geäußerten Gedanken gestikulierend verwenden.

FALSCH: Nicht mit dem Besteck gestikulieren

RICHTIG: Das Besteck in Essenspausen über Kreuz auf dem Teller

8. Regel: Nicht der Mund bewegt sich zum Löffel – der Löffel wird zum Mund geführt.

Auf keinen Fall darf der Ellbogen auf den Tisch gestützt werden. Während man Löffel oder Gabel zum Mund führt, berühren weder Hand noch Arm oder Ellenbogen den Tisch. Vielmehr verändert sich die Körperhaltung des Essenden kaum.

Der Löffel wird zum Mund geführt, nicht umgekehrt

Das Tischgespräch

Früher herrschte vielfach die Auffassung vor, bei Tisch werde nicht gesprochen. Meiner Ansicht nach hing dies häufig mit der Erziehung der Kinder zusammen, denen nur mit einem solchen Verbot beigebracht werden konnte, nicht mit vollem Mund und nicht dazwischen zu sprechen. Diese Auffassung lässt sich jedoch keinesfalls auf eine gehobene Tischgesellschaft übertragen. Dennoch gilt für diese erst recht die Regel, nicht mit vollem Mund zu sprechen und andere ausreden zu lassen. Darüber hinaus soll auch an dieser Stelle noch einmal darauf hingewiesen werden, dass das gesprochene Wort nicht mit Messer und Gabel in der Hand unterstrichen werden sollte. Darüber hinaus ist im Hinblick auf ein kultiviertes Tischgespräch Folgendes zu beachten:

Man äußert nichts Negatives bei Tisch. Dies bedeutet, abfällige Bemerkungen über Abwesende oder gar Verstorbene und unanständige, ekelerregende und intime Themen zu vermeiden. Generell sollte man sich einer grammatikalisch richtigen, gefälligen und kultivierten Sprache bedienen. Mein Vater pflegte die lateinische Weisheit „De mortuis nihil nisi bene" („Über Verstorbene nur Gutes") auf generell Abwesende zu beziehen: „De absentibus nihil nisi bene" („Über Abwesende nur Gutes"). Damit wurden hässliche Klatschgeschichten über andere ausgeschlossen. Erst recht wurden bei Tisch keine Kraftausdrücke gebraucht. Aber das war in Gegenwart unserer Mutter ohnehin streng verboten.

Früher hieß es auch: Man spricht bei Tisch nicht über Geld. Diese Regel betraf jedoch eigentlich nur die ganz große Welt, die sich über finanzielle Dinge keine Gedanken machen musste. Allerdings wird man auch heute in einer gehobenen Tischgesellschaft das gezielte Thematisieren von Sparen oder Geldverdienen als degoutant empfinden. An der durchschnittlichen Tafel ist die Frage nach den Kosten, etwa von Urlaubsreisen oder Opernbesuchen, jedoch durchaus gang und gäbe und, wie ich finde, auch erlaubt – sofern dieses Thema nicht überstrapaziert wird. Wer sich auch hier ganz korrekt verhalten möchte, könnte sagen: „Über Geld spricht man zwar beim Essen nicht, aber unser bevorstehender Ferienflug hat außerdem noch den Reiz, dass er besonders günstig angeboten wird."

9. Regel: Während des Essens wählt man Gesprächsthemen, die mutmaßlich allen Freude machen und keinem unangenehm sind.

Die Regel, sich so zu verhalten, dass der andere sich wohlfühlt, ist sowieso die wichtigste Empfehlung im Umgang mit Menschen. Das bedeutet unter anderem auch, keine langatmigen Monologe zu halten, denen die anderen, höflichen, Gäste der Tafel nur deshalb lauschen, weil sie gutes Benehmen besitzen.

Mein Tipp: Es ist ein schwerer Benimmfehler, die guten Manieren der Mitmenschen für sich auszunutzen.

Aufstehen und Setzen

Wie oft haben wir – etwa während der Regierungsperiode Schröder/Fischer – im Fernsehen Szenen wie diese mitansehen müssen: Auf der Regierungsbank sitzen Minister und parlamentarische Staatssekretäre. Der Bundeskanzler geht zwischen den beiden Sitzreihen durch auf seinen Platz zu. Keiner der Anwesenden erhebt sich, einige Minister reichen dem Bundeskanzler mal eben lässig im Sitzen die Hand. Oftmals sogar noch, ohne ihn dabei anzusehen.

Wie soll man es bei solchen Vorbildern dem Durchschnittsbürger übel nehmen, wenn er das Aufstehen zur Begrüßung als übertrieben ansieht? Und doch ist es, vor allem im beruflichen Kontext, ein Must. Bei Business-Veranstaltungen etwa erheben sich nicht mehr nur die Herren, wenn ein neuer Gast an den Tisch kommt, sondern auch die Damen.

Nun taucht bei Begrüßungszeremonien häufig die Frage auf: Störe ich nicht die bereits am Tisch Versammelten, wenn ich auf jeden Einzelnen zugehe und ihn mit meiner persönlichen Begrüßung aufzustehen veranlasse? Sollte ich nicht besser mit der Hand leicht auf den Tisch klopfen und „Grüß Gott alle miteinand'" sagen?

Begrüßungen und Verabschiedungen haben große Bedeutung. „Er hat mich noch nicht mal begrüßt!", „Wenigstens hätte sie grüßen können!" sind typische Aussprüche von Menschen, die von anderen, die sie nicht einmal mit einem (selbstverständlichen) Gruß bedacht haben, enttäuscht sind.

Mein Tipp: Die Freude und Genugtuung, von einem Menschen wahrgenommen und freundlich begrüßt zu werden, überwiegt immer die kleine Strapaze, aufzustehen und den Gruß zu erwidern.

Durch eine freundliche Begrüßung kann man auf einfache Weise Emotionen bei anderen auslösen und mit Herzlichkeit auf Menschen in einem beträchtlichen Umfang einwirken. Auf diese Chance zu verzichten heißt, eine Möglichkeit zur blitzschnellen positiven Einstimmung des Gegenübers zu vergeben.

Als störend wird eine Tischgesellschaft die persönliche Begrüßung durch einen neu Hinzukommenden nur dann empfinden, wenn dieser erst eintrifft, wenn alle anderen Gäste bereits mit dem Essen begonnen haben.

Sollte der zu spät Kommende die Tischgesellschaft essend antreffen, rate ich ihm, nur zum Gastgeber oder derjenigen Person am Tisch zu gehen, die er persönlich gut kennt, ihr (die natürlich dazu aufsteht) die Hand zu geben und sie zu bitten, ihn der Tischrunde vorzustellen. Derjenige, der dieses Zeremoniell vornimmt, könnte – mit der Hand auf den Neuankömmling weisend – zur gesamten Tischgesellschaft etwa Folgendes sagen: „Meine Damen und Herren“ oder „Liebe Freunde, gestatten Sie mir, Ihnen meinen Kollegen Anton Spätzeit vorzustellen, der seine Verspätung wegen einer unvorhersehbaren Verzögerung der Abfahrt seines Zuges zu entschuldigen bittet.“ Der Sprecher wird dann, zum neuen Gast gewandt und mit einer Handbewegung auf die Versammlung weisend, fortfahren: „Meine Kollegen in der Geschäftsleitung der Success GmbH! – Bitte, Herr Spätzeit, nehmen Sie dort drüben Platz, wo das frische Gedeck steht.“

10. Regel: Man setzt sich nicht grußlos zu anderen an den Tisch.

Keinesfalls sollte sich ein neu Hinzukommender einfach grußlos auf einen freien Platz setzen. Selbst wenn gerade der Guest Speaker eine

Rede hält, wird er nicht den erstbesten leeren Stuhl ansteuern, sondern an der Tür verharren, bis die Tischrede zu Ende ist, um sich dann an denjenigen zu wenden, den er aus der Runde kennt, damit dieser ihn, wie oben beschrieben, vorstelle. So der Neuankömmling alle Anwesenden kennt, wird er in dieser Essenspause vor oder nach einer Rede alle Anwesenden einzeln begrüßen und dann auf dem leeren Stuhl Platz nehmen.

Auch im Restaurant stehen alle Anwesenden auf, wenn ein weiterer Gast an den Tisch kommt. In England und auch in den Vereinigten Staaten gestalten sich Essensverabredungen häufig schon deshalb angenehmer, weil man sich oftmals nicht direkt an der Tafel, sondern in guten Restaurants und Clubs zunächst zum Drink an der Bar trifft und sich erst dann zum Essen niederlässt, wenn alle Teilnehmenden eingetroffen sind. Auf diese Weise entfällt das Aufstehen für die etwas später Eintreffenden automatisch.

11. Regel: Tritt ein neuer Gast an den Tisch und es wird noch nicht gegessen, erheben sich alle Anwesenden. Das gilt auch für die Damen – zumindest bei geschäftlichen Anlässen.

Wer steht nun eigentlich auf, wenn eine weitere Person an den Tisch tritt? Bei privaten Veranstaltungen trifft diese Ehrenpflicht vornehmlich die Herren. Früher standen Damen niemals auf, wenn andere dazu kamen. Das hat sich mit der Emanzipation der Frau verändert, insbesondere im Business. Im Geschäftsleben hat die Dame heute weitgehend die gleichen Pflichten wie der Herr.

Im privaten Kreis gelten jedoch vielfach noch die alten Regeln, obwohl sie sich auch hier im Umbruch befinden. Damen werden immer noch geehrt, gelten weiterhin als höherrangig und genießen weit mehr Rechte als Pflichten. Doch gibt es viele Damen, die unsicher sind, wie sie sich verhalten sollen. Sollen sie, wie die Herren, aufstehen, zumindest wenn eine Dame oder ein älterer Herr an den Tisch tritt oder nicht?

Ich rate Damen, sich nach derjenigen Frau im Raum zu richten, der sie die größte Sicherheit im gesellschaftlichen Rahmen zutrauen. Steht diese auf, sollten sie es ihr gleich tun. Tut sie das nicht und bleiben auch die vor ihr begrüßten anderen Damen sitzen, so könnte ein Aufstehen fast ein bisschen aufgesetzt wirken, was man ebenfalls vermeiden sollte.

Mein Tipp: Zum guten Stil und zur Etikette gehört immer Fingerspitzengefühl. Entscheiden Sie deshalb im Zweifelsfall einfach mit dem Herzen.

Worüber würde sich der neue Gast mehr freuen? Handeln Sie alterozentriert (das Gegenteil von egozentriert) und ehren Sie ihn. Passen Sie Ihr Verhalten dem Kreis, der Umgebung und dem Anlass an.

„Liebes Geburtstagskind!" – Tischreden I

Tischreden sind etwas Festliches. Sie verleihen einem Essen einen würdigen Charakter. Natürlich nur, wenn sie weder zu zahlreich noch langweilig sind. Tischreden werden offiziell erst gehalten, wenn die Tischgesellschaft aus mindestens zehn Personen besteht und beziehen sich generell auf den Anlass des Essens: Zum Geburtstags-Dinner etwa hält der älteste und engste Freund des Geburtstagskindes eine Tischrede. Zum 50. Gründungstag der Vereinigung der deutsch-französischen Städtepartnerschaft spricht vielleicht einer der Begründer dieser Vereinigung oder ein berühmter Historiker. Zur Hochzeit spricht zumindest der Brautvater, vielleicht außerdem der Vater des Bräutigams oder eine der Mütter und ein Pate oder Freund. Reden werden zwar überwiegend von Herren gehalten, aber Damen haben natürlich gleichermaßen das Recht, das Wort zu ergreifen.

12. Regel: Nie mehr Reden als Pausen zwischen den Gängen. Bei einem viergängigen Menü darf es also nicht mehr als drei Tischreden geben.

Handelt es sich um ein Essen ohne besonderen Anlass, zu dem mindestens zehn Personen geladen, sind, hält der Gastgeber nach dem ersten Gang, also nach der Vorspeise, eine Tischrede. In dieser Rede, die 15 Minuten nicht überschreiten sollte, heißt der Gastgeber noch einmal seine Gäste willkommen und bedankt sich dafür, dass diese seiner Einladung gefolgt sind. Der Redner erhebt sich dazu, stellt den Stuhl an den Tisch und tritt dahinter. Er kann durchaus zwischendurch seine Hand auf die Rückenlehne des Stuhls legen.

Mein Tipp: Willkommensreden des Gastgebers sollten 15 Minuten, Festreden während des Essens 20 Minuten nicht überschreiten.

Ein versierter Gastgeber geht in seiner Begrüßungsrede häufig nochmals auf jedes Gästepaar ein. Mit dem einen oder anderen kennzeichnenden Stichwort wird er das schon vor dem Essen im Rahmen der Vorstellung und Begrüßung getan haben. Jeden Gast mit ein paar persönlichen Worten und Informationen zur Person vorzustellen ist ein probates Mittel, um das Gespräch der Gäste untereinander in Gang zu bringen. Letztlich zielen ja alle Handlungen eines guten Gastgebers darauf ab, seinen Gästen die Unterhaltung miteinander zu erleichtern. Denken Sie immer daran: Der Gastgeber ist der Regisseur der Tischgesellschaft.

Mit diesem Ziel, die gute Unterhaltung, das Amusement seiner Gäste zu fördern, wird er sich zuvor schon Gedanken zur Tischordnung, dem Placement, gemacht haben. Die Begrüßungsrede mit einer unter Umständen sehr launigen Vorstellung der einzelnen Gäste schließt an diese Überlegungen an, indem der Gastgeber wiederum versucht, Anstöße zu geben, die nach Beendigung der Rede eine gelungene Tischkonversation begründen können.

Tischredner

Wenn der Gastgeber in seiner Tischrede auf seinen alten Studienfreund Hartmut Tunichtgut und die gemeinsamen Studentenstreiche eingeht, dann gibt das diesem und dessen Nachbarinnen willkommenen Stoff, die angesprochenen Historchen in der anschließenden Konversation zu vertiefen.

Vermeiden sollte der kluge Tischredner jedoch langatmige Ausführungen über eigene, vergangene Heldentaten. Der Tischrede des Gastgebers folgt nach dem nächsten Gang grundsätzlich die Rede des wichtigsten Gastes. Der wichtigste Gast ist entweder der Tischherr der

Gastgeberin oder sitzt rechts neben dem Gastgeber oder ihm genau gegenüber.

13. Regel: Der Tischherr der Gastgeberin hält die Rede für die Gäste

In Familien, die sich bewusst nach alter Schule verhalten, gelten ein paar Grundsätze der Tischordnung. Hausherr und Dame des Hauses (dies ist *nicht* die Hausdame!) sitzen sich an der jeweiligen Schmalseite des Esstisches gegenüber. Die rechts neben dem Hausherrn platzierte Dame, also die Tischdame des Gastgebers, ist der weibliche Ehrengast. Der Herr, der links neben der Hausfrau sitzt, also der Tischherr der Dame des Hauses, ist der männliche Ehrengast. Er fungiert automatisch als Gastredner bei Tisch (bei Gesellschaften ab zehn Personen).

Diese Regel kennen allerdings viele Menschen nicht. Deshalb sollten die gesellschaftlichen „Folgen" einer solchen Sitzordnung vor dem Essen besprochen werden.

Der durch das Placement als Tischherr der Dame des Hauses geehrte Gast sollte, ehe er mit seinem kleinen Löffel ans Glas schlägt, um vor Beginn seiner Rede für Ruhe am Tisch zu sorgen, zum Gastgeber gehen, sich bei diesem für die Ehrung bedanken, die er mit diesem Placement erfahren hat, und in etwa sagen: „Ich weiß ja, dass der Tischherr der Dame des Hauses nicht nur durch seine Tischdame besonders geehrt wird, sondern dass er auch Pflichten hat, nämlich die Ehrenpflicht, für die Gäste eine Tischrede zu halten. Wenn Sie mit Ihrem liebenswürdigen Placement eine Rede durch mich anregen wollten, so übernehme ich natürlich gerne diese schöne Aufgabe."

Umgekehrt sollte der Gastgeber demjenigen Gast, von dem er als Tischherrn der Dame des Hauses die Rede erwartet – und den er *auch* aus diesem Grund zum Tischherrn seiner Frau gemacht hat –, möglichst schon ein paar Tage vor der Veranstaltung mitteilen, dass eine Tischrede gewünscht wird.

Übrigens: Das mit dem Ans-Glas-Klopfen ist so eine Sache. Richtig fein ist es nicht und außerdem nicht nötig. Wenn derjenige, der eine Rede zu halten beabsichtigt, aufsteht, wird es im Allgemeinen sofort still an der Tafel. Sollte das nicht der Fall sein, klopft meistens irgendein Gast ans Glas, der den Beginn der Rede nicht mehr erwarten kann.

Mein Tipp: Tischreden sollten mit dem Hausherrn abgesprochen sein.

„Reden ist Silber, Schweigen ist Gold" – Tischreden II

14. Regel: Keine unvorbereiteten Spontanreden halten.

In manchen Tischgesellschaften, insbesondere bei Geburtstagsfeiern, an denen ältere Herren teilnehmen, kann man bisweilen beobachten, dass Reden halten offenbar ansteckend ist. Hat erst ein Gast einen Toast auf das Geburtstagskind ausgebracht, so fühlen sich häufig weitere Teilnehmer der Runde berufen, ihre persönlichen Erinnerungen in Form von weiteren Reden zum Besten zu geben. Das ist keinesfalls guter Stil. Allenfalls darf nach der Willkommensrede des Gastgebers nach der Vorspeise und der Gästerede des Tischherrn der Gastgeberin nach dem zweiten Gang noch eine weitere Rede durch einen Gast gehalten werden, der vielleicht, als Chef oder Kollege des zu Ehrenden, die berufliche Seite der Tischgesellschaft vertritt. Lediglich bei großen Festen, wie Hochzeiten oder Dîners anlässlich eines runden Geburtstags, einer goldenen Hochzeit oder der Verabschiedung aus dem beruflichen Leben, wird es nicht als übertrieben aufgefasst, die Zahl von drei Reden zu überschreiten. Hastige Dankesreden, die in ein und derselben Essenspause einer Vorrede angeschlossen werden, sind jedenfalls zu vermeiden.

Man sollte entweder abwarten, bis der nächste Gang des Menues gegessen und das Geschirr abgetragen wurde, bevor man (möglichst nach Absprache mit dem Gastgeber) zur Rede ansetzt oder auf seinen Beitrag verzichten. Oft kann derjenige, den man mit seiner Rede zu erfreuen gedenkt, ebenso mit einem Dankesbrief geehrt werden, in welchem man die Gedanken niederlegt, die man in seiner Tischrede geäußert haben würde.

„Sehr geehrter Herr Präsident" – Tischreden III

Bei Gala-Dîners des Bundespräsidenten Herzog, der sich lange hinziehende Veranstaltungen nicht liebte, war es üblich, unmittelbar vor dem ersten Gang alle Reden hintereinander zu halten. Die für 19:30 Uhr geladenen Gäste bekamen in einem Salon des Schlosses einen Drink serviert. Unmittelbar nach der Begrüßung wechselte die Gesellschaft in den prachtvollen, großen Speisesaal.

Der Bundespräsident hatte seinen Platz, wie bei Staatsbanketts üblich, in der Mitte der langen Tafel. Rechts neben dem Bundespräsidenten saß, wie auch heute noch, die Ehefrau des Staatsgastes als Tischdame des Gastgebers. Dem Bundespräsidenten gegenüber saß der Staatsgast, neben diesem rechts die Ehefrau des gastgebenden Bundespräsidenten als Tischdame des Staatsgastes. Dass bei diesen Staats-Dîners Gastgeber und Gastgeberin einander zwar fast gegenüber (direkt gegenüber sitzen Gastgeber und Staatsgast), aber nicht an den Schmalseite, sondern in der Mitte der Breitseite des Tisches sitzen, ist der Tatsache geschuldet, dass sich ja gerade Bundespräsident und Staatsgast miteinander unterhalten können sollen.

15. Regel: Kein Applaus nach Tischreden – eine Regel ohne Folgen.

Nachdem die Gäste Platz genommen hatten, brachte ein Saaldiener dem Bundespräsidenten ein Standmikrophon. Herzog stand auf und hielt seine Rede, die den Gästen in ihrer jeweiligen Sprache schriftlich an ihren Plätzen vorlag. Herzog pflegte seine Reden ohne große Gesten und ohne sichtbare oder hörbare Emotionen zu verlesen. Nach der Rede wurde artig geklatscht. Dazu ist zu bemerken, dass man nach einer Tischrede eigentlich nicht applaudiert. Aber das ist so wie mit dem Handkuss, den man eigentlich nie unter freiem Himmel gibt: Kein Mensch hält sich daran. Die einen nicht, weil sie es nicht wissen, die anderen nicht, weil sie den Unwissenden nicht als Ehrverweigerer erscheinen mögen, die meisten, weil sie dem Gruppenzwang folgen.

Mein Tipp: Spenden Sie trotzdem Beifall, wenn die Mehrheit es tut.

Noch während des Applauses nahm der Saaldiener das Mikrophon und stellte es an den Platz des Staatsgastes. Dieser stand nunmehr auf, hielt seine Erwiderungsrede auf Portugiesisch, die den Gästen auf Deutsch schriftlich vorlag. Es wurde wieder geklatscht und erst danach wurden die ersten Speisen serviert. Sobald der jeweilige Gang verzehrt war, räumte das Personal ab, schenkte neuen Wein ein und servierte sofort den nächsten Gang. Auf diese Weise waren die Dîners unter Bundespräsident Herzog in eineinhalb Stunden beendet und das Staatsoberhaupt konnte sich verabschieden.

Auf Staatsbanketts, auf denen die gegenwärtige Bundeskanzlerin und ein männlicher ausländischer Gast die Ranghöchsten sind, gestaltet sich die Sitzordnung noch einfacher. Empfängt die Bundeskanzlerin als Gastgeberin, wird sie den männlichen Ehrengast rechts neben sich platzieren. Der Dolmetscher sitzt hinter den beiden. Links von der Bundeskanzlerin kann, als ihr Tischherr, der nach dem Ehrengast wichtigste männliche Vertreter der Gastgeberdelegation sitzen. Rechts neben dem Ehrengast als dessen Tischdame die ranghöchste Vertreterin auf deutscher Seite oder die Ehefrau des ranghöchsten männlichen Vertreters der Bundesregierung nach Frau Merkel. Natürlich haben auch die Sprachkenntnisse der Gäste und Gastgeber Einfluss auf das Placement.

Die passende Kleidung

Offizielles und Business-Dinner

Die Frage des Outfits hängt vom Anlass, den Vorstellungen der Gastgeber, vom Ort des Essens und von der Jahreszeit ab. Ohne Einschränkung gilt jedoch: Ein (Abend-) Essen, das aufgrund einer Einladung zustande kommt, hat fast immer den Charakter eines festlichen Zusammenseins. Die Frau von Welt und der feine Mann ziehen sich deshalb zu einem solchen Anlass um, wenn sie sich nicht schon aufgrund ihrer beruflichen Verpflichtungen in einem Outfit befinden, wie es für ein Abendessen als angemessen gilt.

Banker, Rechtsanwälte und Unternehmensberater, die den ganzen Tag im dunklen Anzug, dem weltweit anerkannten Businessanzug, umherlaufen, brauchen sich für den Abend nicht unbedingt umzuziehen – gesetzt den Fall, der dunkle Anzug ist für diese Veranstaltung das richtige Outfit. Liegt eine schriftliche Einladung ohne Angabe von Kleidungsempfehlungen vor, kann man jedoch davon ausgehen. Damen tragen in diesem Fall ein (kurzes) Kleid, ein dunkles Kostüm oder einen dunklen Hosenanzug.

Herren können zu privaten Einladungen den dunklen Anzug auch durch einen dunkelblauen Blazer ersetzen. Sowohl zum dunklen Anzug, als auch zum Blazer, der mit einer grauen Hose (im Winter Flanell) kombiniert wird, kann bei privaten Einladungen eventuell – je nachdem, wie streng oder lässig es im gastgebenden Hause zugeht – die Krawatte weggelassen werden. Andere Kombinationen sind zu offiziellen Abendeinladungen nicht passend. Niemals darf ein mittel- bis hellgraues Jackett mit einer mittel- bis dunkelgrauen Hose kombiniert werden oder umgekehrt. Die einzige Ausnahme stellt ein Sommerfest dar, zu welchem die graue Hose auch mit einem fast weißen (cremefarbenen) Jackett kombiniert oder eventuell ein heller oder dunkelblauer Baumwollanzug getragen werden darf.

Um in einer Abendgesellschaft nicht der Einzige mit oder ohne Krawatte zu sein, rate ich, sich entweder mit mindestens einem anderen Gast zu verabreden oder zumindest einen Schlips in der Tasche zu haben, der dann noch kurzerhand auf der Gästetoilette umgebunden werden kann.

16. Regel: Das Jackett darf nur abgelegt werden, wenn der Hausherr/Gastgeber dieses zuerst tut oder ausdrücklich (ungefragt) darauf hinweist, dass „Marscherleichterung" gestattet ist. Damen dürfen sich jederzeit ihrer Jacke entledigen.

Auch mit der Wahl des Hemdes kann man Aussagen treffen, wie festlich beziehungsweise lässig man den Abend einschätzt. Ein einfarbiges Hemd (übrigens nie dunkel oder gar schwarz, das geht allenfalls zu sommerlichen Grillpartys) in Weiß, Rosé oder Bleu mit Doppelmanschette, mit schönen Manschettenknöpfen und einfachem Kent- oder Haifischkragen ist am besten geeignet. Auch das gestreifte Hemd, blauweiß oder rot-weiß, ist schön. Karos sind mehr etwas für tagsüber. Ein Button-down-Kragen (der mit den angeknöpften Ecken) gilt als eher „casual" und ist nicht das richtige Hemd für offizielle Abendessen, eher für die sommerliche Gartenparty.

Am Tisch mit Anzug und offenem Hemd: Business Casual

Die Schuhe inklusive der Sohlen sollten aus Leder bestehen, allenfalls die Absätze können Gummi-Ecken aufweisen oder ganz aus Gummi sein. Schuhe sind im Übrigen abends immer schwarz („never brown after six"), wie auch der Gürtel und das (lederne) Uhrenarmband.

Die Strümpfe reichen bis zu den Knien – der feine Herr trägt niemals „Söckchen" – und sind dunkler als die Hose. Schwarze Strümpfe sind zu schwarzen Schuhen niemals falsch. Am besten ist es, wenn sich die Farbe der Strümpfe zwischen der der Hose (grau) und derjenigen der Schuhe (schwarz) bewegt.

17. Regel: Krawatte und Einstecktuch im gleichen Dessin gilt als spießig.

Ein seidenes Einstecktuch, zum weißen Hemd getragen, kann auch weiß sein. Ein buntes Seidentuch muss sowohl zum Hemd als auch zur

Krawatte passen, darf aber niemals von gleichem Dessin sein wie Letztere.

Mein Tipp: Blau-Rot-Mischungen wie Pink und Lila passen immer zueinander, unterschiedliche Blau- und Rottöne nie.

Inoffizielles, festliches Dinner

Nun gibt es neben den Business-Essen, den offiziellen privaten Essens-Einladungen und Festessen anlässlich von Ehrungen, Jubiläen, Kirchenfesten und Jahresversammlungen auch Einladungen zu Dinners, die nicht so stark unter dem Gebot der vollendeten Form stehen. Essen, die eher inoffiziellen, privaten Charakter haben, wie etwa eine Grill- oder Gartenparty. In diesem Fall gibt es entweder gar keinen Kleidungshinweis oder dieser lautet „casual" beziehungsweise „smart casual".

18. Regel: „Smart casual" ist das Gegenteil von schlampig.

Eigentlich bedeutet casual nur, „nicht wie im Beruf". Das heißt im Umkehrschluss, wie zuhause, in der Freizeit, beim Einkauf in der Stadt. Trotzdem sollte man nicht in einem Outfit erscheinen, in dem man zuhause seine Hausarbeit verrichten oder vor dem Fernseher sitzen würde. Vielmehr ist eine zwar nicht berufsmäßige, aber gefällige Kleidung, eben „smart", gefragt.

„Smart casual" bedeutet konkret also durchaus Anzug, jedoch ohne Krawatte, heißt schicker Blazer, aber eher nicht mit weißem Hemd, sondern mit gemustertem. „Smart casual" meint keinen wollenen, sondern einen Baumwoll-Anzug aus Popeline, Samt oder Cord. „Smart casual" ist darüber hinaus auch abhängig vom Gastgeber und vom Wetter und kann auch bedeuten, dass man zu einem Sommerfest bei großer Hitze ganz auf das Jackett verzichten kann.

„Smart casual" bedeutet hingegen niemals Blue Jeans. Diese Beinkleider stehen meiner Ansicht nach ohnehin weder Damen noch Herren, die die Vierzig überschritten haben und nicht sehr schlank sind. Blue Jeans fallen unter die Rubrik „casual", ohne „smart".

Damen ist unter dem Begriff „smart casual" eigentlich alles erlaubt, solange es geschmackvoll und elegant ist. Sie sollten nur die immer geltenden „Not-to-dos" beachten: Zu schwarzen Hosen weder helle Strümpfe noch weiße Schuhe, keine bauchfreien Tops und kein buntes Durcheinander von aufdringlichen, unterschiedlichen Mustern auf Hosen oder Röcken, Oberteilen und Tüchern.

Mein Tipp: Achten Sie bei „smart casual" auf Eleganz.

Die Schuhe sind freilich abends immer schwarz. Die Strümpfe sollten – wie immer – lang sein und sich in der Farbe zwischen Hose und Schuhen bewegen. Zu grauen Hosen passen dunkelgraue Strümpfe am besten, zu weißen und hellbeigen Hosen bordeauxrote oder braune.

19. Regel: Bei Essens-Einladungen unter dem Dresscode „smart-casual" darf der Herr sein Jackett ablegen, wenn er das möchte – sofern er dies nicht als Einziger tut.

Bei sommerlichen Gartenfesten ist das Ablegen des Jacketts unter diesem Dresscode in der Regel erlaubt, zumal einige Herren wohl gar nicht im Jackett kommen werden. Allerdings rate ich von Pullovern ausdrücklich ab – diese sind einfach weniger elegant.

Mein Tipp: Herren ohne Krawatte kleidet ein farbiges, seidenes Einstecktuch.

Zusammenfassend kann gesagt werden, dass von einem aufmerksamen Gast durchaus erwartet wird, dass er sich auch für ein Dinner mit dem Dresscode „smart casual" umzieht und chic macht. Er wird nicht in demselben Outfit kommen, in welchem er zuhause gearbeitet hat oder einkaufen war. Für ein Abendessen unter dieser Kleidervorschrift sollte man sich schön machen, nur eben nicht businessmäßig.

Das hochoffizielle Essen

Bei sehr festlichen Essen, hochoffiziellen Mittag- oder Abendessen, Soupers und Dîners anlässlich von Hochzeiten und anderen kirchlichen Festen gelten besondere Regeln, was die Kleidung angeht. Diese Regeln werden jedoch in Deutschland längst nicht so ernst genommen, wie zum Beispiel in England, Frankreich oder auch den Vereinigten Staaten. In Deutschland kann man davon ausgehen, dass die offizielle Morgengarderobe, nämlich der Cutaway, nirgendwo mehr vorgeschrieben wird, allenfalls sehr gelegentlich als die beste Alternative vorgeschlagen wird. Ähnlich verhält es sich mit dem „großen Abendanzug", dem Frack, für den Abend, der in Deutschland inzwischen nahezu ohne Ausnahme auch durch den „kleinen Abendanzug", den Smoking, ersetzt werden kann.

20. Regel: Der Cutaway (Cut) ist der klassische Morgenanzug; er verträgt keine künstliche Beleuchtung.

Zu offiziellen Mittagessen steht auf der Einladungskarte über der Bitte „U.A.w.g." beziehungsweise „R.s.v.p." („Um Antwort wird gebeten" beziehungsweise „Répondez s'il vous plaît") gegebenenfalls der Dresscode „Cutaway, dunkler Anzug". Der Cutaway, auch kurz Cut, in Upper-Class-Englisch immer noch „Kött" ausgesprochen, ist der rund abgeschnittenen Gehrock, kombiniert mit einer gestreiften Hose.

Der Gehrock ist eine Art kurzer Mantel, ein Kleidungsstück, das in den letzten Jahren wieder ein wenig in Mode gekommen ist. Der Cut besitzt nur einen Knopf, nämlich in Höhe der Taille und ist – wie jedes

Cutaway

Jackett und jeder Anzug – im Stehen stets geschlossen zu tragen. Beim Hinsetzen wird er aufgeknöpft. Der klassische Cut besteht aus einem anthrazitgrauen, flanellartigen Stoff. Die hell- und dunkelgrau gestreiften Hosen sind ohne Umschlag. Das Hemd zum Cutaway ist meist ein normales Businesshemd in Weiß oder gestreift, eventuell pastellfarben mit weißem Kragen. Die passende Weste ist oft grau. Die Engländer bevorzugen jedoch häufig farbige Westen in Gelb, Türkis oder Graublau. Diese Mode ist inzwischen auch auf den Kontinent übergeschwappt und macht aus dem ansonsten doch sehr altmodisch wirkenden Cutaway ein Kleidungsstück, das mit dieser Kombination aus Antiquiertheit und Modischem doch sehr elegant aussehen kann.

Die Engländer lieben den Cutaway. Sie tragen ihn zum Pferderennen in Ascot in Grau mit passendem Zylinder. Sie bevorzugen pastellfarbene Hemden, hellblau oder rosé, mit weißem Kragen. Der Cutaway wird aber auch ab und zu mit einem Hemd getragen, das einem Frackhemd ähnelt: mit Kläppchenkragen und einem Plastron, einem silbergrauen Seidentuch, etwas breiter als eine Krawatte, das mit einer Perlennadel zusammengehalten wird und sich in der Weste verliert.

Die zum Cutaway passende Kleidung der Damen ist das dreivierteltellange Kleid, das die Schultern nicht zeigt, bevorzugt aus Seide. Dazu wird gerne Hut getragen.

Der „kleine Bruder" des offiziellen Morgenanzugs, des Cutaways, war seit Gustav Stresemanns Mitwirkung bei den Rapallo-Verträgen im Jahre 1922 der sogenannte Kleine Stresemann. Dem deutschen Reichsaußenminister war das ewige Umziehen – mal der korrekte Anzug zur Konferenz, mal der offizielle Morgenanzug (Cutaway) zum Mittagessen – zu viel. So entschied er sich für die Mischform.

Der Kleine Stresemann besteht aus einem schwarzen, einreihigen Jackett, einer gestreiften Cutaway-Hose, einer silbergrauen Weste und einer schwarz-silbernen Krawatte, häufig diagonal gestreift. Mit dem Kleinen Stresemann ist heute nur noch das Empfangspersonal altmodischer Hotels ausgestattet. Vereinzelt tragen ihn ältere Herren auch noch als Cutaway-Ersatz.

Das hochoffizielle Abendessen

21. Regel: „White tie" bedeutet Frack, „black tie" Smoking.

Bei hochoffiziellen Abendessen, zum Beispiel Staatsbanketts, Dîners anlässlich von Hochzeiten und sehr traditionellen Essen, wie etwa der „Bremer Schaffermahlzeit", ist der große Abendanzug, also der Frack, die richtige Kleidung. In den meisten, jedoch nicht allen Fällen ist der Smoking als Ersatz zugelassen. Zum Frack wird eine weiße, zum Smoking die schwarze Fliege getragen. Aus diesem Grund lauten international die Kleidungsempfehlungen auf den Einladungskarten auch einfach „white tie" für den Frack und „black tie" für den Smoking. Der Rock darf weder beim Frack noch beim Smoking abgelegt werden.

Das weibliche Gegenstück zum Frack ist unbedingt das lange Abendkleid. Schultern und Dekolleté dürfen gezeigt werden.

Der Frack

Der Frack ist schwarz. Nachtblaue Fräcke tragen heute eigentlich nur noch amerikanische Bar-Musiker. Der Rock ist vorne kurz und offen und zieht sich hinten als „Schwalbenschwanz" bis zu den Kniekehlen hinab. Die Revers des Fracks und auch des Smokings sind mit schwarzer Seide bedeckt. Ebenso die Doppelstreifen (Doppel-Galon) an den Hosen des Fracks, die beim Smoking nur einfach sind.

22. Regel: Das Jackett/der Rock darf bei Frack und Smoking niemals abgelegt werden.

Zum Frack gehören Frackhemd und Frackweste – beide aus weißem Piquet-Stoff (Waffelmuster) gefertigt. Der Hemdkragen ist ein Stehkragen mit Enden, die nach unten geklappt werden. Viele Herren tragen solche Kläppchenkragen-Hemden auch zum Smoking, jedoch nicht in Piquet. Das ist zwar nicht richtig, sieht aber trotzdem festlich aus. Eigentlich gehört zum Smoking heute ein weißes Hemd mit Faltenbrust oder ebenfalls Piquet, aber mit normalem Umlegkragen. Umlegmanschetten hingegen gehören eigentümlicherweise nur zum Smokinghemd. Frackhemden besitzen keine Umschlagmanschetten.
Das Frackhemd hat keine Knöpfe, sondern nur Knopflöcher, durch welche kleine, goldene Knöpfe, ähnlich den Manschettenknöpfen, oder Per-

Frack

lenknöpfe durchgesteckt werden. Besonders schöne Smokinghemden zeigen ebenfalls keine angenähten Knöpfe. Man kann Hemdknöpfe für das feine Frack- und Smokinghemd in Form von Perlen oder aus Perlmutt mit Goldfäden als Zierrat beim Juwelier und bei erstklassigen Herrenausstattern bekommen, vor allem auch in Londons berühmter „Hemdenstraße", der Jermyn Street nahe dem Picadilly Circus, sowie in den angrenzenden Querstraßen, wo es spezielle Knopf-Läden gibt.

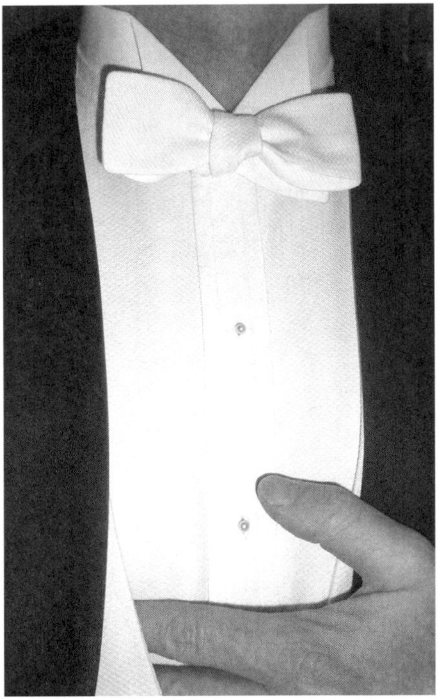

Frackhemd

Smokinghemd

Besonders beliebt und sehr edel sind kleine in goldene Ovale oder kleine goldene Rundreifen gefasste Gabouchons, also gleiche oder auch in den Farben unterschiedliche Halbedelsteine, wie Amethyste, Rubine und Smaragde.

Zu Frack und Smoking, die nur abends getragen werden dürfen, gehören Lackschuhe. Das können beim Smoking Schnürschuhe mit seidenummantelten Schnürsenkeln sein oder auch Lackslipper. Zum Frack tragen sehr traditionsbewusste Herren weit ausgeschnittenen Lackpumps mit einer breiten, kleinen, schwarzen Ripsschleife obendrauf.

Taschenuhren werden zum Frack nicht in der Weste, sondern ausnahmsweise in der Hosentasche getragen. Auch eine goldene Armbanduhr ist möglich; eine Uhr aus Stahl hingegen fällt negativ auf.

Mein Tipp: Achten Sie im Abendanzug auf dezente Uhren und Manschettenknöpfe.

Mein Tipp: Keine Experimente mit bunten Fliegen und Westen.

Der Smoking

Der Smoking, der kleine Abendanzug, international auch „black tie“, ist einem schwarzen Anzug ganz ähnlich. Es gibt ihn ein- und zweireihig. Die Revers sind, wie beim Frack, mit schwarzer Seide bezogen,

Smoking

häufig ebenso die Knöpfe. Es existieren allerdings auch Smoking-Jacken mit einem Schalkragen-Revers. Die Smokinghosen zeigen, ebenso wie der Frack, an den Außenseiten seidene Galons (Streifen), jedoch nicht, wie bei Ersterem doppelt, sondern einfach. Der doppelreihige Smoking wird ohne Weste, der einreihige mit ein- oder auch zweireihiger Weste oder einem sogenannten Kummerbund aus Seide getragen. Weste oder Kummerbund sind ebenfalls schwarz. Manche Herren bevorzugen farbige Kummerbunde mit dazu passender Fliege. Doch auch hier rate ich von Experimenten ab.

Der Klassiker besteht aus dem schwarzen Smoking, schwarzer, eventuell doppelreihiger Weste (sehr chic: Weste ganz aus schwarzer Seide), schwarzer Fliege und dem Smokinghemd mit normalem (Umleg-) Kragen aus Piquet-Stoff oder mit Faltenbrust, eventuell auch mit Knopflöchern für Schmuck-Knöpfe. Dazu werden schwarze Lackschnürschuhe mit seidenummantelten Schnürsenkeln getragen.

Im Sommer erfreut sich der weiße Smoking – international „Dinner-Jacket“ genannt – großer Beliebtheit. Hier besteht jedoch nur das Jackett aus weißem („chamois“ – ein gebrochenes Weiß) Stoff. Alle weiteren Bestandteile sind, wie beim Smoking, schwarz. Allenfalls die Seidenweste kann eine unaufdringliche Farbe besitzen, zum Beispiel Blassblau. Letztere Kombination eignet sich gut für den Besuch von Sommer-Dîners und Gartenpartys.

Die Dame in Begleitung eines Herrn im Smoking kann zwischen einem langen, einem dreiviertellangen und einem kurzen Kleid wählen. Heutzutage kann man sogar Damen in eleganten Damensmokings beobachten. Auch das ist chic. Die Regeln sind für Damen hierbei nicht so streng: So müssen sie ihre Jacketts nicht zuknöpfen, wenn sie aufstehen, und ob sie unter dem Jackett eine Weste oder nur eine Bluse oder vielleicht ein strassbesetztes T-Shirt tragen – all das ist ihrem persönlichen Geschmack überlassen. Auf jeden Fall sollten sie zu dunklen Hosen ebenfalls dunkle Strümpfe und Schuhe tragen. Damen dürfen übrigens auch die Jacke ablegen. Generell ist Damen – was die Kleidung betrifft – fast alles erlaubt; es sollte nur stets elegant und geschmackvoll sein.

Verwirrendes Besteck

Auch der richtige Einsatz von und der korrekte Umgang mit dem jeweils richtigen Essbesteck ist eine Frag von Stil und Etikette.

In traditionellen Häusern verwendet man für die Vorspeise ein kleines Tafelbesteck, das aus Frühstücks-Messer und Frühstücks-Gabel besteht, während die Hauptspeise mit dem großen Besteck eingenommen wird. Grundsätzlich gilt: Es werden stets Messer und Gabel gedeckt, aber durchaus nicht immer benutzt.

Verwirrendes Besteck

23. Regel: Wofür man kein Messer braucht (etwa Frikadellen, Kartoffeln), sollte man auch keines benutzen.

Das gilt insbesondere für das Zerkleinern von Kartoffeln, die man einfach mit der Gabel zerteilt, jedoch nicht zerdrückt. Diese Sitte stammt aus einer Zeit, in der die Messerklingen noch nicht aus rostfreiem Edelstahl bestanden. Vielmehr verwendete man früher, also vor etwa 80 Jahren, häufig Messer mit Silbergriffen und Stahlklingen, die rasch zu rosten begannen. Diese Klingen schnitten weit besser, als – durchaus schon bekannte – rostfreie Edelstahlklingen. Kartoffeln aber, Spargel, Fisch und Eier nahmen sofort den Stahlgeschmack an und schmeckten somit scheußlich. Und so gilt auch heute noch die Regel: Fisch, Kartoffeln und Spargel werden nicht mit dem Messer zerteilt.

Der Nachtisch wird mit einem Dessertlöffel und einer (Frühstücks-) Gabel gegessen, wobei es egal ist, in welche Hand man welches Besteck nimmt.

24. Regel: Niemals mit dem eigenen Besteck etwas aus der gemeinschaftlichen Schüssel oder von der Fleisch- oder Wurstplatte nehmen.

Allgemein gilt, dass man nie mit seinem eigenen Besteck etwas aus der Schüssel oder von der Platte nehmen sollte, die für alle am Tisch da ist. Hierfür gibt es – meist größere – Aufgebe- oder Vorlegebestecke, besonders große Löffel und Gabeln. So diese fehlen, sollte man sie bestellen. Die Benutzung des eigenen Bestecks für Lebensmittel, die vom Gemeinschaftsteller auf den eigenen Teller überführt werden müssen, gilt zurecht als unhygienisch.

Vorlagebesteck auf Platte

Hat man das Essen beendet, liegen Messer und Gabel parallel auf dem Teller in der Stellung „Fünf-vor-fünf". Klingt komplizierter, als es ist.

Besteck nach dem Essen

Wie esse ich ...?

Ananas wird in der Küche vorbereitet und in verzehrbaren Stückchen oder in Scheiben serviert, die mit der Obstgabel, der kleinen Gabel oder mit Gabel und Löffel gegessen werden.

Äpfel zerteilt man mit dem Obstmesser in Viertel oder Achtel und schneidet das Kerngehäuse aus. Man kann die Apfelstückchen mit den Fingern nehmen oder mit der Obstgabel essen.

Artischocken werden in der Regel so auf einem Teller serviert, dass man von oben nach unten Blatt für Blatt abziehen kann. Mit dem dicken, fleischigen Ende des Blattes stippt man in die Sauce und zieht mit den Zähnen diesen Teil des Blattes mitsamt dem Dip ab.

Das Herz der Artischocke besteht aus dem „Boden“ und dem „Heu“. Letzteres kann man nicht essen, man hebt es ab und legt es an die Seite. Der Boden dagegen schmeckt sehr gut. Man zerschneidet ihn mit Messer und Gabel und verzehrt ihn anschließend.

Die geöffnete **Auster** wird mit Zitrone beträufelt und ausgeschlürft. Man sollte sie mit der kleinen Austerngabel erst von ihrem Schalenboden trennen; zu diesem Zweck verfügt die Austerngabel über eine Schneidseite. Nun spießt man die Auster mit diesem Werkzeug auf, zieht sie aus der Schale, verspeist sie und trinkt anschließend die Flüssigkeit – Meerwasser, gegebenenfalls vermischt mit einer leichten Essigsauce –, indem man die Schale leicht kippt. Man kann auch alles zusammen direkt aus der Austernschale schlürfen.

Avocados werden im Allgemeinen halbiert serviert, sodass man sie auslöffeln kann. Eventuell kommen sie mit einem Dip oder sind bereits püriert.

Bananen besitzen von Natur aus den praktischen „Bananen-Reißverschluss“, mit dem sie allerdings nur zu öffnen sind. Die Banane stattdessen mit Messer und Gabel zu öffnen ist erlaubt, wirkt aber ein bisschen albern. Die der Schale entledigte Banane isst man dann mit (Obst-)Messer und Gabel.

Aufgrund der Gefahr, dass der Saft auf die Kleidung spritzt, sollte man **Birnen** mit dem Obstbesteck zerschneiden und essen.

Mit **Brot**, das zur Vorspeise gereicht wird, verfährt man folgendermaßen: Wird einem vom nebenan sitzenden Gast der Brotkorb gereicht, nimmt man diesen entgegen, entnimmt ihm ein Stück Brot und legt dieses auf den dafür vorgesehenen, links stehenden, kleinen Brotteller. Ebenso geht man bei der Butter vor: Man reicht beides weiter. Nur wenn der Kellner um den Tisch herum geht und Brot anbietet, nimmt man aus dem Körbchen ein Stück und nicht den ganzen Korb entgegen. Der Kellner ist dafür da, die Gäste zu bedienen, der Tischnachbar nicht.

25. Regel: Niemals etwas aus dem vom Tischnachbarn gehaltenen Brotkorb nehmen und diesen damit wie einen Kellner stehen lassen.

Den gereichten Brotkorb an sich nehmen

Von dem Brot wird ein mundgerechtes Stück abgebrochen (nicht geschnitten!), dieses mit Butter bestrichen und mit der Hand gegessen.

Häufig liegt neben dem Brotteller ein kleines Messer, das ausschließlich dem Bestreichen der kleinen Brothäppchen dient.

Fisch durfte früher nur mit dem Fischbesteck oder ersatzweise mit zwei Gabeln zerlegt und gegessen werden. Ausnahmen galten und gelten auch heute noch für Matjes, Rollmöpse sowie Räucheraal und geräucherten oder gebeizten Lachs. Diese Meerestiere erfordern wegen der Festigkeit ihres Fleisches ein „richtiges" Messer mit scharfer Schneide.

Heute sieht man aber den Verzehr von Fisch mit normalem Besteck nicht mehr so streng. Denn – ebenso wie bei der Kartoffel – ist der wahre Grund, warum man Fisch nicht mit einem Messer schneidet, mit dem Aufkommen rostfreier Stahlklingen entfallen. So ist das Fischbesteck eigentlich nur noch ein Relikt aus der guten, alten Zeit. Doch altes, silbernes Fischbesteck mit kunstvollen Ziselierungen macht sich natürlich sehr gut auf einer Festtafel.

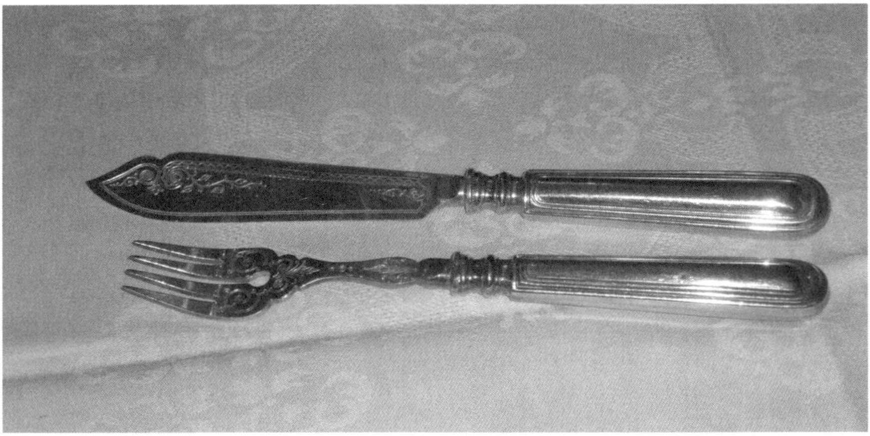

Altes Fischbesteck

Geflügel, wie Enten, Gänse, Fasane, Tauben, Rebhühner, Poularden und anderes Federvieh, kommt entweder schon zerteilt, mitunter sogar entbeint auf den Tisch. Dann ist es leicht. Sollte das nicht der Fall sein, schneidet man sich mit dem großen Tranchiermesser ein Stück ab, etwas Brust, einen Flügel oder ein Bein. Sollten auf dem Tisch Fingerschalen zum Reinigen der Finger stehen, dann – und nur dann – darf man das Hühnerbein in die Hand nehmen und abnagen. Dies gelingt aber auch gut mit Messer und Gabel!

Hummer isst man mit Hummergabeln; das sind sehr lange und sehr schmale Gabelwerkzeuge, mit denen man das Fleisch aus den Gliedmaßen ziehen kann.

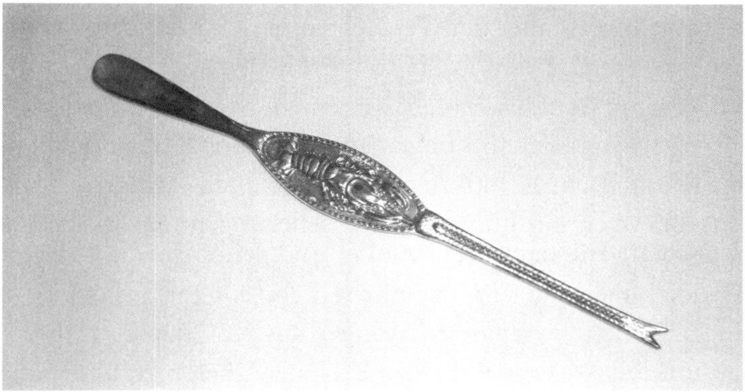

Hummergabel

---

26. Regel: Niemals darf man Kartoffeln zu Brei matschen.

Kartoffeln sollte man nicht zerschneiden, sondern mit der Gabel teilen. Die Erklärung dafür liegt, wie bereits erwähnt, in der Tatsache begründet, dass die Messer des guten Familiensilbers bis vor einigen Jahrzehnten nicht über rostfreie Stahlklingen verfügten und die Kartoffeln den Geschmack des Metalls annahmen. So gilt das Schneiden auch heute noch als unfein.

Für Krebse gibt es eigene Krebsmesser mit kurzen Klingen und einem Löchlein in der Klinge, dessen Funktion umstritten ist. Manche meinen, man könne ein Krebsbein durchstecken, um es zu knacken. Andere glauben, es sei nur Zierde.

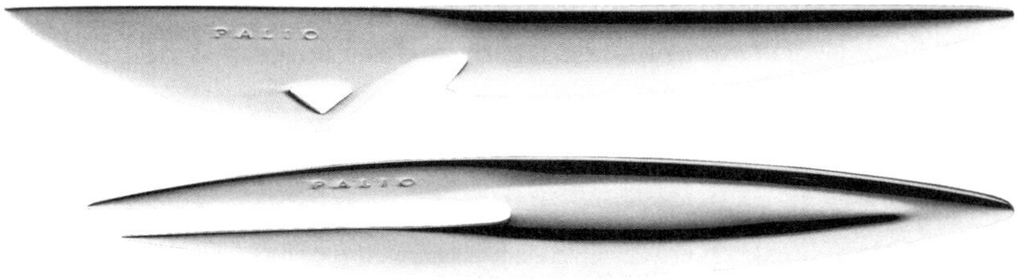

www.livingtools.de

Krebsmesser

Spargel aß man früher mit der Gabel und schob ihn mit den Fingern nach. Da dies meist in eine ziemliche Schweinerei ausartete, standen stets Fingerschalen, sogenannte „Fingerbowlen“, bereit. Dabei handelte es sich um mit Wasser und einer Zitronenscheibe gefüllte Schälchen, in denen man sich die Finger säubern konnte, die man anschließend mit der Serviette trocknete. Das Spargelessen mit der Hand ist zum Glück aus der Mode gekommen. Ich habe es jedoch als junger Mann in feinen Häusern noch öfter erlebt.

4. Kapitel: Allgemeine Regeln des täglichen Miteinanders

Die Menschen sind nicht gleich

Nach Artikel 3 des Grundgesetzes sind vor dem Gesetz alle Menschen gleich. Das heißt, die Menschen haben in Deutschland – und das gilt für alle rechtsstaatlichen Demokratien der Welt – einen Anspruch darauf, unabhängig von Herkunft, Ausbildung, Stellung im Beruf und ihrem Glauben vom Staat gleich behandelt zu werden. Die Welt der Höflichkeit und des guten Stils kennt hingegen keinen Gleichheitsgrundsatz. Sie bildet damit die Realität ab, denn – ob wir dies nun gutheißen oder nicht – in der Gesellschaft und auch in der Wirklichkeit des Arbeitslebens bestehen Hierarchien und fast nie sind die Menschen wirklich von gleichem Rang. In der Welt der guten Manieren pocht jedoch niemand auf seine festgeschriebenen oder auch nur von seiner Umgebung stillschweigend anerkannten Rechte. Dies ist auch gar nicht notwendig; diese Rechte werden ihm gewährt, da ihnen Pflichten gegenüberstehen, die alle anderen Menschen, die sich dem Gesetz der guten Manieren freiwillig unterwerfen, betreffen.

Der Ranghöhere wird stets geehrt. Ihm wird vom Rangniedrigeren, sofern sich dieser seiner gesellschaftlichen oder berufsbezogenen Pflichten bewusst ist, geholfen, wo es nur möglich ist. Um dieser Ehrenverpflichtung gerecht werden zu können, muss natürlich bekannt sein, wer in welcher Situation der Ranghöhere und wer der Rangniedrigere ist. Im Zweifelsfall werden kultivierte Menschen jedoch immer den Part des hilfsbereiten und den anderen ehrenden Rangniedrigeren übernehmen oder dies zumindest versuchen. Der kultivierte Mensch tut dies, ohne dass es ihm ein Gesetz vorschreibt.

Grundsätzlich gilt: Ranghöher im gesellschaftlichen Sinne ist immer die Dame gegenüber dem Herrn, der Ältere gegenüber dem Jüngeren, der Gast gegenüber dem Gastgeber, der Kunde gegenüber dem Auftragnehmer, der Vorgesetzte gegenüber dem Mitarbeiter, der Gebrechliche gegenüber dem Gesunden.

Manchmal kollidieren jedoch zwei Rangregeln miteinander: Wie verhält man sich beispielsweise, wenn der Mitarbeiter eine Dame, der Vorgesetzte ein Herr ist? Was, wenn Letzterer jünger ist als sein ihm untergebener Mitarbeiter? In solchen Fällen ist Fingerspitzengefühl angesagt.

Die Standardregeln

Wie man die Ranghöhere oder den Ranghöheren bezeichnen möchte, ist gleichgültig: der Würdigere, die Geehrte, der Ranghöhere, die zu Ehrende. Ihnen gegenüber, einerlei, ob Dame oder Herr, gelten folgende Standardregeln:

Rechts gehen und sitzen

Der Jüngere, der Rangniedrigere, der Mann wird stets darauf achten, dass der/die Würdigere rechts von ihm geht. Ergibt es sich, dass sich der Ranghöhere plötzlich links befindet, so geht der Jüngere schnell, bestimmt und unauffällig hinter ihm herum auf die linke Seite.

Woher kommt diese Sitte? Früher trug der wehrhafte Mann den Degen an der linken Seite, damit er denselben mit der rechten Hand schwungvoll ziehen und sich verteidigen konnte. Damit er beim Ziehen nicht die links neben ihm schreitende Lady verletzte, hatte sie stets rechts von ihm zu gehen. So hat sich die rechte Seite beim Gehen und beim Sitzen an der Festtafel als „Ehrenseite“ entwickelt und festgesetzt. Der kultivierte Mann lässt diejenige oder auch denjenigen, die oder der geehrt werden soll – und das ist im Zweifelsfall jede Dame, jeder Ältere und jeder Gast – immer an seiner rechten Seite gehen, stehen (bei Begrüßungen, insbesondere Empfängen) und sitzen.

Den Vortritt überlassen

Der Höfliche hält dem Ranghöheren die Tür auf. Um diesen Ehrendienst und damit auf die Feststellung, der jeweils andere sei natürlich der Ranghöhere, kann man schon mal ein bisschen „kämpfen". Wenn ich ein Unternehmen besuche und von der Sekretärin beim Empfang abgeholt werde, besteht eine gewisse Konfliktsituation hinsichtlich der Ranghöhe: ich, ein Mann, 62 Jahre alt, der Besuch? Oder die Sekretärin, eine Frau, jedoch viel jünger und in der Rolle der Gastgeberin? Der Höfliche kennt nur einen Anspruch: den der Demut, also die Dienerposition. Denn zumindest *ein* Kriterium (Dame) spricht für die Höherrangigkeit der Sekretärin.

Modernistische Benimmtrainer werden sich angesichts dieser komplizierten Überlegungen empören und sagen: Das ist doch klar, die Sekretärin rangiert eindeutig unter dem Gast, der ihren Chef besucht, mithin mit Letzterem gleichrangig scheint; im Business gilt ausschließlich das Hierarchieprinzip. Diese Anschauung ist dem Menschen, der Höflichkeit nicht als Regelwerk, sondern als Herzenssache, als Ausdruck des Respekts vor dem Nächsten sieht, jedoch zu simpel. Natürlich besitzt die Sekretärin eines Managers, den ich als in etwa gleichrangiger Gast besuche, nicht den höheren gesellschaftlichen Rang. Aber vergebe ich mir etwas, wenn ich sie so behandle, wie ich jede Dame in der Gesellschaft behandle?

Die Türe aufhalten

Wenn mich die Sekretärin also zu ihrem Chef führen will, achte ich darauf, links zu gehen. Wenn offensichtlich ist, dass wir am Ende des Ganges durch die Tür gehen müssen, beschleunige ich meinen Schritt, um vor ihr die Tür zu erreichen, ihr diese zu öffnen und so offen zu halten, dass ich mit dem Rücken zur offen gehaltenen Tür stehe und sie so passieren lasse.

Bei Türen, die nach innen aufgehen, ziehe ich also die Türe zu mir her, gehe wieder einen Schritt zurück und lasse die oder den Höherangige(n) vor mir die Schwelle passieren. Bei Türen, die sich nach außen öffnen, drücke ich die Tür auf, gehe damit zwangsläufig als Erster über die Schwelle und warte, die Tür hinter meinem Rücken festhaltend, ab, bis die andere Person, an mir vorbei, ebenfalls die Türschwelle überschritten hat, um ihr dann schnellen Schrittes zu folgen, sie erneut als links neben ihr schreitender Kavalier zu begleiten, um angesichts der nächsten Tür die Prozedur zu wiederholen.

Wohlerzogene Herren „streiten“ sich gerne darum, wer nun dem anderen die Türe aufhalten und somit den Vortritt lassen darf. Dies ist eine liebenswerte Geste der Höflichkeit, durch welche beide den jeweils anderen ehren wollen. Nach ein bisschen Hin und Her sollte dem Beharrlicheren stattgegeben werden, wobei der nun als Erster durch die Tür Schreitende aber die nächste Tür als Objekt seiner Höflichkeit nutzen kann und, gegebenenfalls sogar mit den Worten „here is my chance“, nun dem anderen den Ehrendienst tun kann.

Dies sind Gesten, die der eine oder andere für übertrieben halten mag. Sie erleichtern jedoch das zwischenmenschliche Zusammensein, bringen sofort eine gute Stimmung und vereinfachen somit das Leben – und im Businessalltag das Geschäft.

Eine hübsche Geste der Ehrerbietung stellt auch das Aufhalten der Autotüre dar. Der höfliche Mann öffnet seiner Begleiterin die Beifahrertür, achtet darauf, dass kein Zipfel von Kleid oder Mantel sich außerhalb des Wagens befindet, und wirft die Tür ins Schloss. Ähnlich verfährt er, wenn sie aussteigt. Er beeilt sich, vorne ums Auto zur Beifahrertür zu kommen – hinten herum geht nur der Berufs-Chauffeur –, hält sie auf und bietet der Begleitung durch Handreichung Ausstiegshilfe.

Doch auch die Dame muss etwas zum Gelingen dieser höflichen Gesten beitragen. So sollte sie weder die Hilfe durch schnelles Aus-dem-

Auto-Springen vereiteln, noch mit Herrscherblick auf dem Beifahrersitz verharren, als erwarte sie diese Unterstützung. Eine Dame von Welt, schreibt Prinz Asfa-Wossen Asserate mit Recht, erwartet nichts und bekommt alles. Dazu muss sie aber das Spiel mitspielen. Sie wird also die Zeit, bis ihr Kavalier ihr die Türe öffnet, mit irgendetwas scheinbar Notwendigem verbringen, vielleicht in ihrer Handtasche zerstreut nach einem Schlüssel suchen oder nach der Einkaufstüte auf der Rückbank greifen, so dass der Gentleman gerade zurecht kommt, wenn seine Begleiterin bereit ist. Das ist guter Stil.

Generell wird der Jüngere dem Älteren – gleichviel, ob er ihn kennt oder nicht – immer die Tür aufhalten. Der Jüngerer wird, wenn er höflich ist, sogar den Gang beschleunigen, um als Erster an der Tür anzukommen und so die Gelegenheit ergreifen zu können, sie dem anderen zu öffnen.

Erst recht hält der Jüngere der älteren Dame die Tür auf. In der Gesellschaft hält jeder Mann jeder Dame die Tür auf. Im Business hält der Mitarbeiter seinem Vorgesetzten die Tür auf. Auch hält die jüngere Frau ihrer älteren Geschlechtsgenossin die Tür auf, kurz: Der Rangniedrigere hält der und dem Ranghöheren die Tür auf oder lässt ihm oder ihr zumindest den Vortritt.

Aufstehen

Eine der wichtigsten Regeln gegenseitigen Respekts ist die Beachtung der „gleichen Augenhöhe“. Dies gilt im wörtlichen wie im übertragenen Sinne. Demjenigen, der einen höflich und respektvoll behandelt, begegnet man ebenso.

Betritt ein Besucher das Büro, bleibt man nicht sitzen, sondern erhebt sich zur Begrüßung. Nähert sich im Restaurant jemand dem eigenen Tisch, gibt man ihm nicht lässig sitzend von unten nach oben die Hand, sondern steht ebenfalls auf.

In beiden Fällen erhebt man sich gänzlich, knöpft – als Herr – einen Knopf des Jacketts zu und gibt dem neu hinzukommenden „auf gleicher

Augenhöhe“ die Hand. Prinz Asfa-Wossen Asserate, der das glänzende Werk „Manieren“ verfasste, meinte zum Aufstehen der Herren, wenn eine Dame das Zimmer betritt, sinngemäß: „Wenn eine Dame das Zimmer betritt, braucht ein Herr nicht darüber nachzudenken, ob er jetzt aufstehen muss oder nicht. Es muss ihn automatisch vom Stuhl reißen; er kann gar nicht anders!“ Dem ist nichts hinzuzufügen.

Dies ist feines Benehmen: gar nicht anders zu können, als automatisch emporzuschnellen, wenn eine Dame kommt oder sogar die Intention zeigt, einen Herrn zu begrüßen. Aber das wartet der feine Mann gar nicht ab. Er steht mit allen anderen Herren, die sich im Raum befinden, auf und verharrt so lange stehend, bis sich auch die Dame(n) gesetzt hat oder haben. Natürlich, wenn es sich zum Beispiel um die Dame des Hauses handelt, die nur gerade den Tee gebracht hat und noch etwas aufdecken möchte, verharrt auch und gerade der Höfliche nur so lange, bis die Dame so nachhaltig darum gebeten hat, dass sich die Herren doch setzen mögen, dass es nachgerade unhöflich wäre, sich diesem Diktum zu widersetzen.

Höflich ist es in solchen Fällen immer, die Gelegenheit zur Hilfestellung beim Teeservieren oder sonstwo zu ergreifen, und zwar *nicht* mit Fragen wie „Kann ich Ihnen irgendwie behilflich sein?“, die sicher zu erwartende, dankend ablehnende Antwort der Gastgeberin erheischend, sondern mit sofortigem Tun, indem man ihr zum Beispiel das Tablett abnimmt und die Tassen auf den Tisch stellt oder den Kuchen aus der Küche holt.

Das Gebot des Aufstehens beachten generell jüngere Personen vor älteren, Herren vor Damen und im Büro alle Jüngeren und/oder Untergebenen, einerlei welchen Geschlechts, vor den Vorgesetzten, Besuchern und Kunden.

Der Tischherr steht auch kurz mit auf, wenn seine Tischdame sich erhebt, steht erneut auf, wenn sie wieder kommt, und hilft ihr, den Stuhl sitz- und tischgerecht zu platzieren. Das hat Stil.

Ein Aufstehen von seinem Platze gebietet die Etikette ebenfalls in öffentlichen Verkehrsmitteln. Sind im Omnibus, der U- oder S-Bahn oder in der Eisenbahn alle Sitzplätze besetzt und eine Dame oder ein älterer Herr betritt den Wagen, steht der gut erzogene jüngere Mann auf und bietet – natürlich erst recht gebrechlichen und hilfsbedürftigen Menschen – seinen Platz an.

Gepäck abnehmen

Gewiss, mit den modernen Gepäckstücken, die über praktische kleine Räder und einen herausziehbaren Griff verfügen, stellt sich die Frage nicht mehr so dringend und so häufig wie früher: Doch das Gebot der Höflichkeit, dass vor allem jüngere Männer älteren Herren und allen Damen das Gepäck abnehmen und tragen, sollte nach wie vor Beachtung finden – vor allem, da eine solche Geste eine echte Hilfe darstellt.

Bedauerlicherweise ist es auch in guten Hotels längst nicht mehr selbstverständlich, dass ein (männlicher) Page das Gepäck ins Zimmer trägt. Häufig begleitet den Neuankömmling eine junge Dame von der Hotelrezeption, von welcher der Gentleman trotz ihrer Frage, ob sie helfen könne, diesen Dienst aufgrund ihres Geschlechts nicht annimmt. Die Begleitung aufs Hotelzimmer durch eine Dame bringt den Gast also eher in eine gewisse Verlegenheit. Darüber sollten sich die Manager von Hotels, die über keine männlichen Pagen verfügen, einmal Gedanken machen.

Besonders jüngere Männer sollten sich nicht sofort durch ein „Vielen Dank, es geht schon“ von ihren Hilfsdiensten abhalten lassen. Der jüngere Mitarbeiter oder Assistent bricht sich keinen Zacken aus der Krone, wenn er seinem Chef den schweren Aktenkoffer abnimmt. Der Sohn hilft Mutter und Vater und selbstverständlich allen Tanten, Onkeln und Großeltern. Der Taxifahrer hilft dem Kunden, der Gastgeber dem Gast.

Der Helfende möge sich dabei bewusst sein, dass er sich weder für seine Höflichkeit genieren noch befürchten muss, dass sie ihm in irgendeiner Weise schaden könnte. Vielmehr darf er davon ausgehen, dass ihn die Hilfsbereitschaft ehrt und auszeichnet. Jemandem seine Hilfe anzubieten, ist immer gutes Benehmen.

Reden und reden lassen

„Leben und leben lassen" ist ein probater Rat zur fairen Verteilung von Gewinnen bei gemeinsamen Geschäften. Auch den Gesprächspartner sollten der Gentleman und die Frau von Welt reden lassen – und ihm zuhören.

Anderen Menschen Aufmerksamkeit zu schenken ist eine Form des Respekts, der Achtung und der Höflichkeit. Für den Sprecher offenbart sich das Interesse des anderen darin, dass Letzterer ihm ins Gesicht blickt. Wegschauen, sich abwenden, sich vom Geschehen rundum ablenken lassen oder gar dem anderen ins Wort fallen und abrupt das Thema wechseln signalisiert dem Gesprächspartner Desinteresse an seinen Meinungen und Ansichten. Und das ist schlechtes Benehmen.

Haltung

Die Hände in den Hosentaschen zu vergraben, kann ja mal ganz lässig aussehen. Man sollte es jedoch vermeiden, *beide* Hände in die Hosentasche zu stecken. Die linke Hand in der Tasche zu haben, während man mit der rechten Shakehands macht, geht wirklich gar nicht. Wer das tut – bei vielen Politikern muss man dies leider häufig beobachten – beleidigt den Begrüßten.

Generell gilt jedoch: So man sich mit einem Menschen unterhält, dem man Wertschätzung signalisieren möchte, sollte sich keine Hand in der Hosentasche befinden, selbst wenn man jemanden nur durch Kopfnicken begrüßt. Sprechen Sie selbst, nutzen sie Ihre Hände, um Ihren Worten mit der passenden Gestik Nachdruck zu verleihen.

Überhaupt sendet man mit seiner Körperhaltung Signale aus, die von anderen eher unterbewusst wahrgenommen werden, aber dennoch sehr nachhaltige Wirkung erzeugen. Wer seinem Gesprächspartner mit

So sollte man nicht dastehen

verschränkten Armen gegenübersitzt oder -steht, zeigt Abwehr und der Partner wird sich schnell abgelehnt fühlen.

Um Offenheit und Interesse zu signalisieren sollten Sie weder die Arme verschränken noch mit übergeschlagenen Beinen eine Mauer zwischen sich und dem anderen errichten. Sehen Sie Ihren Gesprächspartner direkt an und öffnen Sie ihm gegenüber beim Gestikulieren die Hände. Stehen Sie auf, wenn der andere steht, oder beugen Sie sich zu ihm herunter, wenn er sitzt (bis der Gesprächspartner seinerseits als höflicher Mensch aufsteht).

Der höfliche Mensch fläzt sich nicht halb liegend in den Sessel, legt nicht in Gegenwart einer anderen Person die Füße auf den Couchtisch und sitzt insbesondere an der Essenstafel gerade auf seinem Stuhl. Während des Essens hat er in Deutschland die Hände auf dem Tisch, aber nur bis zum Handgelenk, niemals den Ellenbogen.

Grüßen

Beim Grüßen verbeugt sich der feine Mann ein wenig mit Kopf und Oberkörper. Eingeschränkt tut dies auch die Dame mit einem leichten Kopfnicken, insbesondere vor Personen, die sie ehren möchte. Der Knicks des jungen Mädchens gehört wohl nicht mehr zum Höflichkeitswerkzeug, ist aber keineswegs verpönt. Ältere Damen und Herren freuen sich über diese Form der Ehrerbietung.

Die grüßende Hand ist ohne Handschuh. Dieser Regel ist aber nur dann streng Folge zu leisten, wenn auch die Hand des Ranghöheren nicht mit einem Handschuh bekleidet ist. Zwei Personen in Handschuhen können sich mit Handschuhen die Hand drücken. Damen konzediert man das Anbehalten der Handschuhe, wenn sie deutlich als Ranghöhere angesehen werden können, aber es wird als verbindlicher und herzlicher angesehen, wenn auch jene ihre Grußpartner dadurch ehren, dass sie ihren rechten Handschuh vor dem Shakehands ausziehen. Lange Handschuhe, wie elegante Damen sie zu Bällen tragen, werden hingegen nie abgelegt.

Die Hacken werden nicht, wie beim Militär, beim Grüßen zusammengeschlagen, aber man sollte schon mit geschlossenen Beinen dastehen. Auf jeden Fall grüßt der Herr nur mit geschlossenem Jackett.

Unangenehme Geräusche

In Japan gilt es als äußerst unfein, sich laut zu schnäuzen. In Europa ist das anders. Allerdings sollte der kultivierte Mensch auch hier nicht durch Niesen, Husten oder Schnäuzen – und auch nicht durch dröhnendes Gelächter – die Aufmerksamkeit auf sich ziehen. Vielmehr sind Geräusche dieser Art so weit wie möglich zu vermeiden beziehungsweise soweit zu reduzieren, dass man andere Menschen damit nicht stört. Namentlich im Theater, in der Oper und im Konzert sind Husten- und Niesausbrüche sowie lautes Schnäuzen ein großes Ärgernis für die anderen Zuschauer und Zuhörer. Deshalb sollte man sich vorher „ausniesen und -husten" und wenn man erkältet ist, von dem Besuch solcher Veranstaltungen überhaupt absehen.

Und wenn es denn doch mal sein muss? Ein probates Mittel ist das Taschentuch aus Stoff, das jede Dame von Welt und jeder Gentleman stets und besonders beim Besuch eines Opernhauses oder einer Konzerthalle mit sich führen sollte. Es sollte – jedenfalls bei einem Herrn – möglichst groß, reinweiß und ein kleines bisschen gestärkt sein. Dieses Stofftaschentuch muss keineswegs das hygienische Papiertaschentuch ersetzen, eher ergänzen. Bei einem Hustenanfall im Konzert kann es, fest vor den Mund gepresst, als wirksamer Schalldämpfer eingesetzt werden.

Das Gähnen in Gesellschaft gilt als ganz unfein und sollte unterdrückt werden. Gelingt das nicht, hält sich der Gähnende – von Anfang an! – so die Hand vor den Mund, dass der offen stehende Mund nicht zu sehen ist.

Ebenfalls sollte man es in Gegenwart anderer Menschen vermeiden, sich zu strecken, seine Finger knacken zu lassen, Nase und Ohren zu bearbeiten oder die Fingernägel zu reinigen.

Zu den unangenehmen Geräuschen gehören schließlich auch solche, die unter Umständen auf dem ansonsten als „still" bezeichneten Örtchen als unvermeidlich angesehen werden. Früher gab es ja die weit oberhalb der Toilette hängenden Spülkästen, in denen das Wasser zum Spülen der Toilette gesammelt wurde, das dann beim Ziehen an der Strippe sturzbachartig durch das Fallrohr hinunterfloss, um das Toilettenbecken zu säubern. Anschließend füllte sich das Sammelbecken meist sehr geräuschvoll wieder mit Wasser und das dauerte mitunter geraume Zeit. Alte Benimmbücher empfahlen aus diesem Grund das Ziehen an der Strippe bereits vor dem Beginn des Geschäfts. So konnte man das Wassergeräusch als „Sicherheitsgeräuschkulisse“ nutzen. Heute fließt das Wasser viel leiser zurück in das Sammelbecken.

Ich empfehle trotzdem, bei entsprechenden Handlungen eine solche Geräuschkulisse zu erzeugen. Eventuell durch Fließenlassen des Wassers am Handwaschbecken. In sehr vornehmen Häusern und in Restaurants und Hotels ertönt im Örtchen auch manchmal Musik, die vielleicht zu diesem Zweck eingeschaltet ist.

Die Pflicht zur Vermeidung von für andere unangenehmen Geräuschen gilt jedoch nicht nur für Körpergeräusche. Headsets mit iPod oder Walkman, auf entsprechende Lautstärke gedreht, inkommodieren fast ebenso unerträglich den stillen Zeitgenossen. Das gilt besonders in öffentlichen Verkehrsmitteln.

5. Kapitel: Benimm im Alltag

Dass Fragen der Höflichkeit und des guten Benehmens in den vergangenen 30 Jahren so wenig beachtet wurden oder häufig sogar auf offene Ablehnung und Spott stießen, hängt wohl mit dem Missbrauch von Höflichkeitsfloskeln zusammen, den man aus der sicher teilweise auch verlogenen Welt der „guten Gesellschaft“ von früher her kannte. In dieser Welt war es selbstverständlich, dass ein feiner Mann, der von einer Dame um einen Gefallen gebeten wurde, antwortete: „Mit dem allergrößten Vergnügen, gnädige Frau“, auch wenn er innerlich bebte vor Zorn, weil er in diesem Moment eigentlich etwas ganz anderes vorgehabt hatte, als jener alten Schrapnelle den Mantel zu holen. Diese Divergenz von Wort und Gedanken war es, die zurecht als Unehrlichkeit entlarvt wurde.

Dies kann jedoch auch ein bequemes Argument sein, um sich vor Höflichkeit und ungeliebten Hilfsdiensten zu drücken. Erneut möchte ich hier jedoch erwähnen, dass es der (insbesondere jüngere) Mann als Ehrenpflicht erachten sollte, einer Dame in den Mantel zu helfen. Als eine sich glücklicherweise bietende Gelegenheit, einer Dame seine Aufmerksamkeit, seine Wertschätzung oder zumindest sein gutes Benehmen zu zeigen. Und eine Dame, die ihren Begleiter dazu auffordert, ihr den Mantel zu holen, ist meist keine Dame, denn Höflichkeiten werden – unter Gleichrangigen – niemals eingefordert.

Ein Chef kann seinen Lehrling jedoch durchaus darauf hinweisen, dass dieser, als der Jüngere, seinem Vorgesetzten behilflich sein sollte. Mitarbeiter, die nicht auf die Idee kommen, ihrem Chef, der mit zwei schweren Akten- oder Reisekoffern kommt, einen davon abzunehmen, sollten ebenfalls zum Benimmtraining geschickt werden. In diesen Fällen kann oder muss der Vorgesetzte seine Vorstellungen äußern und damit auch mal einen Gefallen, eine Höflichkeit einfordern.

Ist hier „Ehrlichkeit“ vorzuziehen, indem man dem anderen sagt, man habe „keinen Bock“ darauf, Hilfestellung zu geben? Das muss jeder für sich entscheiden. Ich bin der Auffassung, man sollte versuchen, mit Freude höflich und gefällig zu sein. Die Höflichkeit kommt zu einem zurück und führt auf diese Weise zu mehr Lebensfreude. Man muss sich dazu allerdings etwas zurücknehmen und dazu durchringen, den Nächsten wichtig und ernst zu nehmen, seinen Mitmenschen *gerne* gefällig zu sein. Ich kann nur dazu raten und zwar aus zwei Gründen: Erstens, weil es Spaß macht, Stil und Etikette, Hilfsbereitschaft und Höflichkeit anderen gegenüber zu zeigen, und zweitens, weil sonst die Anleitung zu korrektem Verhalten in diesem Buch ganz überflüssig wäre.

Hält einem beispielsweise jemand die Tür auf, weil man, mit schwerem Gepäck beladen, keine Hand frei hat und diesem höflichen Menschen entgleitet die Tür, so dass sie einem gegen die Schulter fällt, so kann man zu demjenigen sagen: „Das ist aber reizend von Ihnen!“ Indem man dies mit einer herzlich dankenden Stimme äußert und den anderen dabei anlächelt, erkennt jener sofort, dass der Dank ernst gemeint ist. Obwohl ihm die Türe vorzeitig entglitten ist, wurde die gute Absicht bemerkt.

Derselbe Satz könnte aber auch vorwurfsvoll-ironisch ausgesprochen werden, so dass seine Bedeutung etwa die folgende ist: „Das ist ja reizend von Ihnen, die Tür vor meiner Nase loszulassen, so dass sie mir entgegenfällt.“ Unterstrichen von einem bösen Blick und einem Kopfnicken, die die Ironie dieses Ausspruchs wirkungsvoll unterstreichen. Mit ein und demselben Satz können also zwei gänzlich verschiedene Aussagen getroffen werden.

Dieses Beispiel aus dem täglichen Leben verdeutlicht, dass Höflichkeitsfragen und gutes Benehmen sich nicht in mehr oder weniger artigen Bemerkungen erschöpfen. Sie müssen auch von Herzen kommen. Worte und Taten sollten ebenso übereinstimmen wie gesprochenes Wort und nonverbale Signale.

Haus und Wohnung

Lärm

Was gilt es nun hinsichtlich des häuslichen Miteinanders zu beachten? Es beginnt mit dem Krach, den man in seiner Wohnung und in seinem Hause nicht zu Zeiten machen sollte, zu denen die Nachbarn schlafen wollen. So sollte man als neu eingezogener Hausgenosse zum Beispiel die Bohrarbeiten zum Aufbau der Bücherregale möglichst nicht bis nach 22 Uhr ausdehnen und insbesondere an Sonn- und Feiertagen lautes Hämmern gänzlich unterlassen. Doch auch die Nachbarn müssen dem neu Eingezogenen die Chance geben, seine Wohnung in seiner Freizeit einzurichten. Ich bin der Auffassung, dass Höflichkeit keine Einbahnstraße ist. Nicht immer nur den Krachmacher tadeln. Eine gute Idee wäre zum Beispiel, ihm Mithilfe am Wochenende anzubieten, um so die Zeit der Lärm verursachenden Aufbauarbeiten zu verkürzen.

Es ist sehr in Mode gekommen, sich hinsichtlich von Ge- und Verboten immer auf das zu berufen, was irgendein Amtsgericht entschieden hat. Ich muss einräumen, dass ich solche Entscheidungen mitunter kritisch sehe. Wenn ein Wohnhaus im Frankfurter Stadtteil Sachsenhausen, der für seine Äppelweinseligkeit und für die entsprechenden Schankwirtschaften berühmt ist, seit vielen Jahrzehnten solch eine Apfelweinstube beherbergt und dort schon viel länger existiert, als irgendein Mieter im Hause wohnt, und wenn deshalb die Wohnungen in diesem Hause besonders günstige Mieten aufweisen, weil der Hausbesitzer an dem mit einer Kneipe verbundenen Lärm nun mal nichts ändern kann, dann ist es einfach eine Frage des Stils, ob der Mieter im Bewusstsein seiner günstigen Miete nun noch zum Kadi geht und dort – meist leider mit Erfolg – die Einschränkung der Öffnungszeiten einklagt.

Dieselben Mieter, die in Sachsenhausen durch ihre Klage den Geschäftsbetrieb des alteingesessenen Gewerbebetriebs einschränken, natürlich mit der Folge von Personalentlassungen und Einbußen beim

Geschäftsergebnis, freuen sich im romantischen römischen Stadtteil Trastevere über die dort völlig selbstverständliche Möglichkeit, bis zwei Uhr morgens draußen zu sitzen und lauthals „Warum ist es am Rhein so schön“ anzustimmen.

Aber so ist es mit dem menschlichen Zusammenleben. Wenn Rücksicht und Höflichkeit gegenüber dem anderen aufgegeben, vielmehr die Gerichte bemüht werden, dann ist es mit der eleganten Lösung, die möglicherweise allen Vorteile bringt und den Frieden der Nachbarschaft erhält, vorbei.

Guter Stil und Etikette sind nicht einklagbar. Kein Gerichtsurteil kann guten Stil, mit dem man in solchen Fragen ein Einvernehmen herbeiführen könnte, ersetzen. Guten Stil und Manieren zu leben, heißt gerade *nicht*, Privilegien einzufordern oder gar einzuklagen, sondern vielmehr durch eigenes gutes Beispiel auch den anderen zur Rücksichtnahme zu veranlassen.

Treppenhaus und Parkplatz

Zigarettenkippen oder zerknülltes Papier lässt man nicht im Treppenhaus liegen. Und wo es im Hof Fahrradständer gibt, gehören auch die Fahrräder nicht in den allgemein genutzten Flur. Wenn man kleine Kinder hat und den Kinderwagen nicht immer ins dritte Stockwerk tragen möchte, sollte man sich mit den übrigen Bewohnern verständigen. Beide Teile müssen, wollen sie sich höflich verhalten, Zugeständnisse machen. So müssen auch die Kinderwagenbesitzer einsehen, dass für sie ihr Kind zwar das Wichtigste ist, die übrigen Hausbewohner aber in einem stilvollen Treppenhaus nicht ständig einen Kinderwagen stehen haben wollen. Hier sollten Kompromisse angestrebt werden. Mit Gewalt etwas durchzusetzen, was nur einem selbst Vorteile bringt ist unhöflich und unredlich.

Menschen, die sich durch die Handlungen anderer übervorteilt fühlen, sollten *sine ira et studio* (ohne Zorn und Eifer) ihren Eindruck mit denen besprechen, durch deren Handeln sie sich benachteiligt fühlen, und gemeinsam nach Lösungen suchen, mit denen beide leben können.

Es empfiehlt sich jedoch, die vermeintlich frechen Vorteilsnutzer nicht mit schroffen Feststellungen, wie etwa „Sie haben schon wieder Ihren Blechhaufen auf meinem Parkplatz abgestellt!" anzusprechen. Besser ist es, die Vorwürfe abzumildern, in unserem Beispiel möglicherweise wie folgt: „Kann es sein, dass Sie gestern keinen öffentlichen Parkplatz fanden?" Oder auch: „Meinen Sie nicht auch, dass man einen Parkplatz, für welchen man monatlich eine gar nicht so kleine Miete bezahlt, auch ganz gern selber nutzen möchte?" Dies sind Formulierungen, die nicht schroff sind, die aber dennoch jeder versteht und die den einfühlsamen Zeitgenossen viel mehr berühren werden. Der Angesprochene wird sich vermutlich rasch entschuldigen.

Kinder und Hunde

Auch Kinder in einem Wohnhaus führen oftmals zu Konflikten. Diese sind in den Augen ihrer Eltern häufig auch dann süß oder „originell", wenn sie die Sphäre der anderen Mietparteien beeinträchtigen. Auch in diesem Punkt sollten beide Seiten, diejenigen, die sich über das schlechte Benehmen der Kinder ärgern, und die Eltern der Kinder Entgegenkommen zeigen.

Als ich noch ein Kind war, grenzte an das Haus meiner Eltern ein zum Bürohaus umgewidmetes altes Einfamilienhaus. Dort hatte ein Statiker sein Büro und im geräumigen Keller dieses Hauses ein großer Wachhund seinen Schlafplatz. Dieser bellte nachts häufig und für längere Zeit. Einen anderen Nachbarn störte das so sehr, dass er den Hundebesitzer verklagte. Zum Prozess war auch meine Mutter als Zeugin geladen worden, die, ein bisschen widerwillig ob der Bemühung von Staatsorganen in dieser für sie lächerlichen Frage, aber doch wahrheitsgemäß das nächtliche Bellen bestätigte. Darauf fragte der Richter meine Mutter, warum sie denn nicht auch geklagt habe. Allein diese Frage war ärgerlich, signalisierte sie doch, dass die Angaben meiner Mutter für den Richter eigentlich nur glaubhaft gewesen wären, wenn sie deswegen auch vor Gericht gezogen wäre. Eine großzügige Toleranz in dieser Sache, eine höfliche Duldung, weil sie als Mutter von vier Söhnen davon ausging, dass aus ihrer Umgebung ja auch so manche Störung komme, für die sie weder gerne vor den Richter zitiert werden wollte, noch für deren Abschaffung letztlich wirksam Sorge tragen könnte, konnte sich der Richter nicht vorstellen. Er kannte nur die staatlichen Gesetze, die Gesetze des kultivierten Lebens kannte er nicht. Das ist die Tragik im Zusammenhang mit gutem Benehmen: Für viele Menschen liegt es außerhalb ihrer Vorstellungskraft, dass sich jemand ordentlich benimmt, Großzügigkeit, Vornehmheit und Toleranz zeigt, ohne dass er daraus einen sofort messbaren eigenen Vorteil und Gewinn zieht.

Betreten des Hauses

Bevor man ein Haus betritt, sollte man sich gründlich die Füße abtreten. Gerade bei nassem Wetter, wenn an den Schuhen viel Schmutz kleben bleibt, besteht besonderer Anlass, dieses Höflichkeitsgebot gegenüber demjenigen, den man besuchen möchte, streng zu beachten. Es gilt also, die Schuhe nicht nur ein paar Mal über dem Fußabtreter hin und her zu bewegen, sondern vor dem endgültigen Betreten des Hauses zu prüfen, ob die Säuberungsaktion auch gelungen ist. Dieser Vorgang wird wiederholt, wo immer an einer Türschwelle eine entsprechende Matte liegt, die allein durch ihre vom Wohnungseigentümer oder dem Wartungspersonal wohlbedachte Existenz dazu auffordert.

Es gibt Menschen, in deren Wohnungen es üblich ist, die Schuhe auszuziehen. Das ist natürlich ein probates Mittel, um zu verhindern, dass durch schmutzige Schuhe die Wohnung verunreinigt wird. Von stilbewussten Menschen wird diese Form der Hygiene allerdings eher als spießig belächelt. Menschen, die Höflichkeit und Umsicht besitzen, werden diese radikale Sauberkeitsvorschrift als Demütigung empfinden und Gastgeber, die dieses Verhalten in ihren Wohnungen vorschreiben, eher meiden.

Feine Menschen werden, namentlich auf dem Lande, nach einem Spaziergang, der die Profilsohlen ihrer Wanderschuhe mit Lehm und Blättern gefüllt hat, fragen, wo sie sich, bevor sie ins Wohnzimmer kommen, ihre Schuhe richtig säubern können. Man zeigt ihnen das WC oder – so vorhanden – einen Putzraum mit einem Waschbecken und gibt ihnen so höflich die Chance, mit selbst gereinigten Schuhen nach fünf Minuten in der guten Stube zu erscheinen.

Dem Gast zu zeigen, wo er sich die Hände waschen, wo er „verschwinden" kann, ist eine nützliche Sitte, die in der höflichen Gesellschaft, vor allem in England, üblich ist. Denn Nachfragen à la „Wo kann man denn hier mal?" sind nicht jedermanns Sache und der feine Gastgeber nimmt mit diesem Vorweg-Hinweis dem Gast die Peinlichkeit, diese Frage im Verlaufe seines Besuchs zu stellen.

In vielen Wohnungen und fast allen Einfamilienhäusern gibt es heute Gäste-WCs, die sowohl für Gastgeber als auch für Gäste vorteilhaft sind. Der Gast hat nicht das Gefühl, in einem Raum voller Intimitäten das Diskretionsgebot gegenüber dem Gastgeber zu verletzen. In dem privaten Bad des Gastgebers könnte er sehen, was für Cremes von der Gastgeberfamilie benutzt werden und wie sauber der Kamm ist. Im eigens für Gäste bestimmten WC dagegen fühlt der Gast sich wohl, weil er weiß: Dieses ist der für seine Hygiene bestimmte Raum, hier ist er nicht unwillkommen.

Der Gastgeber sollte indessen im Gäste-WC für die gleiche Sauberkeit und Ordnung sorgen, für die er auch in den übrigen Teilen der Wohnung Sorge trägt. Vor allem gehören Seife und saubere Handtücher zur Ausstattung. Dabei können es durchaus (auch) Papierhandtücher sein, mit denen sich die Gäste die Hände abtrocknen. Wenn der Gastgeber allerdings ausschließlich Handtücher aus Stoff für seine Gäste vorsieht, müssen diese sauber sein. In vielen Häusern und in First-class-Hotels ist es auch üblich, einen Stoß sehr kleiner Handtücher auszulegen und einen Korb für die benutzten Tücher aufzustellen, so dass sich jeder, der sich dort die Hände wäscht, mit einem frischen Handtuch die Hände abtrocknen kann.

Der Gast hat die Pflicht, das WC sauber zu hinterlassen. Auch zu diesem Zweck rate ich jedem Gastgeber, dort zumindest *auch* Papierhandtücher auszulegen; denn mit dem gebrauchten Papierhandtuch wischt der sorgfältige Gast über das Waschbecken und ruhig auch – dies gilt für die Herren – über den Toilettensitz.

Auch sei hier angemerkt, dass eine Klobürste nicht neben dem WC-Becken steht, damit der Putzdienst es leichter hat und die Bürste nicht erst aus dem Putzraum holen muss, sondern sie ist für jeden Benutzer der Toilette gedacht.

Ein Gast kommt zu Besuch

Der Gastgeber wird dafür sorgen, dass die Wohnung gut beleuchtet ist, damit der Gast nicht ein Hindernis übersieht und fällt. Er wird dem Gastgeber beim Ablegen der Garderobe behilflich sein und ihn in ein Zimmer bitten, das zum Empfang von Gästen geeignet ist.

Der Gast hingegen nimmt sich nicht die erstbeste Sitzgelegenheit und setzt sich, ohne dazu aufgefordert worden zu sein. Im Gegenteil, er bleibt stehen, mindestens so lange, bis ihm der Gastgeber bedeutet, doch Platz zu nehmen. Dieser Aufforderung kommt der höfliche Gast aber nur dann nach, wenn der Gastgeber sich entweder ebenfalls hinsetzt oder der Gast eindeutig der Ranghöhere ist, also eine Dame oder ein älterer Herr. Und selbst in diesem Fall sollte der Besucher überlegen, ob er der Aufforderung wirklich sofort nachkommt oder ob er nicht besser dem Gastgeber behilflich ist, zum Beispiel beim Servieren von Getränken.

Wenn also der Gastgeber etwa sagt: „Bitte setzen Sie sich doch, ich hole nur rasch etwas zu trinken“, fragt der höfliche Gast – egal, ob männlich oder weiblich –, ob er nicht behilflich sein könne. Um die Ernsthaftigkeit seines Angebots zu unterstreichen, begleitet der Gast den Gastgeber gleich in die Küche oder versucht dies zumindest, bis ihn der Gastgeber erneut zum Sitzen auffordert und mit Deutlichkeit versichert, er selbst sei mit den Getränken gleich zurück.

Denn der Gast muss natürlich auch mit der Möglichkeit rechnen, dass es dem Gastgeber peinlich sein könnte, ihn in die vielleicht unaufgeräumte Küche zu führen. Dennoch ist es vonseiten des Gastes immer richtig, seine Hilfe so eindeutig anzutragen, dass sie als wirklich ernst gemeintes Angebot verstanden und gegebenenfalls auch angenommen werden kann.

Es ist eine gute, alte Gastgeberregel, dem Gast etwas zu trinken anzubieten. Genau genommen gehörte dies früher bei den Pflichtbesuchen von neu in die Stadt gezogenen oder neu in eine Position gekommenen Herren bei angesehenen Familien jedoch nicht zu den Gastgeber-Pflichten.

Diese Pflichtbesuche, die bis vor etwa 60 Jahren üblich waren, hielten sich in der Regel in engen zeitlichen Grenzen und liefen nach klaren Vorschriften ab.

Der Gast ließ sich eben noch den Überzieher und gegebenenfalls die Gummi-Überschuhe abnehmen, seinen Zylinder und die weißen Handschuhe behielt er in der Hand. Ebenso den obligaten Blumenstrauß für die Gnädige Frau. So ausgestattet, betrat er auf das Geheiß „Wir lassen bitten“ das Empfangszimmer des Gastgebers. Der Hausherr oder auch die Dame des Hauses gingen dem Gast ein paar Schritte entgegen und hießen ihn willkommen, bevor sie ihn baten, sich zu setzen. Dies tat der Gast erst, nachdem er der Dame die Hand geküsst, ihr die Blumen überreicht und den Hausherrn mit Handschlag begrüßt hatte. Er stellte seinen Zylinder verkehrt auf den Boden neben den Sessel, in welchem er saß, und legte seine weißen Handschuhe lässig über den Zylinderrand. Nunmehr bot ihm die Dame des Hauses eine Zigarette an, sonst nichts. Man unterhielt sich fünf, maximal zehn Minuten, dann stand der Gast auf, bedankte sich für die Gastfreundschaft und ging. Das war’s. Kein Kaffee, kein Wasser und kein Gebäck.

Die Besuchsgepflogenheiten haben sich seit jener Zeit ein wenig geändert. Es ist alles etwas unverkrampfter heute. Die Sitte, sich mittels eines Pflichtbesuchs bei gesellschaftlich wichtigen Familien einzuführen, ist ebenso aus der Mode gekommen wie die Bereitschaft gesellschaftlich ambitionierter Familien, sich sonntags am späten Vormittag für solche

Besuche empfangsbereit zu zeigen. Niemand würde es sich heute mehr einfallen lassen, einer wichtigen Persönlichkeit am Sonntag um 12 Uhr ohne vorherige Verabredung einen Hausbesuch abzustatten. Man muss sich schon wirklich sehr gut kennen, um sich so einen Überraschungsbesuch leisten zu können.

Heute – in der Zeit von Handy und E-Mail wird ein Besuch nur auf Einladung, Aufforderung oder konkrete Verabredung gemacht. Die Einladung wird mündlich oder schriftlich ausgesprochen, sei es auf einem gedruckten Einladungskärtchen, durch einen persönlichen Brief, eine E-Mail oder eine sms oder auch mittels einer persönlichen Einladung durch den Gastgeber. Zu diesem Thema finden Sie ausführliche Erläuterungen im Kapitel 10 „Drucksachen“ (Seite 193 ff.).

Beim Neueinzug

Im Dorf und auf dem Lande gibt es die Sitte, dass man sich grüßt, wenn man sich begegnet, ganz gleich, ob man sich kennt oder nicht. Eine hübsche Gepflogenheit, wie ich finde, welche kennzeichnet, dass in Gemeinschaften, deren Mitgliederzahl überschaubar ist, andere, persönlichere Regeln des Miteinanderlebens gelten als in der eher anonymen Großstadt.

Diese Regel ist auch in der Hausgemeinschaft anzuwenden. Auch hier grüßt man sich in Treppenhaus, Lift oder Hof, während man den Müll in die Tonne wirft. Empfehlenswert ist es, sich beim Einzug aktiv bekannt zu machen. Früher tat man dies mit dem bereits beschriebenen Sonntagmorgenbesuch. Da dies heute nicht mehr ohne Verabredung geht, sollte man zumindest in jenen Hausgemeinschaften, die aus nicht mehr als vielleicht zwölf Miet- oder Eigentümerparteien bestehen, kurz nach Einzug in die neue Wohnung ein Briefchen verfassen, in welchem man sich und seine Familie vorstellt und seiner Hoffnung auf gedeihliches Zusammenleben Ausdruck verleiht. Dieser Brief kann zum Beispiel den folgenden Wortlaut haben:

Karl und Mareike Schmerholz
Neue Straße 12
10435 Berlin
Tel.: 030-12 34 56

Liebe Nachbarn,

Sie haben in den letzten Tagen viel Krach, besonders im Treppenhaus, durch unseren Einzug in dieses schöne Haus ertragen müssen. Ich möchte mich für Ihre Gelassenheit und Geduld, mit welcher Sie alles hingenommen haben, herzlich bedanken und mich gleichzeitig für alle Störungen entschuldigen. Nun sind die gröbsten Einzugsarbeiten bewältigt und wir fühlen uns schon sehr wohl in unseren neuen vier Wänden.

Gestatten Sie mir, dass ich Ihnen meine Familie und mich kurz vorstelle: Meiner Frau sind ja die meisten Bewohner dieses Hauses schon begegnet, denn sie trug die Hauptlast des Umzugs und hatte ihre liebe Not mit all den Handwerkern und den Männern von der Spedition, während ich frühmorgens zur Arbeit in meine neue Firma gegangen bin und als „Neuer" dort meistens bis abends spät gearbeitet habe.

Meine Frau hat sich dagegen erstmal eine berufliche Auszeit genommen, bis wir hier richtig Fuß gefasst haben. Sie war in Frankfurt Kundenberaterin in einer großen Bank und ich denke, sie wird in absehbarer Zeit wieder eine ähnliche Funktion hier in Berlin anstreben. Ich habe nach vielen Jahren beruflicher Tätigkeit ebenfalls bei einer Bank in Frankfurt am Main nunmehr hier die Chance bekommen, als Direktor für Finanzen bei einer großen Handelsfirma im Berliner Norden tätig zu werden.

Wir haben zwei Kinder. Unser Sohn Markus ist 13 Jahre alt und gerade auf dem Humboldt-Gymnasium eingeschult worden. Wenn Sie im Treppenhaus einen verwegenen Hockeyspieler mit entsprechend furchterregender Ausrüstung sehen, dann erschrecken Sie bitte nicht! Unsere Tochter Christine ist acht und geht noch zur Grundschule.

Ich möchte Ihnen noch einmal für Ihr Verständnis danken, das Sie uns während unseres Umzugs entgegengebracht haben, und hoffe auf ein gutnachbarliches Verhältnis.

Mit freundlichen Grüßen
Karl & Mareike Schmerholz

Es ist höflich und stilvoll, einen Brief nicht mit „ich" zu beginnen. Es gibt zwar neuerdings Stiltrainer, die sagen, das sei vorbei. Doch es ist einfach ein Akt der Höflichkeit und des Takts, sich selbst nicht so sehr in den Vordergrund zu stellen und auf die Belange des anderen einzugehen. Dieser Grundsatz legt auch nahe, in seinem Brief zunächst auf die Störungen einzugehen, die die Nachbarn durch den Umzug hinnehmen mussten.

Ich möchte raten, in einem solchen Brief das Haus und seine Umgebung eher zu loben und keine Kritik zu üben, zum Beispiel an dem für Umzüge viel zu engen Treppenhaus oder Ähnlichem. Man kann es ja nicht ändern und verärgert möglicherweise nur die neuen Nachbarn, mit denen man in Zukunft gut auskommen will. Denn selbst wenn diese über das zu enge Treppenhaus genauso denken sollten, werden sie es als frech empfinden, dass ein neuer Mieter, kaum eingezogen, schon an dem doch alles in allem schönen Haus herummeckert.

Daran anschließend sollte man sich in seinem Brief selbst vorstellen, denn das ist es ja schließlich, was die Nachbarn interessiert.

Einen freundlichen Brief dieser Art kann man natürlich noch mit einer Einladung zu einer Housewarming-Party verbinden oder darum bitten, seinerseits einen Besuch machen zu dürfen. Auf diese Weise erfährt man rasch, was den einen Nachbarn ärgert und was den anderen erfreut. Und dies ist einem gedeihlichen Zusammenleben sicher dienlich.

So, wie hier beschrieben, verhalten sich jedoch nur sehr wenige neue Mieter ihren Nachbarn gegenüber. Unter Umständen sollte man deshalb auch als langjähriger Bewohner des Hauses dem neuen Nachbarn, der die Geschliffenheit der höflichen Einführung seiner Person und Familie nicht besitzt, entgegenkommen und selbst die Initiative ergreifen.

Dies kann man *en passant* machen, wenn man ihn etwa auf dem Treppenabsatz trifft. Nachdem man sich vorgestellt hat, könnte man vorschlagen, sich mal auf ein Glas Wein zu verabreden. Schließlich sei es doch gut, wenn man sich als Nachbar ein wenig kennenlerne. Man kann ihn fragen, ob er sich gut eingelebt habe, und ihm ein paar Tipps geben, wo man beispielsweise in der Nähe günstig einkaufen kann.

Ob man dann den „Neuen“ und seine Frau – eventuell mitsamt den Kindern – zu sich nach Hause einlädt oder einen Treff zum Bier in der Kneipe um die Ecke ausmacht oder ob man abwartet, dass der neu Zugezogene die Einladung ausspricht, das muss man von der jeweiligen Sympathie abhängig machen und davon, wie der neue Nachbar diese liebenswürdig gemeinte Anrede aufnimmt.

Auf gute Nachbarschaft

Jedenfalls sollte man nie vergessen, dass man auf seinen Nachbarn unter Umständen mal dringend angewiesen sein kann. So benötigt man seine Hilfe, wenn plötzlich Wasser unter der Tür durchläuft. Man braucht ihn, wenn während eigener Abwesenheit zuhause eingebrochen wurde. Der Nachbar muss ebenfalls einspringen, wenn das eigene Kind verletzt und blutend nach Hause kommt und niemand von der eigenen Familie da ist, man am Sonntagabend Gäste erwartet und das Mehl für die Sauce fehlt oder wenn die Post ein dringend erwartetes Paket bringt, zu Zeiten, zu denen man nicht zuhause ist.

Deshalb rate ich jedem, es sich mit dem Nachbarn nicht zu verderben. Das gilt natürlich auch und gerade für den Eigenheimbesitzer in Bezug auf seinen Einfamilienhaus-Nachbarn. „Es kann der Frömmste nicht in Frieden bleiben, wenn es dem bösen Nachbar nicht gefällt.“ Das ist eine alte Weisheit aus Schillers „Wilhelm Tell“, doch können auch mit „bösen Nachbarn“ Streitpunkte geklärt werden, indem man sich in einer Aussprache darüber verständigt, was geht und was eben nicht geht.

Häufig entzünden sich in Mehrfamilienhäusern Konflikte etwa am Hausflur, der als Lager für Schuhe, Kinderspielsachen, Rollerblades oder Fahrräder genutzt wird. Dinge dieser Art gehören einfach nicht vor die Entree-Tür, sondern sollten, auch wenn es manchmal lästig ist, aus Rücksicht auf die anderen Mietparteien in der Wohnung oder im Keller verstaut werden.

Müllsäcke sollten nicht im Treppenhaus abgestellt werden, auch wenn man vorhat, sie später, wenn man sowieso das Haus verlassen wird, zum Müllcontainer mitzunehmen. Ebenfalls ist davon abzuraten, den Hausflur ohne Abstimmung mit den anderen Parteien mit Blumengebinden zu „verschönern". Andere Mieter haben unter Umständen eine andere Auffassung von Ästhetik.

Ein weiterer Stein des Anstoßes kann der Keller sein. Jeder Mieter sollte sein Abteil von Unrat und Abfällen freihalten, um Ungeziefer und schlechte Gerüche zu vermeiden.

Auch Haustiere können zu Unstimmigkeiten in der Hausgemeinschaft führen. Auch diese verbreiten – abgesehen vom potentiellen Lärm – häufig Gerüche, welche für diejenigen, die die Zuneigung zu diesen Vier- oder auch Zweibeinern nur aus der Entfernung teilen, eine Belastung darstellen.

Insbesondere jene Hundehalter verhalten sich rücksichtslos, die ihre vierbeinigen Freunde in der Wohnung allein lassen, wenn sie wissen, dass das Tier seiner Sehnsucht nach dem Herrchen durch anhaltendes Gebell Ausdruck verleiht. Auch sollten Hundehalter nach einem Spaziergang bei Regenwetter ihren unangeleinten Tieren nicht einfach die Haustüre öffnen und sie über die saubere Treppe laufen lassen, wo sie ihre Schmutzspuren hinterlassen.

Der rücksichtsvolle Hundebesitzer sagt auch nicht zu den Nachbarn: „Da kann doch der arme Hund nichts dafür", sondern übernimmt für diesen die Verantwortung, hält ihn an der Leine und macht ihn sauber, bevor er ihn die Treppe hochstürmen lässt. Ebenso erzieht er den Hund so, dass dieser nicht die zufällig passierenden Nachbarn voller Freude anspringt. Die Freude wird von Letzteren nicht immer geteilt, insbesondere dann nicht, wenn Frau Nachbarin mit hellem Kleid oder Kostüm auf dem Weg zum Theater oder zur Abend-Einladung ist.

Beim Einkaufen

Wer einmal in Amerika in einem noblen Shopping Center einkaufen war, möchte eigentlich nie wieder einen Supermarkt in Deutschland betreten. Das liegt in erster Linie an der Freundlichkeit, mit welcher einen die Menschen dort behandeln. Das Verkaufspersonal strahlt einen an, als wollten jede Verkäuferin und jeder Verkäufer sagen: „Wie schön, dass es Sie gibt!" Sie begleiten den Kunden zu den Waren, die dieser sucht. An den Kassen gibt es selten Schlangen. Und wenn es eine gibt, dann warten die Amerikaner gelassen, fröhlich und diszipliniert. Keiner käme auf den Gedanken, sich vorzudrängen. Und an der Waren-Rutsche am Ende der Kasse stehen hübsche junge Mädchen und vor Kraft und Fröhlichkeit strotzende junge Männer und nehmen den Kunden das Einpacken der gekauften Waren ab oder helfen ihnen dabei.

In Deutschland gibt es das alles nicht. Hier sucht man in den häufig überfüllten Warenhäusern und Supermärkten mühsam die Waren, die man einkaufen möchte. Die Damen und Herren des Verkaufs, wenn man sie denn findet, tragen Schilder an der Brust, auf welchen geschrieben steht „Wir helfen gerne"; und es ist auch gut, dass sie ihre Absicht auf diese Weise kundtun, denn sonst würde das niemand bemerken. Aber man täte ihnen unrecht, wollte man sie generell als unwillig tadeln. Denn meistens ist das Personal mit dem Einräumen von Waren beschäftigt und hat für den Kunden höchsten die flüchtige Erklärung „im nächsten Gang" übrig, wenn dieser, nach langer Suche, nach einem bestimmten Artikel zu fragen wagt.

An der Kasse bilden sich vor allem an Samstagen riesige Schlangen, obwohl festzustellen ist, dass sich das seit der Ausweitung der Ladenschlusszeiten gebessert hat. Wenn man nicht höllisch aufpasst, hat sich ganz schnell ein anderer Käufer vorgedrängt. Während man (natürlich ohne Hilfe) mit ungeheurem Tempo mit dem Einpacken des Eingekauften befasst ist, schleudert die Kassiererin die Waren ohne Rücksicht auf Eigenart, Verpackung und Beschaffenheit, Obst und Gläser, Kuchen und Flaschen über die Rutsche und man muss sehen, wo man mit seiner Ware bleibt, rein in die Tüte und ab.

Mit dieser bitteren Analyse möchte ich keinesfalls auf das Personal schimpfen, obwohl die deutsche Wesensart der Griesgrämigkeit und Unfreundlichkeit schon weit verbreitet ist, gerade auch unter dem Verkaufspersonal, und im krassen Widerspruch steht zu der Stimmung, die man bei den immer lächelnden amerikanischen Kollegen antrifft. Die großen Supermarktketten in Deutschland sehen offenbar keine andere Chance, im Wettbewerb zu bestehen, als ihre Kunden über den günstigsten Preis zu gewinnen. Nicht zuletzt aufgrund der Lohnkosteneinsparungen können die Waren sehr billig angeboten werden, was freilich auch dem Kunden zugute kommt.

Die negative Stimmung, die vom überlasteten Verkaufspersonal ausgeht, wird in Deutschland gerne vom Kunden übernommen: Menschen fahren einem mit ihren Einkaufswagen in die Hacken. Die zugegebenermaßen praktische, aber ebenso stillose Rucksackmode beschert dem harmlosen Einkäufer, der gerade an der Brotgondel sein Lieblingsgebäck sucht, auch schon mal einen heftigen Puff, weil der Träger dieses Rückengepäcks sich umgedreht hat und einen dabei mit dem prall gefüllten Beutel abwatscht. Da gibt es kein „Oh, Entschuldigung!“, eher, besonders in Berlin, „He Männeken, willste da Wurzeln schlagen bei dem Brot oder darf ick vielleicht och mal kieken?“

Wie kann der Einzelne nun mit Höflichkeit, Stil und Etikette, mit Freundlichkeit und Herzlichkeit seinen Teil zur Verbesserung des menschlichen Miteinanders in dieser schroffen Einkaufswelt leisten? Es gelten beim Einkaufen natürlich dieselben Etikette-Grundsätze wie in anderen Situationen menschlicher Begegnung:

Der Kunde, der den Laden betritt, sollte durchaus diejenigen Verkäuferinnen und Verkäufer, die ihm einen Blick zuwerfen, freundlich grüßen. Denn es gilt auch hier die Lebensweisheit „Wie man in den Wald hineinruft, so hallt es zurück“. Wer Freundlichkeit sät, wird Freundlichkeit ernten.

Der Kunde, der Stil besitzt und die Etikette kennt, fasst nicht Obst und Brot mit der Hand an, um es dann in das Brotfach und in den Obstkorb zurückzulegen. Genauso wenig, wie es bei Tisch gestattet ist, ein Stück Brot aus dem Brotkorb zu nehmen und es wieder zurückzulegen, weil man es sich anders überlegt hat, genauso unzulässig ist dieses Gebaren im Supermarkt. Waren, die nicht verpackt sind, darf man nur anfassen, wenn man sie auch kaufen will. Erst recht geht es nicht, aus dem Erdbeerkörbchen, das man mitnehmen möchte, die faule Erdbeere herauszunehmen und diese im Tausch gegen eine frische in ein anderes Körbchen zu legen.

In der Schlange vor der Kasse hält man einen Abstand von mindestens 40 cm zu demjenigen, der vor einem steht. Denn für diesen ist es unangenehm, wenn er durch häufige Puffe und Stöße belästigt und ihm das Gefühl nicht gewünschter körperlicher Nähe vermittelt wird. Die meisten Menschen haben das Bedürfnis, einen gewissen räumlichen Abstand zu anderen Menschen zu erhalten. Da man nun ebenso wenig aus der Schlange ausscheren, wie im vollbesetzten Aufzug für den erwünschten Intimitätsabstand sorgen kann, fühlen sich viele Menschen höchst unwohl, wenn ihre Mitmenschen allzu unbekümmert die körperliche „Bannmeile“ durchbrechen.

Zu Gast bei Freunden und Bekannten

Die intensivste Form der Freundschaftspflege ist der gegenseitige Hausbesuch. Freunde von auswärts kommen für einige Tage als Logierbesuch. Bekannte aus der gleichen Stadt finden sich zum Plaudern ein, zum inoffiziellen Abendessen oder zum Glas Wein. So gut man sich auch kennen mag, zur Pflege und zum Erhalt auch enger Freundschaften sind Regeln und Anstand, Takt und Toleranz notwendig.

Der aufmerksame Gastgeber holt den Besucher, der sich angesagt und den der Gastgeber telefonisch oder schriftlich willkommen geheißen hat, vom Bahnhof oder vom Flughafen ab. Er kann auch anderweitig für dessen Abholung sorgen, indem er zum Beispiel seinen Sohn mit dem Wagen schickt.

Der Gastgeber – insbesondere der jüngere – hilft dem Gast mit dem Gepäck und nimmt vor allem älteren Menschen und Damen den Koffer ab. Dabei fragt er nicht lange, sondern greift ihn sich einfach. Auch Koffer mit Rädern übernimmt der aufmerksame Abholende, wenn er weiß, dass Treppen überwunden werden müssen.

Kommt der Gast mit dem eigenen Wagen, so schaut der Gastgeber ab und zu auf die Straße, um den Gast möglichst vor dem Hause in Empfang zu nehmen, so dass er nicht erst zu klingeln braucht. Der freundliche Gastgeber gibt dem Besucher mit dieser Geste zu verstehen, dass er sehr willkommen ist.

Handelt es sich um Häuser und Wohnungen, vor denen die Parksituation schwierig ist, ermöglicht der aufmerksame Gastgeber es dem Gast, kurz vorzufahren und die Koffer auszuladen, ohne dass dieser mit einer Polizeiverwarnung rechnen muss, weil er gezwungen ist, sein Fahrzeug zu verlassen. Er gibt dem Gast entsprechende Hinweise, wo er parken kann, und kümmert sich seinerseits um das Gepäck.

Betritt der Besuch nun die Wohnung, zeigt der aufmerksame Gastgeber ihm zunächst sein Zimmer und das Badezimmer, welches entweder allein oder zumindest auch für ihn gedacht ist, damit er sich frisch machen und umziehen kann. Im Bad oder im Gästezimmer liegen frische Handtücher für den Gast bereit.

Der gute Gastgeber bittet den Gast in das Wohn- oder Empfangszimmer, um ihn nach den Strapazen seiner Reise erneut willkommen zu heißen und das „Programm" zu besprechen. Häufig hat sich der Gastgeber zu Ehren des Besuchs ja ein paar Aktivitäten überlegt, vielleicht ein Abendessen mit weiteren Gästen arrangiert oder Opernkarten besorgt oder er hat einen Besuch bei anderen, vielleicht gemeinsamen Freunden geplant. Hat der Gastgeber genügend Zeit, zum Beispiel am Wochenende, so wird er dem Gast eine Stadtrundfahrt oder einen Rundgang vorschlagen, namentlich wenn der Gast zum ersten Mal oder zum ersten Mal seit langer Zeit in dieser Stadt ist.

Es ist hingegen vonseiten des Gastgebers nicht höflich, dem Besuch zu eröffnen, er sei leider heute Abend eingeladen und empfehle jenem daher, sich in der Küche selbst etwas zu essen zu machen oder ins Wirtshaus zu gehen. So man für die Zeit des geplanten Besuchs eine Einladung erhält, wird man dies dem Einladenden zur Kenntnis bringen. Ich rate jedoch davon ab, den Ausrichtenden der Abendgesellschaft direkt zu fragen, ob man seinen Besuch mitbringen könne. Dies würde jenem keine Wahl mehr lassen, außer „aber natürlich" zu sagen. Deshalb erklärt der Höfliche besser, dass er der Einladung leider nicht Folge leisten könne, weil er einen Gast habe. Der Veranstalter der Abendgesellschaft sollte daraufhin selbstverständlich den Besuch zusätzlich herzlich einladen.

Der aufmerksame Gast hingegen hat Kleidung bei sich, die es ihm ermöglicht, zu Einladungen diverser Art in angemessenem Outfit zu erscheinen. Er muss nicht gerade einen Smoking dabei haben, denn wenn ein Gastgeber vorhat, den Besuch zu einem sehr offiziellen Ereignis einzuladen, wird er das vorher mit ihm absprechen. Aber zu einem Freund oder Verwandten ohne ein Jackett im Gepäck zu Besuch zu kommen ist sehr unhöflich, zumal es im Haus des Gastgebers durchaus üblich sein kann, sich auch zuhause zum Abendessen umzuziehen. Damen haben es da etwas leichter. Doch auch ihnen möchte ich raten, über die Blue Jeans hinaus noch etwas dabei zu haben, womit man ins Theater oder zu einem Abendessen bei den Nachbarn gehen kann. Beispielsweise einen dunklen Hosenanzug oder das „kleine Schwarze", ein festliches (kurzes) Kleid für (fast) alle Gelegenheiten, bei denen man gut gekleidet erscheinen sollte.

Der höfliche Gast bringt dem Gastgeber, von dem er eine oder sogar mehrere Nächte beherbergt wird, ein Gastgeschenk mit. Ein Buch, für das sich das Gastgeberehepaar eventuell interessieren könnte, Spielzeug für die Kinder oder etwas Typisches aus der Heimat des Besuchers, zum Beispiel eine Flasche Schwarzwälder Kirsch, wenn er aus „dem Ländle" kommt, sind neben dem immer richtigen Blumenstrauß passende Mitbringsel.

Der rücksichtsvolle Besucher erkundigt sich ebenfalls nach den Gepflogenheiten seiner Gastgeberfamilie: Wann wird gefrühstückt, zu welcher Uhrzeit kann das Badezimmer benutzt werden, wann gibt es Mittag- beziehungsweise Abendessen? Sind schon Abende für gemeinsame Unternehmungen verplant? Oder gibt es Abende, an denen die Gastgeberfamilie Verpflichtungen hat und der Besuch eventuell als Babysitter aushelfen und sich so für die Gastfreundschaft bedanken kann?

Der Gast ist bemüht, seinem Gastgeber so wenig Umstände zu bereiten, wie möglich. Wenn Kaffee angeboten wird, wird er nicht nach Tee fragen, allenfalls nach Wasser als Alternative, wenn er denn partout keinen Kaffee mag. Auch wird er den Gastgeber nicht mit Spezialwünschen nach linksdrehendem Joghurt belasten. Gegessen und getrunken wird, was auf den Tisch kommt. Der Gast zeichnet sich durch Bescheidenheit und Hilfsbereitschaft, der Gastgeber durch Großzügigkeit und Umsicht aus.

Der Gast sollte Verabredungen auf jeden Fall einhalten. Wenn er seine Ankunft für 17 Uhr avisiert hat, dann kommt er nicht erst um 20 Uhr und lässt die gesamte Gastgeberfamilie mit dem Abendessen warten. Ist er mit dem Auto unterwegs und gerät in einen Stau (den er sowieso besser mit einplanen sollte), ruft er zwischendurch an, schätzt seine Verspätung ab und bittet die Gastgeberfamilie, doch ohne ihn mit dem Essen zu beginnen. Und das darf auch kein Lippenbekenntnis sein in dem Sinne, dass er, endlich angekommen, die Frage, ob er denn hungrig sei, befreit bejaht und damit wieder eine Tischdeck- und Essenszubereitungs-Arie auslöst. Ein solches Verhalten passt nicht zu der gebotenen Bescheidenheit eines Gastes.

Umgekehrt wird allerdings die Gastgeberfamilie immer dafür sorgen, dass es für den Gast erstmal etwas auf den Teller gibt nach seiner weiten Reise. Nur ganz besondere Umstände, etwa das erhöhte berufliche Engagement beider Eheleute an diesem Tage, entschuldigen Versäumnisse hinsichtlich dieser Gastgeberpflichten.

Stil und Etikette unterwegs

Die Regeln des Kapitels „Stil und Etikette unterwegs“ besitzen für die private und die Geschäftsreise gleichermaßen Gültigkeit. Der privat Reisende nutzt schließlich die gleiche U-Bahn, das gleiche Taxi, den gleichen Zug und Flug und oft auch das gleiche Hotel wie die Menschen, die beruflich unterwegs sind. Es gelten somit die gleichen Gebote der Rücksichtnahme, der Disziplin beim Warten, der Diskretion bei der Benutzung des mobilen Telefons und der Hygiene im Flugzeug.

Der Reisende ist den unterschiedlichsten Verhältnissen ausgesetzt, in die er unvermittelt hineingerät. Er muss mit ungewohnten Temperaturen und Witterungen, ja auf großen Reisen sogar mit unterschiedlichen klimatischen Verhältnissen rechnen. Er muss damit fertig werden, dass er in ein Land kommt, in welchem andere Sitten und Gebräuche herrschen und in dem eine Sprache gesprochen wird, der er nicht oder nur unvollkommen mächtig ist. Er muss sich damit zufrieden geben, dass möglicherweise die hygienischen Verhältnisse nicht immer und überall seinen Wünschen und Gewohnheiten gerecht werden. Und er muss sich eventuell an Belastungen durch Lärm, verschmutzte Luft oder unangenehme Gerüche gewöhnen.

Regeln für den Reisenden betreffen deshalb nicht nur die Rücksichtnahme auf und den Respekt vor anderen Menschen, sondern ebenso Fragen der eigenen Bequemlichkeit, der Hygiene, der Bekleidung, der Konversation und des Umgangs mit den behördlichen, insbesondere den bürokratischen Eigenheiten der unterschiedlichen Körperschaften.

Um auch auf Reisen, trotz aller Beschwerlichkeiten, auch den merkwürdigsten Menschen mit Höflichkeit, Respekt und Gelassenheit zu begegnen, sollte sich der Reisende entsprechend vorbereiten, indem er sich mit Gegenständen ausstattet, die als Ersatz für Einrichtungen der Bequemlichkeit und Hygiene dienen. Darüber hinaus gilt es, an die im jeweiligen Gastland übliche Kleidung zu denken und sich, so weit es geht, auf Land und Leute vorzubereiten, um auf deren Eigenheiten eingestellt zu sein.

Gutes Benehmen beginnt bereits beim Fahrkarten- oder Ticketkauf am Bahnhof oder Flughafen. Dort, wie auch später beim Einsteigen in den Zug oder Bus und beim Einchecken und Einsteigen ins Flugzeug heißt es gewöhnlich Schlange stehen. Hierbei rate ich dringend zur Einhaltung eines „Sicherheitsabstands“, besser: Diskretions- oder auch Intimitätsabstand von etwa einem halben Meter. Sonst muss man damit rechnen, dass der Vordermann einem beim Umdrehen den Rucksack vor die Nase schlägt oder seinen Koffer gegen des zu dicht aufgerückten Hintermannes Knie. Darüber hinaus ist es unhöflich, derjenigen Person, die vor einem steht, den Koffer oder den Gepäck-Trolley in die Hacken zu rollen.

Ebenso taktlos ist es, in einer Warteschlange so laut zu telefonieren, dass die Umstehenden, ob sie nun wollen oder nicht, den gesamten, meistens auch noch völlig belanglosen Inhalt des Gesprächs zwangsläufig mit anhören müssen.

Der höfliche Reisende baut sich nicht so vor der Abfahrtszeittafel auf, dass er anderen Reisenden den Blick versperrt.

Beim Check-in am Flughafen achtet er darauf, dass er alle notwendigen Unterlagen schon parat hat, bevor er dran ist, um so die Dauer seiner Abfertigung mit Rücksicht auf die noch Wartenden in kurzer Zeit zu ermöglichen. Und er räumt, wenn sein Check-in erledigt ist, sofort den Platz und sortiert erst danach seine Unterlagen in seiner Brief-, Hand-, Akten- oder Reisetasche ein, damit der nächste Reisegast zügig aufschließen und abgefertigt werden kann. Beim Einsteigen in den Zug oder in das Flugzeug sollte man an denjenigen denken, der hinter einem ebenfalls nach seinem Platz sucht. Wenn man also seinen Sitz gefunden hat, sollte man nicht alle nachfolgenden Reisegäste dadurch aufhalten, dass man sich mitten in den Gang stellt und umständlich sein Gepäck verstaut. Manchen Flug- oder Zuggästen fällt dann noch ein, dass sie ja im größeren der gerade verstauten Gepäckstücke die wichtige Lektüre für die Reise haben. Sie ziehen die Reisetasche erneut hervor und lassen andere Reisende warten.

Der rücksichtsvolle Reisende packt seine Koffer, auch sein Handgepäck so, dass er die Gegenstände, die er möglicherweise während des Fluges oder während der Zugfahrt brauchen könnte, in einem kleinen, überall verstaubaren Gepäckstück für die jederzeitige Nutzung untergebracht hat. Indem er Lektüre, Reisedokumente, Pass, Portemonnaie, Lesebrille, das Reisenecessaire zum Frischmachen, gegebenenfalls auch den Laptop, einen Pullover und einen Schal bereit hält, vermeidet er die Störung anderer Reisender durch Aus- und Umpackaktionen.

Der höfliche Eisenbahn-Reisende lässt seinen großen Koffer oder Rucksack nicht im Gang stehen und erschwert damit den Durchgang, sondern er verstaut Gepäckstücke, die von ihrem Umfang her nicht auf die Ablage über dem Fenster passen, in den dafür vorgesehenen Nischen und Stellflächen.

Im Flugzeug gibt es immer wieder Reisende, die ihr gesamtes Gepäck unbedingt als Handgepäck mit in den Passagierraum nehmen wollen, um sich so die Wartezeit am Gepäckband des Zielflughafens zu ersparen. Dieser Vorteil geht freilich häufig auf Kosten anderer Fluggäste, die unter dem Platzmangel in den Gepäckfächern einerseits und unter eingeschränkter Beinfreiheit durch des Nachbarn Gepäck auf dem Fußboden andererseits zu leiden haben. Das ist nicht rücksichtsvoll und schlechtes Benehmen.

Das Schlimmste allerdings, das rücksichtslose und meist auch sehr gestresste Reisende ihrer nächsten Umgebung im Zug und vor allem auch in der Enge eines Flugzeugs antun können, ist schlechter Geruch. Reisende, die leicht ins Schwitzen geraten, sollten neben der Nutzung von Deodorant bei der Morgentoilette jede Gelegenheit nutzen, um sich in einem Waschraum immer wieder zu waschen und mit Deo einzusprühen. Außerdem sollten sie ein T-Shirt mit kleinen Ärmelchen tragen und davon noch ein paar frische im Handgepäck zum häufigen Wechsel dabei haben. Es ist doch heutzutage, wo es überall Waschmaschinen gibt, wirklich kein Problem, sich eben mal auf der Toilette in der Bahn oder im Flugzeug zu waschen und ein frisches T-Shirt, gegebenenfalls natürlich auch ein frisches Hemd oder Poloshirt anzuziehen. Man fühlt sich doch dann selbst wie neu geboren.

Zum Kapitel schlechter Geruch gehören auch mitgebrachte Speisen, stark riechender Käse oder vor Knoblauch strotzende Hot Dogs. Wie überhaupt der Knoblauch für den Nachbarn immer ein Problem ist, was den rücksichtsvollen Zeitgenossen dazu veranlasst, mit dieser kleinen Zwiebel sehr sparsam umzugehen.

In der Kirche

Sehr unterschiedlich sind die Sitten und Gebräuche bei öffentlichen Kulturveranstaltungen und in der Kirche. Während sich viele Philippinos, die in Deutschland leben, am Sonntag festlich anziehen und in ihren schönsten Kleidern und Anzügen zum katholischen Gottesdienst gehen, gibt es für deutsche Christen, gleichgültig, ob Katholiken oder Protestanten, keine Kleidervorschriften, es sei denn, ein Familienmitglied oder ein Mitglied des Freundeskreises wird getauft, gefirmt, konfirmiert, verheiratet oder betrauert.

Dann gelten die jeweiligen Vorschriften der offiziellen Tagesgarderobe je nach Stand und Gepflogenheit: der gedeckte Anzug, selten noch der fast ausgestorbene Kleine Stresemann und, wiederum etwas häufiger, der Cutaway. Weitere Informationen zu Dresscodes finden Sie in Kapitel 9 (Seite 173 ff.).

Der Grund, warum man früher die Kirche eher im feinen „Sonntagsstaat" betrat als im Rollkragenpullover, ist wohl der, dass man sich dem lieben Gott und der andachtsvollen Stimmung in der Kirche würdig zeigen wollte.

Auch heute ist davon noch ein bisschen zu spüren, denn bauch- oder schulterfrei, Tops mit Spaghettiträgern, Shorts oder Flipflops sind zum Glück auch heute noch nicht die übliche Kleidung für den Kirchgang geworden. Man beobachtet unauffällige und dezente Alltagskleidung. Die Menschen, die in die Kirche gehen, sind heute wohl eher der Meinung, man soll dem lieben Gott nicht mit edlem Tuch imponieren, sondern durch gute Werke und seinen Glauben.

6. Kapitel: Business-Etikette – Die Grundlagen

Was ist Business-Etikette und woher kommt sie?

Die Bezeichnung „Business-Etikette“ hat sich durchgesetzt als Zusammenfassung aller Etikette-Regeln, die der Mensch – in der Regel derjenige, der in einem Büro seinen Arbeitsplatz hat – während seines beruflichen Einsatzes zu beachten hat. Ich persönlich finde den Ausdruck nicht gut. Denn man kann nicht unterscheiden zwischen einer Gebrauchsetikette für das „Zivilleben“ und eigenen Regeln für das Business. Es ist zwar richtig, dass man im Umgang mit Kunden und Geschäftspartnern nicht wissen muss, wie man formvollendet einen Heiratsantrag stellt, doch die große Mehrzahl der Regeln über den Umgang von Menschen miteinander gelten im Business ebenso wie im Privatleben. Und so war es immer.

Benimmregeln haben ihren Ursprung letztlich in den Höfen der Herrscherhäuser, vor allem im spanischen Hof und dem absolutistischen Versaille. Das war jedoch Business in Reinkultur. Business von morgens bis abends. Das, was wir heute als „Privatleben“ bezeichnen, gab es überhaupt nicht. Gerade das – verglichen mit dem Leben auf dem Lande oder auch mit dem in eigenem Hause in der Stadt – sehr enge Zusammenleben auf dem Schloss zwang zu einem klaren Verhaltenskodex, zu „Benimmregeln“. Diese galten natürlich von morgens bis nachts und umfassten alle denkbaren Lebenssituationen, um das enge Zusammenleben erträglich zu machen. Eigentlich müsste man aufgrund dieser Entstehungsgeschichte der guten Manieren die gesamte Palette von Etiketteregeln als „Business-Etikette“ bezeichnen.

Freilich vielfach verwässert beziehungsweise an die Lebensbedingungen der jeweiligen Gesellschaftsstrukturen angepasst, wurde die höfische Etikette im Laufe der Jahrzehnte und Jahrhunderte von fast allen Teilen und Kreisen der Bevölkerung in unterschiedlichen Ausprägungen übernommen. Etikette-Regeln besaßen Gültigkeit für den gesamten Lebensbereich der Menschen, die sich mit diesen Vorschriften identifizieren wollten oder mussten.

Das „Privatleben“ entstand erst, als man selbst in begüterten Familien keine ständigen Hilfskräfte, Diener, Stubenmädchen, Hausknechte, Chauffeure, Hausdamen und Dienstmädchen mehr um sich hatte und es möglich wurde, sich zum Besuch telefonisch anzumelden, so dass man nicht mehr immerzu und überall, auch zuhause, fast „öffentlich“ war. Zwar war es dem Besuchten auch schon früher gestattet, einem Gast durch den Diener oder das Dienstmädchen ausrichten zu lassen, man möchte heute nicht empfangen; doch in der Regel hielten sich Familien immer für Besuch bereit. Daneben waren sie auch gegenüber den Bediensteten stets die „Herrschaften“, die nach Regeln, die die Bediensteten kannten und ebenfalls zu beachten hatten, lebten.

Die Benimmregel war mithin auch eine Art Führungsinstrument für das heimische Personal. Die Dame des Hauses erklärte dem Diener und den jeweils zuständigen weiteren Angestellten, was dem Gast zu welcher Gelegenheit und in welcher Form anzubieten war. Beim Zehn-Minuten-Höflichkeitsbesuch genügte das Anbieten einer Zigarette – dies natürlich von der Gnädigen Frau selbst. War der Besuch weniger offiziell gab es eine Tasse Tee. Die Tagesgarderobe bestand zuhause in einem Hausrock, zum Sport ging der Gentleman in Knickerbockers und abends trug er natürlich Abendgarderobe. Das wusste der gut ausgebildete Kammerdiener und legte die entsprechenden Kleidungsstücke zurecht.

Allein die hierarchische Haushaltsstruktur hielt die Regeln von Stil und Etikette lebendig.

Auch beim Militär alter Prägung schloss die soldatische Ausbildung die Verhaltensregeln, den Benimmkodex, mit ein. Nirgendwo waren Etikette-Vorschriften so bis ins Kleinste festgelegt wie hier. So war genauestens geregelt, wer wen wann zu grüßen und wie dieser Gruß erwidert zu werden hatte, wer mit dem Essen begann und wann man das Besteck auf den Teller zu legen hatte.

Ähnlich ist das heute im Business. Zuhause gibt es kaum noch solche Strukturen, vielleicht noch in wenigen Adels- und Industriellenhäusern oder an der Cote d'Azure. Aber in der Geschäftswelt gibt es nach wie vor Hierarchien, die denen am Hofe Ludwigs XIV ähneln.

Nicht nur *in* den Firmen existiert eine Rangordnung; noch wichtiger ist deren Beachtung im Umgang von Repräsentanten einer Firma mit denen einer anderen oder mit Beratern, Zulieferern und Kunden.

Die Rangordnung in der Welt der Wirtschaft

In der Welt der Wirtschaft regiert der Vorstand über den Bereichsvorständen, diese führen die Direktoren, an welche die Abteilungsdirektoren berichten. Darunter gibt es dann noch weitere Hierarchiestufen: die Manager, Assistant Manager, Projektleiter und Sachbearbeiter. Diese feine Strukturierung erfordert ein Reglement des Umgangs miteinander, das in gewisser Hinsicht dem höfischen Reglement im absolutistischen Versaille ähnelt.

In Deutschland hatten sich die Hierarchiestufen und -verhältnisse nach dem Krieg zunächst rasch nivelliert. Hierarchien mit Befehl und Gehorsam, mit dem Bewusstsein zur Pflichterfüllung und zur Verantwortung und die damit verbundenen Regeln, Rechte und Pflichten der Angehörigen der jeweiligen Hierarchiestufen bauten sich nach dem Zweiten Weltkrieg – auch unter dem Druck der Gewerkschaften – mehr und mehr ab. Gewisse Titel oder die Livree des Chauffeurs fielen diesem Nivellierungsprozess ebenso zum Opfer wie die Dienstvilla nebst Betriebsgärtner der Bergwerksdirektoren. Senatspräsidenten, die Vorsitzenden einer richterlichen Spruchkammer, die bei Oberlandesgerichten und anderen Gerichten ab dieser Hierarchiestufe „Senat" genannt werden, erhielten nun die Bezeichnung „Vorsitzende Richter". Noch in den Fünfzigerjahren begann jede neue Legislaturperiode mit einer Eröffnungssitzung, zu welcher sämtliche Abgeordneten im Cutaway oder zumindest im Kleinen Stresemann, dem schwarzen Jackett zu gestreifter Hose, erschienen. Der spätere Vizekanzler Joschka Fischer hingegen ließ sich in Turnschuhen als hessischer Umweltminister vereidigen. Der Umgang von Menschen verschiedener Hierarchiestufen miteinander wurde partnerschaftlicher.

Dass der Umgang in deutschen Unternehmen nach dem Krieg eher eine Tendenz zum Gleichmacherkurs gewerkschaftlicher Prägung hatte, hatte natürlich auch etwas mit einer gewandelten Auffassung von Befehl und Gehorsam zu tun. Die fälschliche Zuschreibung der eher aus dem Militär und aus imperialen Zeiten stammenden hierarchischen Ordnungsprinzipien zum Naziregime führte dazu, dass diese nach dem Zweiten Weltkrieg zunehmend abgelehnt wurden.

Alles, was die Nazis frech an bewährten gesellschaftlichen Ordnungsstrukturen übernommen, ja geradezu für sich als eigene Tugend okkupiert hatten – und da gab es ja durchaus einige Kontinuitäten – wurde in den Fünfziger- und Sechzigerjahren, und wird es teilweise heute noch, als reaktionär, ja „faschistisch" eingeordnet. Das ist verständlich, aber oberflächlich und falsch und hat dazu beigetragen, dass sich die Strukturen in der Gesellschaft und im Business in Amerika und Deutschland zunächst unterschiedlich entwickelten.

Unterschiedliche Hierarchiekonzepte in Deutschland und den USA

Während der Umgangston schon durch die Anrede mit dem Vornamen in den Vereinigten Staaten viel persönlicher klingt, ist das hierarchische Prinzip dort immer konsequenter, klarer und letztlich sichtbarer praktiziert worden. Das äußert sich in der Anzahl der Fenster im Büro – der Abteilungsleiter hat eines, der Bereichsleiter zwei und der Geschäftsführer darf aus drei Fenstern ins Freie schauen –, bei den Dienstfahrzeugen und geht häufig sogar stark in das private Leben der Mitarbeiter großer Unternehmen hinein. Diese wechseln nach einer Beförderung häufig ihr Eigenheim, ihre Wohngegend und ihren Golfclub, um ihren Umgang und ihren Freundeskreis der gehobeneren Position anzupassen.

Auch diese Auswirkungen beruflicher Prosperität auf das Privatleben und auf die private Atmosphäre zeigen, dass Etikette bis heute nicht teilbar ist. Dennoch gelten im Business teilweise andere Einordnungen: So ist durchaus nicht immer die Dame die „Ranghöhere" und damit diejenige Person, der Ehrerbietung entgegenzubringen ist. Der Emanzipationsprozess der Frau hat im Business funktioniert und ist fast abgeschlossen. Indessen gilt im Geschäftsleben mindestens die gleiche Höflichkeit, wie sie im privaten Leben zum guten Benehmen gehört. Auch im Geschäft macht man Unbekannte, die zusammentreffen, miteinander bekannt und steht auf, wenn eine Person das Zimmer betritt, der die Bekundung einer Höflichkeitsgeste gebührt. Insofern möchte ich meine Ausführungen über die Business-Etikette eher als „Kapitel über die Etikette im Business" bezeichnen.

Begegnungen im Büro – Der Gruß

„Mahlzeit" – der weit verbreitete Bürogruß zwischen 10 und 15 Uhr ist eine Benimmgrausamkeit ersten Ranges. Ich möchte meinen Lesern wärmstens empfehlen, das Wort „Mahlzeit" als Grußformel oder auch vor dem Beginn des Essens aus ihrem Vokabular zu streichen.

„Mahlzeit" stammt wohl von dem früher in manchen bürgerlichen Familien gemeinsam ausgesprochenen „Gesegnete Mahlzeit". Mit diesem von allen Tischgenossen meist im Chor gesprochenen Ausruf wurde der Essensbeginn vom Wunsch begleitet, dass Gott die gemeinsame Mahlzeit segnen möge, mit anderen Worten, dass man es nicht als selbstverständlich erachte, etwas zu essen auf dem Tisch zu haben. Häufig fassten sich die Teilnehmer der Tischrunde, die Eltern und die Kinder, dabei an den Händen.

Als Gruß im Büro ist dieser Ausruf unpassend und spießig und zeugt von Gleichgültigkeit des Grüßenden. Ich rate dazu, sich dieses grauenhaften Ausspruchs zu enthalten und persönliche Stärke zu zeigen, indem man „Guten Tag“, „Guten Morgen“ oder „Grüß Gott, Herr Schulze“ wünscht, auch wenn die anderen Mitarbeiter eisern an dieser „Grußformel“ festhalten.

Auch als Zeichen, dass man mit dem Essen beginnen möchte, entspricht „Mahlzeit“ nicht der guten Etikette. Der Würdigste an der Tafel schaut sich um, ob alle etwas zu essen auf dem Teller haben, und beginnt, gegebenenfalls mit einem freundlichen Blick in die Runde. Man sagt also eigentlich gar nichts zum Beginn einer Mahlzeit – und eben schon gar nicht „Mahlzeit“.

Ich möchte nicht dazu aufrufen, sich stets jeglichen Wunsches nach einer gemeinsamen, genussvollen Mahlzeit zu enthalten. Wenn in einer Runde „Guten Appetit“ zum Essensbeginn gehört, sollte man sich dem anschließen. Gutes Benehmen bedeutet immer *auch*, sich den anderen anzupassen. Nur soviel sei denen gesagt, die mit diesem Buch die gute Etikette lernen wollen: Vornehm ist das nicht. Ebenso wenig vornehm sind Aussprüche, wie „Guten Hunger“ oder „Ich bin satt“ oder „Ich kann nicht mehr!“ All diese Bemerkungen haben etwas Animalisches und reduzieren das Essen allzu sehr auf die physische Nahrungsaufnahme, auf den Abbau des Hungergefühls. Die gute Etikette geht hingegen davon aus, dass die Nahrung beim gemeinsamen Essen eher die Vergnügen bereitende Nebensache oder zumindest nicht das ist, was man in einer Tischgesellschaft besonders hervorheben sollte.

Wenn es gut schmeckt, ist das schön. Das kann man natürlich auch sagen und denjenigen, der dafür verantwortlich ist, loben. Aber feiner Stil ist, wenn nicht Fleischeslust dominiert, sondern der Geist, also die guten Gespräche bei Tisch, die angenehme Gesellschaft und das Vergnügen, etwas Köstliches zu speisen. So gesehen dürfte man sich, wenn man dieser Auffassung folgt, nicht „Guten Appetit!“, sondern eher „Vergnügliches Genießen!“ wünschen, was jedoch nicht üblich ist.

Es gibt allerdings noch Familien, in denen der Wunsch nach einer „Gesegneten Mahlzeit“ in dieser Form vor dem Essen ausgesprochen wird. Das ist mit der religiösen Sitte eines Tischgebets zu vergleichen und dieser Sitte hat sich der Gast, der sich ordentlich verhalten will, selbstverständlich ebenso anzuschließen, wie etwa auch ein nicht religiöser oder andersgläubiger Gast das Tischgebet der Gastgeberfamilie durch Haltung und Schweigen zu tolerieren hat, wenn er auch nicht mitbeten möchte.

Ich erwähne diese Feinheiten deshalb im Kapitel „Business-Etikette“, weil etwa internationale Geschäftsabschlüsse meist mit einem Essen verbunden werden. Da kommt es leicht zu Situationen, die ein Anpassen an die Gepflogenheiten des jeweiligen Landes und gegebenenfalls auch an die Sitten der jeweiligen Religion angeraten erscheinen lassen.

Der richtige Gruß im Büro ist also „Guten Morgen!“ oder „Guten Tag!“ oder in Süddeutschland „Grüß Gott!“. Man schaut sich an, grüßt der Tageszeit entsprechend mit einer der genannten Grußformeln und nickt leicht mit dem Kopf. Dabei ist streng darauf zu achten, dass man dabei nicht eine oder gar beide Hände in der Hosentasche stecken hat. Hände-in-den-Hosentaschen-Grüßer sind nicht als lässig, sondern als unhöflich anzusehen.

Der Gegrüßte – und zwar jeder, den man grüßen möchte – hat Respekt verdient. Dieser Respekt äußert sich sichtbar in einer freundlichen Haltung. Das heißt nicht „Strammgestanden“, aber doch „in guter Grußhaltung“ befindlich. Dazu gehören die Hände aus der Hosentasche und die Füße ein bisschen zusammen, wenn man denn überhaupt stehen bleibt.

Häufig wird man, trifft man sich im Büro, nur im Vorbeigehen und ohne anzuhalten „Guten Tag!“ sagen und dabei eher beiläufig mit dem Kopf nicken. Jedenfalls entscheidet der Ranghöhere – das ist im Business einfacherweise immer der tatsächlich in der Unternehmenshierarchie ranghöhere Mitarbeiter, einerlei, welchen Geschlechts – darüber, ob der Gruß im Vorbeigehen nur ein flüchtiger ist oder ob er durch Stehenbleiben den Grüßenden veranlasst, ebenfalls kurz stehen zu bleiben.

Besuch kommt ins Büro

Das Einnehmen einer respektvollen Haltung empfiehlt sich keineswegs nur für die Situation des Grüßens auf dem Büro-Flur. Auch dem Besucher im Unternehmen oder im Büro gebührt Respekt, vor allem dann, wenn dieser als „ranghöher" im gesellschaftlichen beziehungsweise hierarchischen Sinne gilt, es sich also um den Chef oder einen Kunden handelt. Verantwortungsbewusste Vorgesetzte, die mit gutem Beispiel voran gehen wollen, zeigen diese Achtung auch gegenüber ihren nachgeordneten Mitarbeitern. Denn jeder Mensch verdient Respekt.

Der Besuchte erhebt sich grundsätzlich von seinem Platz, um den neu Eintretenden im Stehen zu empfangen. Wie der Büroinhaber den neu Eintretenden dann begrüßt, ob nur mit Kopfnicken und „Guten Tag!" oder mit Handschlag, hängt freilich wieder von den Umständen ab. Ist derjenige, der ins Büro kommt, der Ranghöhere, so liegt es selbstverständlich wieder an ihm, die Art und Weise der Begrüßung, ob mit oder ohne Handschlag, zu bestimmen. In jedem Falle hat der Eintretende – gleich welcher Rang ihn ziert – zuerst zu grüßen. Auch wenn der Besuchte der Ranghöhere ist – das ist er allerdings bei Besuch, der nicht zur Firma gehört, nie –, dann behandelt auch er den Hereinkommenden besonders höflich, wenn er sich nicht nur von seinem Schreibtischsessel erhebt, sondern dem Besucher entgegenschreitet, sofern die Größenverhältnisse des Büroraums dies zulassen.

Besuchern gegenüber, die keine Firmenangehörigen sind, ist das eine selbstverständliche Geste. Aber auch gegenüber Firmenangehörigen ist dieses Verhalten nobel. Natürlich wäre eine Ehrenbezeugung dieser Art gegenüber der mehr als zehnmal pro Tag im Chefbüro erscheinenden Sekretärin albern. Aber auch diese hat den Respekt des Chefs verdient. Ich rate jedem Vorgesetzten, seiner Sekretärin zumindest morgens beim Eintreffen in der Firma diese Reverenz zu erweisen – vor allem dann, wenn sie nach ihrem Chef das Büro betritt.

Die Sekretärin wird sich zum einen geehrt fühlen, zum Zweiten wird sie sich in Zukunft verkneifen, später als ihr Vorgesetzter ins Unternehmen zu kommen. Erziehung durch Höflichkeit!

Als noble Geste wird der nicht firmenangehörige Besucher es außerdem empfinden, wenn der Besuchte ihn nach erfolgter Unterredung noch ein Stück seines Rückweges begleitet. So geht der Gastgeber mit dem Gast noch bis zum Lift, wartet mit ihm gemeinsam auf dessen Ankunft, öffnet ihm die Tür und wartet, bis diese sich hinter dem Besucher schließt.

Ich habe schon Geschäftsführer besucht, die mich bis zu meinem Wagen auf dem Firmenparkplatz begleitet haben. Den Möglichkeiten, Höflichkeit und Respekt zu zeigen, sind kaum Grenzen gesetzt. Zumindest sollte der Gastgeber dem Gast so viel Wertschätzung zeigen, dass er ihn bis zu seiner eigenen Bürotür bringt und für seine Weiterbegleitung durch einen anderen Mitarbeiter oder eine Mitarbeiterin wenigstens bis zur Etagentür oder zum Lift sorgt.

Das Einhalten der vereinbarten Zeit ist für beide Teile verbindlich, für den Besucher und den Besuchten. Der Besucher muss sich pünktlich einfinden, das heißt, er sollte fünf bis zehn Minuten vor der vereinbarten Zeit beim Pförtner eintreffen, wenn es denn einen gibt. Bei Unternehmen, die keinen Firmenparkplatz für Kunden bereithalten, empfiehlt es sich, mindestens zehn Minuten für die Parkplatzsuche einzuplanen. Die Entschuldigung einer Verspätung mit dem obligaten Stau auf der Autobahn entlastet heutzutage den Geschäftsreisenden nur noch, wenn es eine wirkliche Katastrophe mit mehrstündigen Verzögerungen auf der Straße gab. Autofahrern seien eine Stunde Reserve, besser eineinhalb dringend angeraten. Ebenso muss man mit der Eisenbahn mit Verspätungen von bis zu 30 Minuten rechnen, die man in jedem Falle als Reserve einbauen sollte.

Im Winter pflegen Morgenmeetings mit arroganten, meist jungen Unternehmensberatern zu platzen, denen die sehr häufige Unzuverlässigkeit des Flugverkehrs aufgrund von Nebel und Schnee nicht als Anlass dient, ihre Praxis des erst morgendlichen Einfliegens zu überprüfen.

Um das Kundenverhältnis nicht unnötig zu belasten, sei den Anreisenden jedoch geraten, schon am Vorabend einzutreffen und in der Nähe der Firma, in welcher sie früh am nächsten Morgen erwartet werden, zu übernachten, um so die Durchführbarkeit der geplanten Besprechung sicherzustellen.

Als Besucher, der mit dem Auto vorfährt, sollte man darauf achten, nicht gerade den Parkplatz der Geschäftsführung des besuchten Unternehmens zu besetzen oder die Einfahrt in den Hof zu blockieren. Ich habe in meiner Zeit als Personalberater tatsächlich immer wieder Kandidaten erlebt, die mit solchem Handeln offenbar ihr Selbstbewusstsein zur Schau stellen wollten. Ich habe nie verstanden, wie man sich so scheinbar absichtlich ins Aus kicken kann.

Wichtig ist, dass der Besucher, der ja in der Regel Dienstleister oder Zulieferer des besuchten Unternehmens ist oder werden möchte, in tadellosem Outfit und in gutem körperlichen Zustand bei seinem (potentiellen) Kundenunternehmen erscheint. Das heißt, er muss den Unternehmensusancen entsprechend oder ein bisschen besser angezogen sein, in der Regel mit einem durchgehenden Anzug. Bei Unternehmen, die weniger Wert auf Kleidung legen, tut es auch eine gut abgestimmte Kombination, wie ich sie in Kapitel 9, „Kleidung und Dresscode“, näher beschrieben habe.

Der Besucher sollte es jedenfalls vermeiden, seinen Kundenbesuch in verschwitztem Zustand abzustatten. Er sollte also zwischen der letzten Dusche und seinem Besuch nicht zu viel Zeit verstreichen haben lassen. Auch eine Zahnbürste für unterwegs ist nützlich, das gilt insbesondere für Raucher. Notfalls hilft hier ein kurzes Erfrischen und Reinigen auf der Kundentoilette, bevor man den Portier darum bittet, ihn bei demjenigen anzumelden, dem der Besuch gilt.

Der höfliche Besucher hält eine Visitenkarte bereit und hat sich aufgeschrieben, mit wem er verabredet ist und mit wem die Verabredung getroffen wurde. Am Empfang nennt er seinen Namen und sein Anliegen, also etwa: „Mein Name ist Peter Müller, ich komme aus Pforzheim von der Unternehmensberatung Klug und Partner und bin mit Herrn Meyer, Ihrem Marketingchef, verabredet, der mich um 10 Uhr erwartet.“ Wenn man einen nicht sofort klar verständlichen Namen hat, reicht man der Empfangsdame oder dem Portier seine Visitenkarte zum besseren Verständnis.

Hat die Dame oder der Herr am Empfang den zu Besuchenden oder dessen Sekretärin erreicht, wird sie oder er den Besucher in der Regel bitten, ein paar Minuten zu warten, er werde abgeholt. Der Portier wird dem Besucher empfehlen, so lange Platz zu nehmen.

Der höfliche Besucher bedankt sich, kommt aber der Aufforderung, sich zu setzen, nicht nach, es sei denn, die Wartezeit ist eine längere.

Ist der Besucher mit großem Reisegepäck unterwegs, sollte er den Portier bitten, es bei ihm abstellen zu dürfen. Auf diese Weise bringt er die Mitarbeiter der besuchten Firma nicht in die Verlegenheit, anbieten zu müssen, das Gepäck zu tragen. Ähnliches gilt für den nassen Schirm, den der Besucher nicht im Hause mit sich führen, sondern beim Pförtner abgeben sollte.

Häufig kann der Portier die Person, mit der der Besucher eine Verabredung hat, nicht sofort telefonisch erreichen, fordert den Gast auf, Platz zu nehmen, und kündigt an, es laufend weiter zu versuchen. Das kann für den Besucher unangenehme Folgen haben: Erstens muss er möglicherweise lange warten, bis etwa das Telefongespräch des gewünschten Mitarbeiters zu Ende ist. Zweitens gewinnt der zu Besuchende unter Umständen den Eindruck, der Besucher sei eine halben Stunde zu spät gekommen, insbesondere, wenn der Portier nicht noch alternative Wege der Anmeldung des Besuchers sucht.

Deshalb rate ich dem Besucher, in solchen Fällen der Aufforderung, es sich bequem zu machen, nicht nachzukommen, sondern dem Portier durch Beharrlichkeit auf die Sprünge zu helfen. Durch Fragen wie „Gibt es bei Herrn Soundso vielleicht *zwei* Damen im Sekretariat? Könnten Sie die Telefonnummer der zweiten Sekretärin anwählen?“ oder „Können Sie auf Ihrem Telefondisplay sehen, ob Herr Soundso noch telefoniert, so dass Sie unmittelbar, nachdem er sein Telefonat zu Ende gebracht hat, erneut anrufen können?“ Vielleicht verfügt die Telefonanlage auch über eine Rückruffunktion.

Auch lohnt es sich, bei dem Portier die Namen derjenigen Personen im Unternehmen, von denen man glaubt, dass sie am bevorstehenden Meeting teilnehmen könnten und die Namen der jeweiligen Sekretärinnen zu erfragen. Denn kaum etwas erfreut uns Menschen mehr, als von anderen, die man kaum kennt, mit Namen angesprochen zu werden.

Der kluge Besucher wird ferner die Wartezeit dazu nutzen, das im Foyer des Unternehmens ausliegende Firmenprospekt zu studieren. Mit nichts kann man Vertreter eines Unternehmens so beeindrucken, wie mit der genauen Kenntnis der Produkte und Dienstleistungen des Unternehmens, bei welchem man zu Besuch ist. Falls keine Informationen über die Firma vorhanden sind, empfiehlt sich für den Besucher das Studium einer Tageszeitung, um sich später mit der Kenntnis der Tages-Ereignisse eine gute Basis zu schaffen, indem er mit interessantem und aktuellem Smalltalk das Gespräch beginnt.

Oft holt der Gastgeber den Gast nicht persönlich ab, sondern schickt seine Sekretärin oder einen anderen Mitarbeiter. Das ist in Ordnung, solange es sich nicht um einen Gast handelt, der aufgrund seiner Position im Geschäft oder seiner Bedeutung auf einem anderen Felde des Lebens eine besondere Ehrung verdient. Wenn ein Minister oder der Präsident des Wirtschaftsverbandes, dem das Unternehmen angehört, Besuch beim Vorstand macht, dann sollte der stilbewusste Vorstand den Gast persönlich aus dem Foyer abholen. Werden hochkarätige Gäste aus dem Ausland erwartet, wird sich der Vorstand oder Geschäftsführer eines Unternehmens sogar überlegen, ob er den hohen Besuch nicht persönlich vom Flughafen abholt. Das macht selbst die Bundeskanzlerin, wenn Putin kommt.

Ansonsten ist es ausreichend und angemessen, wenn die Sekretärin den Gast abholt, ihm im Vorzimmer die Garderobe abnimmt, ihn anmeldet und dann ins Zimmer des Chefs bringt.

In vielen Unternehmen und anderen Institutionen ist es üblich, Gäste in besondere Besprechungsräume zu bitten. Diese Sitte findet dann ihre Rechtfertigung, wenn der besuchte Mitarbeiter über kein eigenes Büro verfügt. Da ist es schon dem Gast gegenüber rücksichtsvoll, wenn die Besprechung nicht in einer Umgebung stattfindet, wo er sich beobachtet fühlt und andere mithören können.

Besitzt der besuchte Mitarbeiter hingegen ein gut ausgestattetes, eigenes Büro, ist das Ausweichen in einen Besprechungsraum nicht opportun. Es kann sogar dem Gast gegenüber unhöflich sein, insbesondere, wenn sich dieser Besprechungsraum, wie häufig, durch besondere Lieb- und Geschmacklosigkeit auszeichnet.

Häufig zieht der Besuchte ja nur deswegen den Besprechungsraum seinem eigenen Zimmer vor, weil er keine Lust hat, seinen Schreibtisch in Ordnung zu bringen. Aber der Gastgeber tut sich mit dieser Flucht ins meist eher sterile Besprechungszimmer selbst keinen Gefallen, denn die räumliche Umgebung ist immer auch ein Einflussfaktor. Sie trägt dazu bei, den Gast in eine Atmosphäre der Geborgenheit, des Sich-Wohlfühlens eintauchen zu lassen, die das Gespräch sicher nicht negativ beeinflussen wird. Der Gast wird sich an das Gespräch „in diesem edel eingerichteten Büro mit den schönen Bildern" eher positiv erinnern als an die Plastik-Atmosphäre in dem kahlen Besprechungsraum.

Der Gast, der in ein Besprechungszimmer geführt wird, muss hier häufig erneut warten. Das ist verständlich. Aber guter Stil ist es nicht. Zumindest eine Person sollte den Besucher dort erwarten oder schnell kommen, damit sich jener nicht wie ein Bittsteller vorkommen muss.

Natürlich können solche Gepflogenheiten auch in Verfolgung einer garstigen Geschäftspsychologie erfolgen, um dem Besucher klar zu machen, welche Seite die Macht hat. Ich warne allerdings vor solcherlei Psychoterror, der sich langfristig nicht auszahlt, abgesehen davon, dass er einfach ungezogen wirkt. Und will ein Unternehmen dieses Image?

Wie lange hat der VW-Konzern gebraucht, um von seinem erbärmlichen Lopez-Image wieder wegzukommen? Wie sehr musste die DG Bank büßen, ehe sie im Markt wieder eine Position erreichen konnte, nachdem ein ehemaliger Vorstandsvorsitzender, der seine Mitarbeiter darauf eingeschworen hatte, dass für die Bank ein Geschäft immer ein Erfolg sei, auch wenn es dem Kunden schade, abgelöst worden war. Wie sehr muss die Berliner Bankgesellschaft wohl noch kämpfen, um den Imageschaden wieder gut zu machen, den sie mit ihren von der Spitze geduldeten, ja beförderten Garantiegeschäften zu Lasten der Bank – und im ungünstigsten Fall damit zu Lasten der Berliner Steuerzahler – und zugunsten mancher Vorstandsmitglieder angerichtet hat.

All diese schlimmen Praktiken, die zu Millionenschäden führten – abgesehen von den lange nicht wieder gut zu machenden Imagebeschädigungen –, entstammen unmoralischem Tun: unfeinen Methoden im Management, schlechtem Verhalten gegenüber Kunden oder Zulieferern, unfairem und ungerechtem Benehmen anderen gegenüber. Auch deshalb rate ich von „psychologischen Maßnahmen" gegenüber Geschäftspartnern ab.

Selbstverständlich werden dem Besuch Erfrischungen angeboten – eine Regel, die fast überall befolgt wird. Nicht selbstverständlich ist dagegen die bei feinen Engländern zu beobachtende Sitte, dem Gast – namentlich vor einem Gespräch, das länger als eine halbe Stunde in Anspruch nehmen wird – die Gelegenheit zu geben, sich die Hände zu waschen. Dies erspart dem Gast doch immer etwas peinliche Fragen.

Der Besucher hingegen sollte so höflich sein, bei seiner Antwort auf die Frage nach Bewirtungswünschen bescheiden zu bleiben. Sieht er nur eine Kaffeekanne auf dem Tisch, dann ist der Wunsch nach Tee unhöflich. Bietet die Sekretärin Wasser oder Saft an, möge der Befragte nicht Kaffee verlangen; denn vermutlich ist – damit ist jedenfalls nach der so formulierten Frage zu rechnen – die Kaffeemaschine kaputt. Ebenso empfehle ich dem ins Restaurant Eingeladenen, stets nur Wünsche zu äußern, welche preislich unterhalb der Bestellung des Gastgebers liegen. Dem Gast, der ein Unternehmen besucht, rate ich, nie mehr für sich zu beanspruchen, als er es beim Gastgeber erlebt oder vermuten kann.

Geschäftspräsentationen

Es gibt kaum ein anderes geschäftliches Ereignis, das so viele bleibende Eindrücke – positive oder auch negative – hinterlässt, wie eine größere Geschäftspräsentation. Deshalb empfehle ich solch eine Veranstaltung hinsichtlich der Planung und Durchführung der besonderen Aufmerksamkeit aller Beteiligten.

Als Geschäftspräsentation möchte ich alle Begegnungen zwischen Vertretern von mindestens zwei Unternehmungen oder anderen Institutionen bezeichnen, an denen mehr als zwei Personen teilnehmen und die nicht nur einer Verhandlung, sondern auch der Präsentation einer Idee oder eines Projekts, meistens mit Hilfe visueller Darstellung, dienen.

Die visualisierte Geschäftpräsentation ist die heute übliche Form der Darstellung eines Konzepts geworden, mit welcher ein Unternehmen Mitarbeiter einer anderen Institution von seinem Vorhaben oder einer Zusammenarbeit überzeugen möchte. Hilfsmittel sind meist der Beamer, mit Hilfe dessen die auf dem mitgebrachten Laptop vorbereitete Präsentation projiziert wird, und eventuell eine Leinwand. In selteneren Fällen wird auch nur mit Hilfe von Flipcharts oder sogar nur durch mündlichen Vortrag präsentiert.

Gerade gelungene Präsentationen ähneln häufig einem Theaterstück. Und ebenso, wie ein Theaterstück einer kreativen Inszenierung bedarf, sollte auch bei einer Firmenpräsentation klug Regie geführt werden. Dabei sollten – wie immer – Form und Inhalt zusammenpassen. Durch die Überbetonung von Äußerlichkeiten kann gegebenenfalls der Inhalt mehr leiden als gewinnen. Das „Drumherum“ muss stimmig sein, zum Projekt passen.

Ganz allgemein rate ich beiden Seiten, die sich zu einer Präsentation in einem technisch meist gut ausgestatteten Konferenzzimmer eines Unternehmens treffen, zur Beachtung der allgemeinen Höflichkeitsregeln, wie ich sie im vorigen Kapitel erläutert habe. Das betrifft die Pünktlichkeit, die Anmeldung und das Begleiten der Besucher durch Vertreter des gastgebenden Unternehmens. Darüber hinaus sollten jedoch noch weitere Empfehlungen beachtet werden:

Kleidung

Der jeweilige Teamleiter sollte darauf achten, dass seine Mitarbeiter tendenziell einheitlich gekleidet sind, was Richtung und Art des Outfits betrifft. Wenn es den Gepflogenheiten des Unternehmens entspricht, bei solchen Veranstaltungen im Business suit aufzutreten, dann sollte der Teamleiter dafür sorgen, dass dieser Dresscode eingehalten wird. Es kann durchaus dem Stil, zum Beispiel einer Werbeagentur, entsprechen, wenn deren Mitarbeiter in Jeans und dunklen Hemden zur Präsentation erscheinen. Damit will die Agentur schließlich einen ganz bestimmten Eindruck hervorrufen; vielleicht den, sie sei besonders kreativ und setze deshalb nicht auf althergebrachte Kleidervorschriften. Allerdings wird sie nicht nur dieses Ziel gründlich verfehlen, sondern ein ganz anderes, negatives Image erhalten, wenn von den Mitarbeitern allzu nachlässige Kleidung gewählt wird.

Ich rate den für die Planung und Vorbereitung solcher Begegnungen zuständigen Mitarbeitern, all diese Einzelheiten im Vorfeld ebenso zu besprechen und festzulegen, wie die Inhalte der Präsentation.

Örtlichkeit

Ebensoviel Aufmerksamkeit sollte die gastgebende Institution auf die Auswahl und gegebenenfalls Ausstattung der Präsentations-Location verwenden.

Es muss entschieden werden, ob die Präsentation überhaupt in den eigenen Büroräumen erfolgen soll oder ob ein Hotel vorzuziehen ist. Meine Empfehlung ist, die Veranstaltung möglichst in den eigenen Büroräumen durchzuführen, aber darauf zu achten, dass auch durch das Ambiente des Konferenzraums etwas vom Typischen der Unternehmung vermittelt wird. Hotelkonferenzräume sind sehr verwechselbar. Das Konferenzzimmer im eigenen Büro kann, wenn es unternehmenstypisch eingerichtet ist, jedoch sehr wohl zum positiven Image der gastgebenden Firma beitragen.

So werden etwa die Porzellanmanufakturen *Meißen* oder *KPM* im Konferenzraum ihre besonders edlen Produkte zur Schau stellen. Eine

Werbeagentur wird mit verkleinerten Werbeplakaten, die aus ihrer Produktion stammen, punkten. Unternehmen, die die Chance nicht nutzen, in ihren eigenen Räumen etwas von ihren Produkten, gegebenenfalls auch ihrem technischen Know-how und ihren besonderen Erfolgen wiederzugeben, sind eher einfallslos. Würden sie doch mit solchen Anschauungsmaterialien nicht nur einem sonst häufig sterilen Büro eine gewisse Gemütlichkeit verleihen, sondern könnten auf diese Weise den Anfangs-Smalltalk auch leicht auf eigene Erfolge und Leistungen lenken und sich damit einen Vorteil für das weitere Gespräch verschaffen.

Solche „Firmen-Devotionalien" müssen keineswegs die vornehme Eleganz eines edlen Konferenzraums stören. Im Gegenteil. So steht im nobel mit Edelhölzern getäfelten Konferenzzimmer einer Hamburger Privatbank beispielsweise das Modell eines großen Passagierschiffs und an den Wänden sind Gemälde der Gründer der Bank zu sehen. Das Schiff dient der Demonstration eines ihrer wichtigen Produkte, der Schiffsfinanzierung. Die Ahnen verdeutlichen Tradition und Verantwortung: Hier haften die Inhaber mit ihrem guten Namen. Sowohl das Schiff als auch das Gemälde können zu Beginn eines Gesprächs zum Thema gemacht werden.

Man muss jedoch kein 200 Jahre altes Bankhaus sein, um mit Ausstattung im Konferenzzimmer Besucher zu beeindrucken. Ebenso kann man auf einem Bildschirm eine Vorstellung der Dienstleistungen der eigenen Firma laufen lassen oder auf eine ganze Wand eine Szene aus dem Fertigungsprozess projizieren.

Ich wundere mich über Unternehmen, die viel Geld für Hochglanzprospekte ausgeben, die häufig ungelesen in den Papierkorb wandern, die potentiell vorhandenen Informationsmöglichkeiten des eigenen Hauses jedoch ungenutzt lassen. In diesen Firmen scheint die Meinung vorzuherrschen, Marketing und Werbung sei fast etwas Anstößiges. Als könnte die Atmosphäre eines kahlen, weißen Raumes mit einem Hydrokultur-Fikus und dem Plastik-Konfi-Möbel-Programm „Sydney" irgendwie zur positiven Stimmung, zum Unternehmensimage und zur Stärkung der eigenen Position beitragen.

Bei größeren Präsentationen, die inklusive der anschließenden Diskussion mehr als zwei Stunden Zeit beanspruchen, kann es sinnvoll sein, etwas zu essen zu reichen. In der Regel gibt es belegte Brötchen, die auf dem Konferenztisch platziert werden, während das Gespräch weitergeführt wird. Häufig werden noch nicht einmal Teller, Messer und Gabeln verteilt, so dass man kräftig zubeißen muss. Anschließend sprechen die Teilnehmer mit Essensresten zwischen den Zähnen und mit fettigen Fingern bedienen sie den Beamer. Das ist nicht besonders elegant.

Der aufmerksame Gastgeber wird hingegen eine Pause vorschlagen und in einen anderen Teil des Konferenzraums oder, wenn vorhanden, in einen anderen Raum zum Buffet bitten. Dieser ist eventuell mit zwei oder drei Stehtischen ausgestattet, so dass man sich dort mit ein paar Häppchen und Saft vom langen Sitzen erholen und stärken kann. Außerdem macht der Gastgeber seine Gäste unaufgefordert darauf aufmerksam, wo sich die Gäste die Hände waschen können. Tunlichst prüft der Gastgeber diese Örtlichkeiten vorher und sorgt für ausreichend Toilettenpapier, Seife und Handtücher.

Insbesondere dann, wenn die Präsentation in einem abgedunkelten Raum stattfand, ist der Wechsel in ein helles Zimmer geboten und die Zeit, in welcher die Gäste den Präsentationsraum verlassen haben, sollte genutzt werden, um diesen gründlich zu durchlüften.

Auch sollte der Gastgeber die Abdunkelung des Präsentationsraums aufheben, sobald diese nicht mehr notwendig ist. Erfahrungsgemäß bewirkt die Verdunklung auch eine etwas düstere Stimmung und ganz bestimmt Müdigkeit, die sich negativ auf die Diskussion auswirken kann. Eine freudige, positive Grundstimmung erzeugt einfach bessere Konferenzergebnisse.

Ablauf einer Präsentation

Vorbereitung

Die zusammentreffenden Teams werden sich tunlichst – jedes für sich im eigenen Hause – vor der Präsentation zusammensetzen, um die Konferenz und ihren Ablauf genau zu planen und vorzubereiten. Meistens ist dieser Sitzung wiederum die Erarbeitung eines Ablaufplans durch ein Teammitglied vorausgegangen, über den in dieser letzten vorbereitenden Sitzung endgültig abgestimmt wird. Hier wird festgelegt, wer eröffnet, wer die Vorstellung der Beteiligten übernimmt und wer was wann mit welchen Hilfsmitteln präsentiert. Darüber hinaus wird eine Argumentationsliste für den eigenen Standpunkt sowie eine „Einwände- und Vorwände-Liste“ erstellt und festgelegt, wer welche Argumente vorbringt.

Gegebenfalls wird ein „good guy“ und ein „bad guy“ bestimmt, um die eigene Zielsetzung am effizientesten zu erreichen.

Der Teamleiter spielt die Rolle eines Regisseurs, der dafür sorgt, dass am Ende der letzten Vorbereitungssitzung jeder Teilnehmer einen Ablaufplan erhält, der auch die Namen aller Teilnehmer auflistet. Schließlich soll jeder mit richtigem Namen angesprochen werden.

In der gastgebenden Firma oder Institution wird man neben dieser Planung noch die Vorbereitungen für die Ausstattung des Konferenzraums und gegebenenfalls für das Speisezimmer treffen, das Catering bestellen und eventuell Parkplätze resevieren.

Durchführung

Ein Mitarbeiter der gastgebenden Firma empfängt die Gäste. Das heißt, er ist abrufbereit und eilt ins Foyer, sobald der Pförtner deren Ankunft meldet. Die Gäste werden nun entweder in einen Vorraum zum Konferenzraum oder in diesen selbst gebeten. Der Mitarbeiter hilft bei der Garderobe, weist auf die Möglichkeit hin, sich die Hände zu waschen, bittet sie, sich zu setzen, und unterhält sie. Er erläutert, wer an der Präsentation teilnehmen wird, und beschreibt das jeweilige Zuständigkeitsgebiet der einzelnen Kollegen. Ansonsten ist dieser erste Teil des Zusammenkommens und Wartens eher von Smalltalk gekennzeichnet. Ein gewandter Mitarbeiter kann dieses Vorgeplänkel natürlich auch dazu nutzen, den Gästen von neuen Produkten oder Großaufträgen zu berichten. Ebenso kann auch das Besucherteam den gastgebenden Mitarbeiter mit ähnlichen Meldungen beeindrucken. Denn bei einer Präsentation geht es nicht nur um das gemeinsam angestrebte Projekt, sondern auch immer darum, wie sich die Gewichtung, die Einflussnahme, letztlich die Machtverteilung bei der geplanten Zusammenarbeit ausbalancieren wird; und die Steuerung des Einflusses beginnt lange, bevor die tatsächliche Zusammenarbeit anfängt.

Als „Empfangsbeauftragten“ sollte man einen Mitarbeiter auswählen, der in der Lage ist, eine fröhliche Stimmung zu erzeugen und Menschen für sich einzunehmen. Mit einem positiv eingestimmten Team lässt sich besser verhandeln als mit einem griesgrämigen.

Manche Verhandlungsstrategen sind da allerdings anderer Auffassung. Sie machen es sich geradezu zum System, den Partner mit allen Mitteln von Anfang an so zu verunsichern, dass er immer in der Verteidigungsposition bleibt. Geschäftspartner, die so vorgehen, denken, dass sie sich mit dieser Methode zwar vielleicht einen kurzfristigen Vorteil verschaffen, weil das eine oder andere Ziel gegenüber einem verunsicherten Gesprächspartner möglicherweise leichter durchzusetzen ist. Sie vergessen indessen, dass am Ende der Verhandlungen in der Regel der Beginn der gemeinsamen Durchführung steht. Meistens müssen die Strategen, die mit solch psychologischer Kriegsführung vorgegangen sind, dann allerdings feststellen, dass von einem Partner, der sich geknebelt und ungerecht behandelt fühlt, niemals die Leistung, Großzügigkeit im Umgang und Motivation zurückkommt, wie von einem Geschäftspartner, mit dem ein gerechtes und billiges Geben und Nehmen in partnerschaftlicher Freundlichkeit vereinbart wurde.

Die Gäste werden nun in das Zimmer begleitet, in dem die Präsentation stattfindet, und nach ihren Getränkewünschen gefragt. Die Frage „Was möchten Sie gerne trinken?“ kann den Gast jedoch in eine schwierige Situation bringen, da er sich eventuell nicht traut, einen ausgefalleneren Wunsch zu äußern. Schließlich möchte er es vermeiden, den Gastgeber in eine unangenehme Situation zu bringen. Deshalb empfehle ich, die Frage nach Getränken nie als offene Frage zu stellen, auch dann nicht, wenn es sich um ein Haus handelt, das alles an gängigen Getränken im Angebot hat. Vielmehr ist es im Hinblick auf eine einfachere Reaktion der Gäste freundlicher, die Frage geschlossen zu stellen: „Dürfen wir Ihnen etwas zu trinken anbieten? Kaffee, Tee, Mineralwasser oder einen Fruchtsaft?“ Die Frage so gestellt erleichtert auch dem höflichen Gast eine ehrliche Antwort. Völlig deplaziert ist dann natürlich die Antwort des Gastes „Haben Sie vielleicht auch Kaffee Hag?“ Die Frage nach im Büroleben „exotischen“ Getränken ist immer unhöflich, besonders dann, wenn der Gastgeber aufgezählt hat, welche Getränke es gibt.

Daneben sei den Gäste angeraten, auch die Einrichtung und Ausstattung des Konferenzzimmers loben. Ist er wirklich schön, fällt es nicht schwer zu sagen: „Oh, in dieser vornehmen Atmosphäre machen Sie also Ihre ganz großen Deals. Hier *kann* man ja eigentlich nur gute Geschäfte abschließen!“ Ist er dagegen nüchtern und kalt, sollte man sich trotzdem Mühe geben, etwas Lob zu finden, vielleicht so: „Dieses Zimmer strahlt die nüchterne Klarheit aus, die für so bedeutende Vorhaben wie das unsere gerade das richtige Ambiente darstellt.“ Das darf man natürlich nicht so sagen, dass sich der Gastgeber veralbert vorkommt; aber wenn man solche Bemerkungen mit Liebenswürdigkeit und Bestimmtheit äußert, werden sie immer als Kompliment empfunden. Der Gastgeber freut sich und der Gast ist ihm sympathisch. Und dies ist zu Beginn eines bedeutenden Meetings eigentlich das Wichtigste.

Die Gäste haben die Gelegenheit wahrgenommen, sich die Namen derjenigen Personen zu merken (gegebenenfalls aufzuschreiben), die auf Seiten des Gastgebers an der Präsentation teilnehmen. Das Team der Gastgeberseite kommt also, sei es peu à peu, sei es zusammen und der „Empfangsbeauftragte“ übernimmt es, den Gästen die neu Eintretenden vorzustellen.

Dies ist ein wichtiger Akt, der von beiden Seiten ernst genommen werden sollte. Die ersten Sekunden einer Begegnung entscheiden so viel. Ich empfehle dringend, sich für die Begrüßung Zeit zu nehmen. Gäste sind normalerweise die Ranghöheren, es sei denn, es erscheint in dieser Präsentationsrunde, an welcher durchaus leitende, aber nicht geschäftsführende Mitarbeiter teilnehmen, also auch keine Vorstände, plötzlich der allseits bekannte Aufsichtsratsvorsitzende oder der Seniorchef oder Inhaber des Unternehmens. Dann wird dieser auch *dann* sicher als „ranghöher“ eingestuft werden, wenn er der Gastgeberseite angehört.

Der „Empfangsbeauftragte“ geht mit jedem eintreffenden Kollegen, auch mit seinem Chef, zu den Gästen und sagt laut und vernehmlich zu dem jeweiligen Gast gewandt und auf seinen Kollegen weisend: „Herr Meier, gestatten Sie mir, Ihnen meinen Kollegen Heinrich Klug vorzustellen?“ Oder: „Herr Meier, darf ich Ihnen Herrn Klug, den Leiter unserer Abteilung Research und Development vorstellen?“ Und er fährt – nunmehr seinen Kollegen Klug anschauend und mit der Hand auf den Gast Meier deutend fort: „Herr Meier, Marketingmanager bei Zino und Co.“ Die einander Vorgestellten schütteln sich die Hände und nutzen die Situation, sich schon während dieser Begrüßung etwas Nettes zu sagen. Der Gast Meier wird zum Beispiel auf eine kürzliche Presseveröffentlichung, in welcher Gastgeber Klug sich geäußert hat, Bezug nehmen und sagen: „Sie sind mir ja als Prominenter in Sachen XY aus der Zeitung längst bekannt. Es freut mich sehr, Sie jetzt auch persönlich kennen zu lernen“ oder dergleichen.

Wichtig ist, dass sich bei diesem Akt der Begrüßung alle Zeit lassen. Man muss das nicht abspulen. Wie gesagt, die ersten Sekunden entscheiden. Lassen Sie sich bei jedem Einzelnen, den Sie begrüßen, Zeit, schenken sie ihm eine freundliche Bemerkung, vielleicht ein Lob, beobachten Sie seine Reaktion und wenden sich erst dann dem Nächsten zu.

Wenn die Teammitglieder auf Seiten des Gastgebers einzeln eintreten, ist diese Art der Vorstellung einfach. Betritt hingegen das gesamte Team auf einmal den Konferenzraum, wird es schwieriger.

In diesem Fall muss der Empfangsbeauftragte, der in der Regel als Einziger alle Personen kennt, die Gruppe der Gastgeber den Gästen vorstellen. Er wird seine Kollegen bitten, sich gegenüber dem Gästeteam aufzustellen und wird zu den Gästen gerichtet sagen: „Meine Damen und Herren, ich möchte Ihnen meine Kollegen vorstellen. Das sind von Ihnen aus gesehen, von links nach rechts, zunächst Heinrich Klug, unser Leiter Research und Development, daneben mein Chef, also unser Marketingchef, Herr Christian Steif, dann mein Kollege von der

Werbung, Reinhard Deutlich und der Produkt-Manager ‚New Brands', Clemens Neuling." Zu seinen Kollegen gewandt und mit seiner Hand auf die Gäste deutend wird er fortfahren: „Die Damen und Herren von Zino und Co., Frau Goldammer, Herr Meier ganz links, Herr Brückenbauer daneben und ganz rechts Herr Notowski. Ich denke, Sie werden sich am Tisch gleich noch mit Ihren Funktionen und Aufgaben in Ihrem Unternehmen ausführlich vorstellen." Daraufhin geben sich alle die Hand.

Dann ergreift der Chef des gastgebenden Teams das Wort und bittet, sich zu setzen. Üblicherweise nehmen die Gäste auf der einen, die Gastgeber auf der anderen Seite des Konferenztisches Platz. Das ist aber keineswegs zwingend. Der Leiter des gastgebenden Teams kann zum Beispiel sein Pendant auf der anderen Seite bitten, an seiner rechten Seite Platz zu nehmen, um ihn mit dieser Platzierung zu ehren. Das sind Feinheiten, an die meistens niemand denkt, die aber ein feinfühliger Gast als Ehrung registriert.

Das Team der Gastgeber achtet darauf, dass sich keiner setzt, bevor nicht wenigstens die Dame aus dem Team der Gäste Platz genommen hat, besser, bis alle Mitglieder des Gästeteams sitzen. Auch innerhalb der eigenen Gruppe achte man darauf, dass erst der Chef sitzt, ehe die anderen Teammitglieder sich niederlassen.

In aller Regel wird nun nochmals die Frage nach den gewünschten Erfrischungen gestellt und der Jüngste aus dem Gastgeberkreis erledigt die Bestellung oder sogar die Besorgung der gewünschten Getränke.

Dann wird erneut der Leiter des gastgebenden Teams das Wort ergreifen. Ob er dazu aufsteht oder sitzen bleibt, hängt von der Größe der Runde ab. In einem Kreis von insgesamt weniger als zehn Personen bleibt der jeweilige Sprecher in der Regel sitzen. In größeren Gesprächsrunden verschafft er sich durch Aufstehen mehr Aufmerksamkeit. In größeren Runden ist es auch ein Akt der Höflichkeit, sich beim Sprechen vor den anderen zu erheben, wenn eine ausführlichere Stellungnahme abgegeben werden soll.

Inhaltlich heißt der Chef der Gastgebergruppe die Besucher herzlich willkommen und trägt gegebenenfalls die Entstehungsgeschichte dieser Präsentation vor. So führt er etwa aus, dass die Firma eine Ausschreibung für die Zusammenarbeit veröffentlicht habe und die bevorstehende Präsentation zu den drei interessantesten Angeboten gehöre. Man habe aber dennoch um diese Präsentation gebeten, um die Gedanken, die hinter dem Angebot stünden, im Einzelnen kennen zu lernen, ebenso wie die handelnden Personen.

Der Sprecher wird in diesem Zusammenhang nicht mit Lob über die eingeladene Firma sparen und betonen, dass schon das schriftliche Angebot großen Eindruck hervorgerufen habe. Er wird seine Kollegen und deren Arbeitsbereiche noch einmal etwas ausführlicher vorstellen, als der Empfangsbeauftragte dies in der naturgemäß knappen Zeit der Vorstellung machen konnte und dann die Gastgruppe auffordern, mit ihrer Präsentation zu beginnen.

Der Chef des Gästeteams – ich nenne ihn der Einfachheit halber „er“; es kann sich natürlich ebenso um eine Frau handeln – ergreift nunmehr das Wort und bedankt sich zunächst für die Einladung zur Präsentation und für die freundlichen Worte der Begrüßung. Er wird betonen, dass sich seine Kollegen und er geehrt fühlen, aus der großen Gruppe der Bewerber für eine Präsentation ausgewählt worden zu sein, und wird die bisher vorbildliche Zusammenarbeit loben.

Dies alles sind wichtige Details; denn das gastgebende Unternehmen muss nach den verschiedenen Präsentationen die Entscheidung treffen, mit wem die Zusammenarbeit erfolgen soll. Wenn die Gäste bereits in diesem Stadium daran erinnern, dass bisher viel Harmonie in der Zusammenarbeit spürbar gewesen sei, so werden die Gäste diese Tatsache sicher reflektieren und bei der Entscheidung mit berücksichtigen.

Dann wird der Sprecher seine Kollegen und ihre Aufgaben im Einzelnen gründlich vorstellen und deren jeweiligen Part in dieser Präsentation bekannt geben. Spätestens zu diesem Zeitpunkt sollten die Visitenkarten ausgetauscht werden.

Der Gastteamleiter bittet nunmehr, mit der Präsentation zu beginnen, wenn er diese nicht selbst durchführt. Dem anderen Team sei angeraten, sich Notizen zu machen. Zunächst ist wichtig, dass jeder die jeweils anderen Namen kennt. Ich male mir immer eine Sitzordnung auf, damit ich dann auch immer diejenigen, die ich gerade besonders ansprechen möchte, mit dem richtigen Namen anreden kann. Bei den inhaltlichen Notizen schreibe ich mir jeweils den Namen dessen davor, der dieses Argument geäußert hat. Dies ist häufig auch dann sinnvoll, wenn ein Protokollführer bestimmt wurde; denn Protokolle werden häufig für die Seite, zu welcher der Protokollführer gehört, beschönigend und bevorteilend angelegt.

Bei sehr großen Runden kann man auch einen Sitzplan auf einen Bogen Papier malen, soweit man die Namen kennt, und einen Mitarbeiter des anderen Teams bitten, die Namen seiner Kollegen zu ergänzen.

Über den spezifischen Ablauf der Präsentation kann hier natürlich nichts gesagt werden. Dieser, wie auch vor allem die Inhalte derselben, sind abhängig von dem jeweiligen gemeinschaftlichen Vorhaben. Ich kann hier nur auf die Form, die Struktur eines solchen Meetings und die Art eingehen, wie man dem Inhalt durch eine reibungslose Abfolge und durch eine von Klarheit und Höflichkeit bestimmte Atmosphäre den besten äußeren Rahmen zu geben vermag.

Es empfiehlt sich, dass der Teamleiter während der gesamten Sitzung die Fäden in der Hand behält und diese eindeutig leitet. Dies kann etwa dadurch betont werden, dass er sich nach jedem Sprecher zu Wort meldet und so die gesamte Sitzung moderiert.

Nach deren Ende wird er versuchen, die Inhalte noch einmal zusammenzufassen, die nächsten Schritte festlegen, Aufgaben verteilen und sich bei den Gästen für die eindrucksvolle Präsentation und bei allen Teilnehmern für die fruchtbare Diskussion bedanken.

Das letzte Wort hat dann der Leiter der Gäste-Delegation. Er bedankt sich ebenfalls und bemerkt, dass die gegebenenfalls kritischen Anmerkungen der Gastgeber ihnen, den Gästen, bewiesen hätten, dass man sich mit der eigenen Konzeption auf dem richtigen Weg befinde und dass man die Anregungen ernst nehme und als Bereicherung und zum großen Teil auch als Bestätigung auffasse.

Anschließend erhebt er sich, alle anderen stehen ebenfalls auf und man verabschiedet sich, wenn die Gastgeber nicht anschließend zum Essen gebeten haben.

Der Leiter des Gastgeberteams kann nunmehr entscheiden, ob er die Gäste besonders ehren möchte und sie bis zur Haustür begleitet oder ob er die Begleitung der Gäste dem schon in diesen Dingen bewährten Empfangsbeauftragten überlässt.

Nachbereitung

Die aufmerksame Nachbereitung einer solchen Begegnung ist nicht nur eine Frage, die unter Marketing-Gesichtspunkten zu betrachten ist. Vielmehr ist es zumindest *auch* eine Frage der Höflichkeit. Allerdings sind Höflichkeit und Aufmerksamkeit im Sinne eines guten Marketings in der Praxis häufig gar nicht voneinander zu unterscheiden.

Auf jeden Fall bedankt sich der Chef des Gästeteams bei dem Leiter der gastgebenden Gruppe mit einer E-Mail oder einem Brief. In diesem Schreiben kann er auch schon die ersten Lösungen etwaiger Aufgaben präsentieren, die er aus der gemeinsamen Sitzung als „Schularbeiten" mit nach Hause genommen hat. Und er sollte in diesem Schreiben auch den nächsten Schritt ankündigen, den seine Gruppe nun zu tun gedenkt, und gegebenenfalls seiner Hoffnung Ausdruck verleihen, dass auch das Gastgeberteam seinen versprochenen Tätigkeiten nachkommt.

Auch dieser Brief sollte zum Anlass genommen werden, den gastgebenden Teamleiter und sein gesamte Team noch einmal gründlich zu loben. Lob kann es ja für alles geben: Für die professionelle Vorbereitung, für die Hinzuziehung der beeindruckenden Fachleute, für die wunderbare Atmosphäre, die der Gastgeber durch seine glänzende Moderation erzeugt habe, für den liebenswürdigen Empfang, für die konstruktiven Beiträge der einzelnen Mitarbeiter, für das Verständnis für Tatsachen, die man leider nicht ändern könne, und für die großzügige Bewirtung.

Zu den Verkaufsanstrengungen vieler Unternehmen gehört es, Kunden und Multiplikatoren durch Einladungen zu speziellen Veranstaltungen für die Belange des Unternehmens zu gewinnen. Auf solchen Veranstaltungen, Events genannt, werden die Vorstellung der Produkte oder der Unternehmensziele oder auch nur die Vermittlung einer Botschaft des Unternehmens in einen gesellschaftlichen Rahmen gefügt. Events sind häufig Unternehmens-Veranstaltungen, die zum Beispiel aus einem Vortrag und einem anschließenden Essen bestehen. Oder es handelt sich um eine Produktpräsentation mit Drinks und Fingerfood. Ähnliche Zwecke verfolgen im Kleinen Einladungen von Geschäftspartnern zum Essen, um Fragen der Zusammenarbeit zu besprechen oder Arbeitssitzungen mit einem würdigen Abschluss zu versehen. Es gibt viele Spielarten, wie Unternehmen potentielle Kunden und Multiplikatoren, Interessenten und Journalisten für ihre Produkte zu interessieren trachten.

Die Herausforderung für die Unternehmen besteht darin, Veranstaltungen dieser Art so attraktiv zu gestalten, dass die gewünschte Zielgruppe auch erscheint. Die für das Unternehmen wichtigen Gäste müssen also für sich einen Nutzen in der Veranstaltung erblicken. Dieser Nutzen kann in unterschiedlichen Aspekten gesehen werden:

Manche Gäste mögen sich wirklich für die vorgestellten Produkte, den Vortrag oder die Diskussion interessieren und aus diesem Grund ihre Teilnahme zusagen. Andere werden teilnehmen, weil sie hoffen, dort eine bestimmte Person aus dem gastgebenden Unternehmen zu treffen, oder weil sie daran interessiert sind, den berühmten Referenten zu sehen, ihn vielleicht sogar persönlich begrüßen zu können. Wieder andere, und das sind nicht wenige, gehen auf solche Veranstaltungen, weil sie zum „Social Life" gehören. Weil es zumindest von Halbprominenz zeugt, dort überhaupt eingeladen zu sein. Ferner gibt es Menschen, die auf solchen Veranstaltungen erscheinen, weil diese versprechen, lustig zu werden, und sie viele der Gäste kennen und sich gerne mit ihnen unterhalten. Und es soll sogar Menschen geben, für die ein reichliches, gutes und wegen der Gesellschaft angenehmes Abendessen den Hauptgrund darstellt, ein solches Event zu besuchen.

Die gastgebende Firma weiß natürlich, dass die Motivation zum Besuch ihres meist ja sehr teuren Events unterschiedlichen Überlegungen entspringt. Die Marketing-Abteilung des gastgebenden Unternehmens hat also vorher errechnet, dass zumindest der indirekte Nutzen solch einer Veranstaltung größer ist als der Aufwand. Sonst würde das Unternehmen sie nicht durchführen.

Die Firma weiß, dass viele Besucher ihrer Veranstaltung niemals ihr Produkt kaufen werden. Manchmal handelt es sich ja sogar um Investitionsgüter oder Dienstleistungen, die sowieso nur an Industriekunden verkauft werden. Aber selbst bei Konsumgütern, wie Autos oder Kleidern, welche auf einer Modenschau gezeigt und angepriesen werden, rechnet das einladende Unternehmen nicht damit, dass der größte Teil der Gäste das Produkt sogleich kauft. Vielmehr hofft es darauf, dass möglichst viele Besucher so angetan sind von dem Produkt, dem Kunden-Event und überhaupt von der Performance dieses Unternehmens, dass sie als Multiplikatoren wirken und über diesen Abend, das Unternehmen und seine Produkte positiv sprechen. Und indem das Unternehmen versucht, hauptsächlich Gäste einzuladen, die in der Gesellschaft kraft ihrer beruflichen oder gesellschaftlichen Stellung eine gewisse Vorbildfunktion ausüben oder als öffentliche Leitfiguren betrachtet werden, möchte es die Kaufentscheidung hunderttausender Verbraucher beeinflussen.

Solche Kundenveranstaltungen finden in der unterschiedlichsten Art und an den unterschiedlichsten Orten statt. Meistens bestehen sie jedoch aus einem ersten Teil, der die Begrüßung, sozusagen das Sich-Sammeln umfasst, einem zweiten Teil, der einen mehr oder weniger geistvollen Inhalt hat. Das kann die Präsentation eines neuen Autos sein. Das kann auch eine Podiumsdiskussion zur Lage auf dem Arbeitsmarkt sein. Oder es handelt sich um einen Vortrag eines Prominenten zu einem gesellschaftspolitischen oder wirtschaftlichen Thema. Diesem zweiten Teil, gewissermaßen dem Hauptteil, mit welchem auch die Einladung zu diesem Event begründet wird, schließt sich in der Regel als dritter Teil ein Essen und Get-together an, welches manchmal noch einen Unterhaltungsteil enthält.

Ich möchte solch ein typisches Abendevent und das, was man im Zusammenhang damit im Hinblick auf Stil und Etikette wissen muss und beachten sollte, im folgenden Kapitel beschreiben:

Events bereiten normalerweise die für Public Relations zuständigen Mitarbeiter vor. In kleinen Unternehmen hingegen macht das meist der Chef mit seiner Sekretärin oder das Unternehmen überträgt die Vorbereitung und Durchführung einer solchen Veranstaltung einer Event-Agentur.

Die vorbereitenden Tätigkeiten sind auch bei diesen Events sehr ernst zu nehmen. Das Unternehmen will sich auf diese Weise positiv darstellen. Und da in der Regel viele Prominente und Journalisten eingeladen werden, ist das Risiko, durch ein schlechtes Event einen Imageverlust hinnehmen zu müssen, immens.

Vorbereitung

Ich möchte hier nicht auf die mannigfaltigen Überlegungen eingehen, die das Management einer Unternehmung anstellt, um die richtige Form der Veranstaltung und die richtigen Inhalte zu finden. Das ist eher Sache des Marketing und der Public Relations.

Um Fragen des Stils und der Etikette bei der Ausrichtung von Firmenevents zu behandeln, nehme ich einfach einmal an, dass die Firmenleitung sich für eine bestimmte Form einer Abendveranstaltung entschieden hat. Ich gehe von der Vorstellung eines neuen Produkts aus, zum Beispiel eines neuen Autos, inklusive Begleitprogramm.

✧ Gästeliste

Die Gästeliste ist von überaus großer Bedeutung und darf keineswegs nur unter dem Gesichtspunkt, wen das Unternehmen als Teilnehmer seines Events sehen möchte, zusammengestellt und geprüft werden. Vielmehr spielt für Unternehmen eine wichtige Rolle, wen die ihnen wichtigen Gäste – das sind in erster Linie Multiplikatoren, also Journalisten und andere Meinungsbildner – auf solchen Events erwarten. Denn wenn Klatschspalten-Reporter mangels hinreichender Prominenz von Teilnehmern niemanden finden, über den sie schreiben können, und wenn Stars und Sternchen dort nicht ihresgleichen treffen, dann ist nicht nur ihrer Meinung nach der Abend nichts gewesen, sondern es leidet auch das Image des vorgeführten Produkts. Damit ist dann das Gegenteil dessen eingetreten, was eigentlich mit diesem in der Regel teuren Abend erreicht werden sollte.

Die Gästeliste ist bei wichtigen Unternehmensevents immer auch Chefsache. Der Firmenleiter wird in starkem Umfang seine Kontakte, die er sich in seiner Eigenschaft als Chef des Unternehmens erworben hat, berücksichtigen. Zum einen, um seine Geschäftsfreunde nicht zu enttäuschen – meistens sind sie ja diejenigen, die, allein schon durch die Nähe zu ihm, die größten Multiplikatoren sind. Zum anderen, um den guten Kontakt zu diesen Personen zu festigen.

Zu einer privaten Einladung in sein Haus oder seine Wohnung lädt ein stilvoller Mensch niemals Personen ein, die er gar nicht kennt – es sei denn, einer der Gäste bittet ihn ausdrücklich darum, seinen zufällig gerade bei ihm logierenden Gast mitbringen zu dürfen. Im Unterschied zu dieser Benimmregel für die private Einladung ist es für eine Firma niemals unschicklich, Menschen einzuladen, die weder der Chef des Unternehmens, noch sonst irgendein Mitarbeiter persönlich kennen. Deswegen kann die Auswahl der Gäste allein nach Opportunitätsgesichtspunkten getroffen werden.

Zu beachten ist bei der Erstellung der Gästeliste, dass diejenigen, die in erster Linie willkommen sind, sehr wählerisch sind. Es empfiehlt sich daher eine gewisse Rücksichtnahme auf diese Zielgruppe. Auf keinen Fall kann es sich ein Unternehmen leisten, dass Schlüsselfiguren das Event später mit den Worten kommentieren: „Zum Unternehmen X braucht man nicht zu gehen, da kommen nur drittklassige Leute".

In diesem Sinne kann ich nur dringend dazu raten, lieber eine höhere Absagequote von Prominenten in Kauf zu nehmen, als von vornherein nur wenig Prominenz einzuladen.

Gewiss, Prominente bekommen jeden Tag irgendwelche Einladungen und so ist es für ein Unternehmen, das sich noch keinen festen Kreis prominenter Gäste aufgebaut hat, nicht leicht, von heute auf morgen ein Event mit dem besten Gästekreis zu veranstalten.

Hilfreich ist in solchen Fällen die Inanspruchnahme einer guten Eventagentur. Die Stärke eines solchen Unternehmens liegt vielfach weniger in der professionellen Vorbereitung eines Events – das ist letztlich nicht besonders schwer –, als vielmehr in der Fähigkeit, die passende Gästeliste zusammen zu stellen. Freilich wird diese dann immer noch durch die Wünsche des gastgebenden Unternehmens ergänzt. Dabei kommt es nicht unbedingt auf die Größe der Agentur an, sondern eher darauf, dass es dort einen Chef gibt, der selbst zur Prominenz gehört und so den ständigen Wechsel, die Neuzugänge und Abgänge in dieser Gruppe kennt und entsprechend in seiner Liste berücksichtigt.

✧ Einladung

Ist die Gästeliste – besser: die Einladungsliste, denn eine Gästeliste ist ja erst diejenige, die die Namen all derer enthält, die ihr Kommen angekündigt haben – erstellt, folgen die Überlegungen, wie die Einladung zu gestalten ist. Auch hier gibt es viele Fallen. Denn Werbeagenturen und die entsprechenden Abteilungen im eigenen Unternehmen raten hier oft zu einer Form, die zwar dem entspricht, was sich die Mitarbeiter in diesen Agenturen oder Einheiten selbst unter einer tollen Einladung vorstellen. Diese Einladungen werden jedoch dem Anspruch derjenigen, um die es hier geht, häufig nicht gerecht. Oftmals wird furchtbar viel Geld für eine „fetzige Aufmachung" ausgegeben, aber der schwere Fehler gemacht, dass die eingeladene Person in der Einladung nicht namentlich genannt wird. Dies ist aber ein wichtiges Zeichen guten Stils. Die klassische Einladung nennt zunächst den Gastgeber, und zwar in Person und möglichst nicht als Unternehmen, und dann die handschriftlich mit Tinte eingetragene Person, die eingeladen wird. Das sieht dann so aus:

Ferdinand Mühlenstreit
bittet
Herrn Casimir Lemberg und Frau Gesine Lemberg
zur festlichen Präsentation des neuen Corgo 17ds
mit anschließendem Dinner und Show-Gala,
am Donnerstag, den 12. September 2007, 18 Uhr,
in den Showroom der XY-Corporation, Friedrichstraße 53, Berlin

Gegebenenfalls folgen noch ein Dresscode, etwa: „Straßen-/Sommeranzug“ und die Bitte um Antwort „U.A.w.g.“ auf beiliegendem/r Antwortfax/Antwortkarte.

Ein besonders glanzvolles Event kann schon durch die Aufmachung der Einladungskarte sichtbar gemacht werden, indem etwa eine Klappkarte aus sehr gutem Karton im Format DIN-A5 verwendet wird. Die erste Seite – die Titelseite – enthält nur einen diskreten Hinweis auf das gastgebende Unternehmen in Form des Firmenlogos oder einer klein gedruckten Nennung.

Wenn die Unternehmung in einem architektonisch oder kunsthistorisch herausragenden Gebäude untergebracht ist, in dem das Event auch stattfindet, macht sich ein Foto oder, noch feiner, eine Zeichnung dieses Gebäudes vornehm und elegant auf der ersten Seite der Klappeinladung. Solch eine Zeichnung kann man auch mit Stahlstich prägen und drucken lassen, zumal dann, wenn man die Klappkarte aus schwerem Papier stets für Einladungen verwendet und deshalb eine hohe Auflage drucken lassen kann. In solchen Fällen wird man auf diese Hülle diejenigen Daten drucken, die immer zutreffen. Das ist auf Seite eins das Logo, die Zeichnung des Hauses oder bei Stiftungen vielleicht ein Stich des Stifters. Im Inneren könnte auf der linken Seite die Veranstaltungsreihe beschrieben sein, von welcher das konkrete Event Teil ist. Auf der rechten, inneren und auf der hinteren, äußeren Seite werden die Adresse und Hinweise genannt, wie man das Unternehmen bestmöglich erreicht. Eventuell wird auf Valet Parking – das Parken des Fahrzeugs durch einen Angestellten – oder günstige Parkplätze hingewiesen. Ferner sollte man an dieser Stelle darauf hinweisen, dass die Einladung nur für den Empfänger und dessen Begleitung persönlich bestimmt ist, und um kurzfristigen Bescheid bitten, falls der Empfänger verhindert sein sollte.

Klappkarte und Innenblatt

In solch aufwendig gestalteten Einladungen wird aus Ökonomiegründen die Einladung zu dem konkreten Event auf einem Einlageblatt im Inneren der Klappkarte zu finden sein. Diese enthält dann den oben angeführten Text. Auf der Rückseite dient gegebenenfalls ein Ablaufplan der näheren Information über die Struktur des Events.

Beigefügt ist der Einladung eventuell ein Bogen Papier, der als Antwortfax dienen kann. Dies stellt in den meisten Fällen die für beide Seiten einfachste und billigste Form der Reaktion auf eine Einladung dar. Das Antwortfax ist ein DIN-A4-Blatt, auf welchem der angeschriebene Gast nur noch durch das Setzen von Kreuzchen in entsprechenden

Feldern seine Teilnahme oder seine Verhinderung bekundet. Außerdem muss er in der Regel noch Namen, Firma und Absender vermerken, gegebenenfalls noch den Namen der Begleitperson, die er oder sie mitzubringen gedenkt.

Bei solchen Einladungen spricht das einladende Unternehmen die Eingeladenen direkt und nicht in erster Linie das Unternehmen an. Im Adressfeld steht also *nicht*:

Schramm Werkzeugmaschinen AG
Herrn Dr.-Ing. Bernhard Munterschmidt

sondern

Herrn
Dr.-Ing. Bernhard Munterschmidt
Schramm Werkzeugmaschinen AG

Handelt es sich bei Herrn Dr. Munterschmidt um ein Vorstandsmitglied, so ist es guter Stil, dies auch auf dem Adressfeld zu erwähnen, also:

Herrn
Dr.-Ing. Bernhard Munterschmidt
Vorstand
Schramm Werkzeugmaschinen AG

Auf der im Inneren des so beschriebenen Briefumschlags befindlichen Einladung steht dann handschriftlich mit Tinte oder gegebenenfalls auch mit dem Computer eingetragen unter dem Vordruck „Ferdinand Mühlenstreit bittet“ *Herrn Dr. Bernhard Munterschmidt und Frau Cornelia Munterschmidt* ... etc.

Das früher übliche „Herrn und Frau Dr. Bernhard Munterschmidt“ gilt heute vielen als frauenfeindlich. Und da die Nachnamen der verheirateten Frauen heute manchmal von den Namen ihrer Ehemänner abweichen, ist das Einsetzen beider Namen praktisch und höflich.

Auch die Frage, ob Mann oder Frau zuerst genannt wird, wird unterschiedlich beantwortet. Früher wurde der Mann als erster genannt. Nicht, weil er etwa als der Wichtigere angesehen wurde, im Gegenteil: Weil die Dame immer als die höchst zu Verehrende, als die vom Manne in jeder Situation zu Schützende galt, stellte man sie nicht an den Anfang, so ohne Schutz, ohne etwas davor. Der Grundsatz „Ladies first" galt und gilt nur dann, wenn es ein Vorteil ist, als erster irgendetwas zu machen oder zu bekommen oder wenn es eine Ehre bedeutet, zuerst genannt zu werden. Ansonsten schützt der Mann sie und sondiert, was etwa auch in der Regel zum Ausdruck kommt, dass *er* zuerst das Restaurant betritt, um zu schauen, ob er sie überhaupt dort hineinführen kann, oder dass er treppab vorneweg geht, um sie gegebenenfalls beim Sturz aufzufangen.

Mit anderen Worten, der Gastgeber macht nichts falsch, wenn er den Namen des männlichen Teils eines Ehepaares zuerst anführt, wenn jener es ist, der aufgrund seiner Beziehung zum Unternehmen in erster Linie eingeladen wird. Etwas anderes ist es, wenn die Eingeladene eine Frau ist, die ihren Ehemann oder Freund als Begleiter mitbringt. In diesem Fall würde man die Einladung richten an: „Frau Helene Wörgel und Herrn Thomas Stahl". Vielfach wird einfach eingeladen mit den Worten: „Frau Helene Wörgel und Begleitung".

Das ist eine Art der Einladung, die sich heute kaum mehr vermeiden lässt. So ganz korrekt ist sie nicht. Korrekt vonseiten des gastgebenden Unternehmen wäre es, wenn ein Mitarbeiter oder eine Mitarbeiterin vor dem Event telefonisch Verbindung zu Frau Wörgel aufnimmt, dieser die Einladung zum Event ankündigt und sich erkundigt, ob es einen Ehemann gibt (falls dies dem Unternehmen nicht bekannt ist) oder wen sie als Begleiter eingeladen zu wissen wünscht. Nur wenn die Angesprochene (noch) keine Angaben hierzu machen kann oder will, ist, streng genommen, der handschriftliche Eintrag „Frau Helene Wörgel und Begleitung" erlaubt.

Wenn ansonsten der telefonisch abgefragte Wunsch auf der Einladung beachtet wird, freut und ehrt das die angesprochene Teilnehmerin natürlich ebenso wie ihren Begleiter. Dies sind die wichtigen Kleinigkeiten guten Stils.

Durchführung

Bei der Durchführung von Unternehmens-Events gilt es, Stil und Etikette betreffend eine Menge zu beachten.

✧ Umgang mit den Gästen

Hierbei werden selbst von bedeutenden Unternehmen und gebildeten, kultivierten Mitarbeitern häufig Fehler gemacht. Man muss sich darüber im Klaren sein, dass schon ein kleines Event das Unternehmen ohne Weiteres 25.000 bis 50.000, ein größeres leicht auch weit über 100.000 Euro kosten kann. Es ist ein Jammer, wenn vor dem Hintergrund dieser gewaltigen Ausgaben Unaufmerksamkeiten vonseiten der Gastgeber zu Peinlichkeiten und zur Unzufriedenheit der Gäste führen.

Ich rate deshalb dazu, vor jedem Event eine entsprechende Mitarbeiter- beziehungsweise Teilnehmer-Schulung vorzunehmen. Diese Schulung sollte in Unternehmungen, die ihre Produkte an Schlüsselpersonen verkaufen, die für große Bestellungen zuständig sind, auch dazu benutzt werden, dass die entsprechenden Verkaufsmitarbeiter belehrt werden, wie man „vornehm verkauft". Das heißt, die am Event teilnehmenden Vertriebsmitarbeiter müssen lernen, dass diese Firmen-Veranstaltung eine gute Möglichkeit darstellt, gerade solche potentiellen Kunden auf einen Termin anzusprechen, die man erfahrungsgemäß schlecht oder gar nicht telefonisch erreichen kann und die sich bei der Gewährung von Gesprächsterminen eher zurückhaltend zeigen.

Ähnlich, wie der Tischherr verpflichtet ist, sich auf gesellschaftlichem Parkett, etwa bei besonders kultivierten Essensgesellschaften oder auf großen Bällen, um seine Tischdame zu kümmern, ihr, wo es nur geht, behilflich zu sein und sie zu unterhalten, so ähnlich muss auch der Mitarbeiter der gastgebenden Firma den ihm zugeteilten Gästen zu Diensten sein, sie unterhalten und bei Laune halten.

Die gute Betreuung beginnt bereits mit der Zusendung der Einladung. Vielfach hat der Empfänger dazu noch Fragen. Es kann ja zum Beispiel sein, dass er statt der dort aufgeführten Ehefrau seine Tochter oder einen Kollegen mitbringen möchte, was der Gastgeber, schon allein, um keine Fehler bei der Tischordnung zu machen, wissen muss. Ebenso ist denkbar, dass der Eingeladene sich dafür interessiert, ob wohl dieser oder jener ihm bekannte Mitarbeiter der gastgebenden Unternehmung dabei sein wird. Es empfiehlt sich also, auf der Einladung einen Ansprechpartner für Rückfragen zu vermerken. Diese Person muss dann natürlich auch gut erreichbar sein. Am besten geeignet ist dafür im Allgemeinen der Chef der PR-Abteilung des gastgebenden Unternehmens beziehungsweise seine Sekretärin oder auch die Sekretärin des Geschäftsführers oder Vorstands, der es übernommen hat, sich als Projektleiter um dieses Event zu kümmern.

Die wichtigen Fragen zum Umgang mit Gästen betreffen das Event selbst: Häufig prunken die Unternehmen mit besonderen Leistungen, wie Valet Parking, mit einem Geschenk beim Empfang, mit einem erlesenen Buffet und erstklassiger Unterhaltung. Aber ich möchte dazu aufrufen, bei solchen Angeboten an den Gast auch für ausreichende Kapazitäten zu sorgen. Wenn das Valet Parking, also das Wegbringen des Autos durch ein Team von Leuten, die für diesen Zweck angeheuert wurden, nicht reibungslos klappt, etwa nicht ausreichend viele Fahrer zur Stelle sind, dann sollte man ein solches Angebot lieber nicht machen.

Ein Gastgeschenk zu Beginn der Veranstaltung belastet den Gast zunächst einmal, insbesondere im Sommer, wenn er keine Garderobe hat und die Geschenktüte nicht abgeben kann. Also besser kein Geschenk verteilen, als dieses beim Eintritt der Gäste in die Event-Location auszugeben.

Statt das Buffet so auszurichten, dass sich 15 Meter lange Schlangen bilden, sollte man lieber auf Fingerfood ausweichen, das von Servierkräften verteilt wird. Die schmackhaftesten Köstlichkeiten verlieren ihren Reiz, wenn man nur schwer an sie herankommt.

Und sofern die technische Ausstattung nicht ausreichend ist, verzichtet man besser auf ein umfangreiches Unterhaltungsprogramm, als dieses so durchzuführen, dass es nur die Hälfte der Anwesenden versteht.

Fehler dieser Art werden begangen, wenn das gastgebende Unternehmen in der Planung des Events nicht gründlich war und die Mitarbeiter nicht ausreichend auf ihre selbstverständlichen Pflichten aufmerksam gemacht wurden.

So muss jeder Gast von einem hohen Repräsentanten des gastgebenden Unternehmens begrüßt werden. Da auf solchen Veranstaltungen häufig mehrere hundert Gäste anwesend sind, ist die Ausgabe von Namensschildchen sinnvoll, die sich jeder Gast an die Brust stecken soll. Bei der Herstellung dieser Schildchen ist darauf zu achten, dass alle Reklamezusätze, wie zum Beispiel die Bezeichnung des Events auf dem Schild „24. Best Print Award" oder Ähnliches zu vermeiden sind. Auch die gastgebende Firma ist nicht zu nennen. Denn all das kostet wertvollen Platz auf dem Schildchen, den man braucht, um mit etwa 20 bis 26 Punkt Schriftgröße dick und deutlich den Namen des Gastes auf dem Schild so festzuhalten, dass ihn auch ältere Leute ohne Brille sofort erkennen können.

Die Schildchen sind natürlich vor allem für die Repräsentanten des Gastgebers von Vorteil, denn nun kann es für sie nicht peinlich werden, sollten sie einen Gast nicht sofort erkennen. Das ist besonders für jenen Mitarbeiter hilfreich, der als hoher oder höchster Repräsentant in der Eingangshalle steht und jeden Gast per Handschlag begrüßt. Das wird er als Gastgeber selbst dann tun, wenn er den Gast noch nie gesehen hat. Denn man geht in dieser Situation davon aus, dass der Gast dem Unternehmen bekannt ist, sonst wäre er nicht eingeladen.

Wenn es bei einem Event eine Sonderbehandlung für VIP-Gäste gibt, so sollten diese mit der Übernahme ihres Schildchens auch ihr VIP-Bändchen um den Arm bekommen oder ein anderes möglichst nicht besonders auffälliges Erkennungszeichen für die Türsteher am Eingang der VIP-Lounge. Diese VIP-Gäste sollten dann aber auch direkt nach der Begrüßung von einem der Mitarbeiter des gastgebenden Unternehmens in Empfang genommen werden. Dieser Mitarbeiter oder, natürlich besonders nett, diese Mitarbeiterin sollte sich dem Gast vorstellen und ihm sagen, dass er oder sie ihn am heutigen Abend betreue und den ganzen Abend für ihn da sei. Das ist eine Ehrenaufgabe für die wichtigsten Mitarbeiter im Unternehmen. Das Unternehmen ernennt idealerweise denjenigen zum Ehrenbegleiter, der bereits mit dem VIP-Gast in Kontakt stand.

Wer letztlich wen betreut, muss in einer vorbereitenden Sitzung eingeteilt werden, zu welcher alle Mitarbeiter, die Aufgaben auf dem Event übernehmen, eingeladen werden. Anhand der Zusagen-Liste kann jedem Mitarbeiter die Betreuung von ein bis zehn Gästen beziehungsweise Ehrengästen übertragen werden.

Asiaten sind in diesen Dingen sehr vorbildlich. Sie machen sich als Ehrenbegleiter oder überhaupt als Mitarbeiter des gastgebenden Unternehmens häufig durch eine Blume im Knopfloch für die Gäste erkennbar. Das ist ein nachahmungswürdiger Brauch. So können zum Beispiel die eigenen Mitarbeiter durch eine Krawatte und ein der Krawatte entsprechendes seidenes Halstuch für die weiblichen Mitarbeiter kenntlich gemacht werden. Diese Accessoires können in den Farben der Firma gehalten sein und eventuell das Logo enthalten. Weitere Möglichkeiten sind Einstecktücher aus Seide oder eine Swatch-Uhr mit einem gelben Armband oder einfach andersfarbige Namensschilder.

Den Mitarbeitern ist vor Beginn der Veranstaltung zu erläutern, dass die Gastgeber-Pflichten Ehrenpflichten sind, dass sie also nicht als Saaldiener oder Hostessen missbraucht werden sollen. Die Mitarbeiter sind in ihrer dem Gast dienenden Eigenschaft Botschafter des Unternehmens. Das müssen sie vorher wissen. Wer als Mitarbeiter, besonders auch als leitender Mitarbeiter seines Unternehmens keine Freude an diesen Gastgeber-Pflichten hat, der sollte für das Event gar nicht eingeplant werden. Nichts ist schlimmer für den Gastgeber, als mitansehen zu müssen, wie die eigenen Kollegen und Mitarbeiter in Grüppchen zusammenstehen, die Kurve zum Gespräch mit den Kunden und Gästen nicht kriegen und mangels vorheriger Schulung ihre Unsicherheit und Langeweile nicht verbergen können.

✧ Chancen zur Geschäftsvertiefung nutzen

Mit einer herzlichen Betreuung erreicht das Event erst seine notwendige Effizienz. Denn die Betreuer gewinnen an diesem Abend ein enges Verhältnis zu „ihren" Ehrengästen. Wenn diese Gäste potentielle Kunden beziehungsweise Repräsentanten potentieller Kundenunternehmen sind, ist es für die Betreuer leicht, im Laufe der Veranstaltung das eine oder andere Wort über die angestrebte oder laufende Geschäftsbeziehung zu verlieren und sich auf einen Geschäftsbesuch für demnächst zu verständigen.

Dabei sollte der um das Kundenvertrauen werbende Mitarbeiter des gastgebenden Unternehmens jedoch nicht der Versuchung erliegen, sich mit dem potentiellen Kunden im Detail über das mögliche Geschäft zu unterhalten. Das ist deshalb gefährlich, weil der Mitarbeiter in dieser Situation nie die ungeteilte Aufmerksamkeit des Gastes auf sich zu ziehen imstande ist. Der Mitarbeiter, der das Interesse des Kunden zu gewinnen trachtet, sollte nur einen Termin für ein geschäftliches Treffen fixieren.

Um dieses Ziel zu erreichen, muss der Mitarbeiter den Gast irgendwann im Laufe des Abends auf seinen Besuchswunsch ansprechen. Dies sollte nicht zu früh geschehen. Der Mitarbeiter sollte sich erst das Vertrauen seines Gastes erworben haben. Es darf allerdings auch nicht zu spät geschehen, etwa, wenn der Gast schon Vorbereitungen zur Verabschiedung trifft. Denn in einer solchen Situation sind Unterhaltungen über einen gewünschten Geschäftsbesuch nicht mehr unbedingt passend.

Vielmehr kann der Mitarbeiter, nachdem er sich durch Fragen nach den beruflichen Belangen des Gastes als angenehmer Gesprächspartner erwiesen hat, das Gespräch in die ihm passende Richtung bringen. Er kann ihm sagen, dass er sich freue, heute Abend die Gelegenheit zu haben, sich so ausführlich mit ihm, dem Gast, zu unterhalten, dass er mit Bewunderung und Respekt dessen Leistungen für die Firma beobachte und dass es in seiner, des Gastgebers, Firma neue Entwicklungen gebe, die den Gast interessieren könnten.

Ich möchte davor warnen, in diesem Gespräch diese neuen Entwicklungen schon zu benennen oder gar ausführlich zu beschreiben. Wenn der um einen Termin werbende Betreuer das tut, gibt es möglicherweise keinen Grund mehr für ein Gespräch beim Kunden. Deshalb rate ich jedem, der auf einem Event eine Terminvereinbarung vorbereiten möchte, den Gesprächspartner lediglich neugierig zu machen und auf Nachfragen nur mit der Erwiderung zu reagieren, in dieser Fest-Atmosphäre seien tiefergehende Erklärungen schwierig, man solle das doch lieber dem geplanten Gespräch vorbehalten.

Wichtig, insbesondere bei potentiell neuen Kunden, ist, dass man die Visitenkarte des Gastes erhält. Nicht, um an dessen Daten zu kommen. Die kriegt man auch über das Internet oder die Sekretärin. Es ist vielmehr so, dass ein Mensch, der einem anderen seine Karte mit seiner Firma, Adresse und Telefonnummer überreicht hat, Letzterem nie böse sein wird, wenn dieser ihn anruft, um einen Termin zu vereinbaren. Er hat ihm schließlich selbst seine Visitenkarte gegeben.

Die einfachste Art, den Gesprächspartner dazu zu bringen, seine Visitenkarte zu überreichen, ist, die eigene zu übergeben. Jeder höfliche Gesprächspartner wird daraufhin ein Gleiches tun. Sollte der Gesprächspartner keine entsprechenden Anstalten machen, kann man ruhig nachfragen: „Haben Sie vielleicht auch eine Visitenkarte für mich?“

Vielfach hat der Angesprochene jedoch keine Karte bei sich. Er entschuldigt sich in solchen Fällen häufig mit den Worten: „Ich glaubte, heute Abend bräuchte ich keine Visitenkarten mehr.“ Das ist eine billige und gleichzeitig dümmliche Entschuldigung, ein grober Business-Etikette-Fehler. Denn wo braucht ein Geschäftmann die Visitenkarten dringender als auf einem Business-Event, das doch fast ausschließlich dem Knüpfen von Kontakten dient?

In diesem Fall kann der Betreuer einen kleinen Block aus der Tasche ziehen und sich Name, Telefonnummer, E-Mail-Adresse und den Namen der Sekretärin notieren. Auch diese Prozedur bleibt dem Gast so haften, dass er dem Betreuer seinen späteren Anruf nicht mehr übelnehmen kann.

Darüber hinaus empfiehlt es sich, den Gast zu bitten, seiner Sekretärin doch vorab schon zu sagen, dass man wegen eines Termins anrufen werde. Vielleicht könne er dann mit der Sekretärin den Termin festmachen und brauche den Gast gar nicht zu stören.

Ob der Gast dann tatsächlich verfährt, wie vom Betreuer vorgeschlagen, und seiner Sekretärin den Anruf ankündigt, mag sehr zweifelhaft sein. Aber der Betreuer kann später der Sekretärin wahrheitsgemäß sagen: „Ach ich dachte, Herr Kuhn hätte Ihnen gesagt, dass wir einen Termin vereinbaren sollen. Das hatten wir nämlich beim Soundso-Event so besprochen". Dies wird die konkrete Terminvereinbarung erleichtern.

✧ Weitere Pflichten der Gäste und des Gastgebers

Es gibt noch eine weitere wichtige Pflicht, die die Mitarbeiter des gastgebenden Unternehmens häufig sträflich vernachlässigen: Obwohl genügend Service-Personal vorhanden ist, bleibt in einer Ecke des Festsaals den ganzen Abend schmutziges Geschirr stehen, es liegt Papier auf dem Boden oder die Aschenbecher werden nie geleert. Niemand bricht sich einen Zacken aus der Krone, wenn er sich nach einem Papier bückt und es in den Papierkorb wirft. Zumindest sollte umgehend das Service-Personal gebeten werden, die schmutzigen Teller oder Aschenbecher zu entfernen.

Ebenso sollte der Gastgeber dafür sorgen, dass die Toiletten zwischendurch gewartet und gesäubert werden. Insbesondere auf großen Veranstaltungen wird dieses Gebot des guten Stils manchmal missachtet.

Schließlich möchte ich noch an die Raucher appellieren, sich rücksichtsvoll zu verhalten. Ich glaube, dass viele Nichtraucher sich weniger an dem Rauch stören, als an der Rücksichtslosigkeit so manchen Rauchers, der seine Zigarette auf dem Fußboden ausdrückt oder brennend im Aschenbecher liegen lässt.

Eine weitere, sehr weit verbreitete Unart von Rauchern ist auch das Halten der Zigarette mit herabhängendem Arm in engen, vollen Räumen, zum Beispiel im Lokal. Hier müssen die Umstehenden ständig

Angst haben, der Raucher stoße sie mit seiner Zigarette an – gewiss aus Versehen, aber deswegen nicht weniger tragisch – und brenne ihnen ein Loch in die teure Anzughose. Inzwischen sind diese Probleme durch die drastischen gesetzlichen Maßnahmen nicht mehr so gravierend.

Die Einladung zum Geschäftsessen

Neben dem großen Firmen-Event werden im wirtschaftlichen Leben sehr häufig Essenseinladungen ausgesprochen, die sich an Geschäftspartner, Kunden und Kooperationspartner richten.

Einladungen zu einem Geschäftsessen finden häufig nach einer geschäftlichen Besprechung oder zwischendurch statt, etwa während einer Mittagspause. Man führt sie im Restaurant oder im eigenen Firmencasino, der exklusiveren Firmenkantine, durch. Häufig gehört einer der Geschäftpartner auch einem guten Wirtschaftsclub an. Solche Clubs sind in Berlin zum Beispiel der *China-Club*, der *Capital Club* und der *International Club*, in Hamburg der *Überseeclub*, in Düsseldorf und Dortmund der *Industrieclub*, in Frankfurt am Main die *Frankfurter Gesellschaft für Handel, Industrie und Wissenschaft*, der *Union Club International* und der *Airport Club* und in München der *Export-Club*. Diese Clubs dienen hauptsächlich dazu, sich ungestört und unbelauscht von Zaungästen zu unterhalten und dabei gut zu speisen.

Mitglieder solcher Vereinigungen bevorzugen häufig die Nutzung ihres Clubs, weil sie dort bekannt sind und wissen, dass sie sich auf Stil und Service verlassen können.

Abgesehen von den Tischmanieren, die beim Geschäftsessen ebenso zu beachten sind wie bei einem Essen im gesellschaftlichen Rahmen, existieren einige Regeln, die vor allem die Bestellung und das Bezahlen betreffen.

Die Bestellung

Es ist bei Geschäftsessen nicht immer von vornherein klar, wer Gastgeber und wer Gast ist. Bei Einladungen in das firmeneigene Casino ist die Situation eindeutig. Hier lädt ganz selbstverständlich derjenige ein, der dem Unternehmen angehört, das das Casino unterhält. Trotzdem gibt es auch hier Regeln zu beachten:

✧ Der Gast ist bescheiden

Der Gast hält sich mit Sonderwünschen zurück. Er vermeidet es, dem Gastgeber die Peinlichkeit zu bereiten, dass dieser – oder sein für das Casino beziehungsweise den Service dort zuständiger Mitarbeiter – eingestehen müsste, irgendeinen Wunsch nicht erfüllen zu können. Wenn also der Kellner fragt, ob der Gast als Aperitif lieber einen trockenen Sherry oder einen Gin Tonic trinken möchte, sollte der Gast nicht rückfragen, ob es nicht auch Sherry Medium Dry gäbe. Er darf Angebotenes freundlich ablehnen, aber keine Wünsche äußern, welche über das, was der Kellner oder auch der Gastgeber selbst anbieten, hinausgehen.

✧ Wer ist Gastgeber?

Im Restaurant ist die Auswahl meistens sehr groß, so dass solche Situationen kaum entstehen. Es ist für den Gastgeber auch nicht peinlich, wenn das Restaurant irgendetwas Ausgefallenes nicht führt. Hier kommt es allerdings nun entscheidend darauf an, wer überhaupt Gastgeber ist. Wer lädt ein? Wer ist Gast? In den meisten Fällen wird das vorher klar sein. Der Repräsentant des Unternehmens, das in der Stadt liegt, in welcher auch die Verhandlung stattfindet, ist eher der Gastgeber, als der angereiste Verhandlungspartner. „Hier bin ich zuhause, ich darf Sie herzlich zum Mittagessen einladen!" Das entspricht einer ungeschriebenen Vereinbarung. Oder der auswärtige Gast will es umgekehrt und hat das zuvor geäußert: „Jetzt haben wir Ihren wundervollen Kaffee in Ihrem Büro genossen, nun geben Sie mir bitte die Ehre, Sie zu Tisch bitten zu dürfen."

Wenn zwei aus derselben Stadt sich zu einem Gespräch verabreden und dies mit einem Mittagessen im Restaurant verbinden wollen, wird die Sache schon schwieriger, vor allem, wenn noch nicht klar ist, was das Ziel des Treffens sein soll.

Während sich der Gast immer bescheiden verhält und nie etwas bestellt, was im Preis über die tatsächliche oder mutmaßliche Bestellung des Gastgebers hinausgeht, ist das bei ungeklärter Gastgeberschaft schwierig. Es kommt darauf an, wer am Ende das Essen zu bezahlen beabsichtigt. Er würde es dem anderen natürlich leichter machen, wenn er ihm das rechtzeitig verraten würde. Es ist in Deutschland auch häufig so, dass jeder sein eigenes Essen bezahlt. Das ist ein bisschen spießig; erfahrungsgemäß gleichen sich bei großzügigen Menschen Geben und Nehmen auf längere Sicht immer aus.

✧ Wer bezahlt?

Deshalb rate ich dazu, sich in der Frage des Bezahlens daran zu orientieren, wer das Essen angeregt hat. Wer die Reservierung vorgenommen hat, der wird auch dem anderen spätestens vor dem Essen im Restaurant erklären: „Herr Müller, ich darf Sie herzlich einladen, seien sie mein Gast!"

Man kann auch, wenn sich aus der Anregung zum Essen nichts Klares ergeben hat, diese Angelegenheit vorher besprechen. Gerade wenn die beiden Geschäftspartner sich häufiger zum Essen treffen, kann man sich mit dem Bezahlen abwechseln.

Man sollte es jedoch keinesfalls darauf anlegen, dass der andere bezahlt. Es gibt da dreiste Zeitgenossen. Dies habe ich in meiner Eigenschaft als Personalberater tatsächlich sehr oft erlebt. Es gab Manager, die mich anriefen und sich mir bei einem Essen vorstellen wollten, weil sie sich so eine für sie vorteilhafte Berücksichtigung bei der Besetzung einer bestimmten Position erhofften. Ich habe diese Gesprächswünsche meistens angenommen aus einer Mischung aus Neugier und Hilfsbereitschaft heraus und der Hoffnung, dass der Betreffende vielleicht zufällig doch für einen Posten in Frage käme. Und sehr häufig haben diese Menschen, die ja schließlich honorarfreie Hilfe erbaten, es noch darauf angelegt, dass ich sogar das Essen bezahlte, was ich dann auch meistens getan habe. Dies bedeutete jedoch für jeden, der mich so reingelegt hatte, das Aus.

Ich möchte mit diesem Beispiel zeigen, dass es sich nie lohnt, andere auszutricksen. Fühlt das Gegenüber sich übervorteilt, war das ein

Pyrrhussieg, der den eigenen Interessen zuletzt mehr schadet als nützt. Der Gentleman streitet mit dem Essenspartner darüber, wer bezahlen *darf.*

Eine Dame als Gastgeberin

In diesen Zusammenhang fällt auch die Betrachtung, wie das Thema Bezahlung gehandhabt wird, wenn einer der Essensteilnehmer eine Dame ist. Dies kommt ja heutzutage oft vor.

Der Umgang mit Damen, die ihre Positionen in der Geschäftswelt ebenso erfolgreich ausfüllen wie die Männer, unterscheidet sich nur noch in Nuancen vom Umgang unter Herren. So wird man zum Beispiel bei hierarchischer Gleichrangigkeit die Dame immer als „ranghöher“ in dem Sinne betrachten, dass man ihr den Vortritt lässt, ihr als erster „Guten Tag“ sagt, ihr die Tür aufhält, ihr das Gepäck abnimmt, sie auf der rechten Seite gehen lässt usw.

Auf der anderen Seite haben die Forderungen vieler Frauen nach mehr Rechten zu manchmal merkwürdigen weiblichen Bezeichnungen geführt. So werden zwar Teilnehmerinnen, Managerinnen und Verbraucherinnen heute nicht mehr als lächerliche Verballhornung der Sprache aufgefasst, sondern von ernsthaften Menschen so bezeichnet, doch bekam ich kürzlich vom Präsidenten der *Deutschen Public Relations Gesellschaft* einen Rundbrief „An alle Mitgliederinnen und Mitglieder“! Noch sträubt sich zwar das Rechtschreibprogramm des Computers gegen „Mitgliederinnen“, aber wer weiß, wie lange noch?

Ich gehe allerdings davon aus, dass die meisten kultivierten Frauen eher auf einige „Emanzen-Vorteile“ verzichten und eine von männlichem Charme gekennzeichnete, höfliche Bevorzugung, wie ihre Mütter sie genossen, vorziehen. Diese Frauen wollen den Nachweis, dass sie den Männern ebenbürtig sind, nicht durch feminisierte Bezeichnungen und Öffnung von Männergesellschaften für Frauen bewiesen wissen. Sie „stehen ihren Mann“ vielmehr durch herausragende, den Karriere-Männern ohne Einschränkung vergleichbare Leistungen in Beruf und Gesellschaft.

Dazu kommen ja namentlich bei weiblichen Führungskräften noch ganz andere bemerkenswerte Eigenschaften, die man als weibliche Stärken typisieren kann und mit denen die Damen ihre männlichen Kollegen in viel überzeugenderer Form schlagen, als durch die Anpassung von Gruppenbezeichnungen an das weibliche Geschlecht. Weiblicher Führungsstil etwa, also die Fähigkeit, mit kluger Emotionalität und differenzierterer Tonalität ihre Mitarbeiter zu motivieren. Eigenschaften dieser Art bringen nicht nur vielen Frauen, die in führenden Funktionen in Unternehmen arbeiten, enorme Vorteile, sondern vor allem auch diesen Unternehmen selbst.

Schließlich haben Frauen häufig ganz andere Sensoren entwickelt, die es ihnen erlauben, Stimmungen besser zu erkennen und mit weiblicher Anpassungsfähigkeit den unterschiedlichen Gefühlen von Menschen Rechnung zu tragen. Die Frau ist seit Jahrhunderten Gastgeberin gewesen und hat, viel stärker als der Mann, gelernt, Fremde rasch einzuschätzen. Frauen lassen sich deshalb bis heute nicht so leicht blenden, wie ihre männlichen Artgenossen.

✧ Wenn man mit einer Dame zum Essen geht

Vor dem Hintergrund dieser Erkenntnisse, die natürlich auch auf den spezifischen Beobachtungen des Personalberaters beruhen, möchte ich mit ein bisschen Polemik und viel Lob, das ich Damen, die sich im gesellschaftlichen Leben und im Beruf behaupten, zuteil werden lassen möchte, auf die Frage zurückkommen, wie das denn nun mit dem Bezahlen ist, wenn man als Geschäftsmann mit einer Dame verabredet ist.

Eine kleine Anekdote dazu: Als ich mich neulich mit der Marketingleiterin eines bedeutenden norddeutschen Unternehmens zur Besprechung einer Partnerschaft zwischen meinem Institut für Stil und Etikette und ihrer Gesellschaft treffen wollte und sie in ihrem Büro aufzusuchen beabsichtigte, schlug sie vor, die Besprechung „beim Italiener um die Ecke“ mit einem Lunch zu verbinden.

Ich muss an dieser Stelle bemerken, dass ich erstens kein Freund von Mittagessen bin, weil mich Mittagsmahlzeiten am Nachmittag leicht müde werden lassen und weil fast jeder, auch ich, mit seiner Linie zu kämpfen hat. Zum anderen bevorzuge ich Besprechungen an einem Tisch, den man als Arbeitstisch nutzen kann, insbesondere, wenn man Konzepte und Pläne bespricht, die ein Teilnehmer der Besprechung zuvor erarbeitet hat und die dem anderen erläutert werden sollen. Esstische, die zu ihrem eigentlichen Zweck, zum Essen, gebraucht werden, eignen sich weniger dazu. Dann stehen Geschirr und Brotteller, Mineralwasserflaschen und Blumen auf dem Tisch und nehmen den Platz ein, der für die Arbeitsunterlagen bestimmt ist.

Schließlich pflegen sich Besprechungen, die bei Tisch stattfinden, auch viel länger hinzuziehen. Während man für eine normale geschäftliche Besprechung eine knappe Stunde Zeit einplanen sollte, kostet eine Lunch-Besprechung häufig zwei Stunden und mehr.

Aus all diesen Gründen mache ich selbst fast nie den Vorschlag, sich beim Mittagessen zu besprechen. Aber natürlich gehe ich darauf ein, wenn dieser Vorschlag an mich herangetragen wird, namentlich wenn es sich um einen Partner handelt, mit dem man eine Zusammenarbeit anstrebt oder schon unterhält.

Natürlich kann derjenige, dem der Vorschlag gemacht wurde, davon ausgehen, dass es sich dabei um eine Einladung handelt. Dies wird noch verdeutlicht, wenn die Geschäftspartnerin, die das Essen vorschlägt, anfügt, die Reservierung machen zu wollen in einem Lokal, das von den Kollegen in ihrer Firma sehr geschätzt werde.

Die alerte Dame aus meinem Beispiel hingegen wollte wohl ausprobieren, ob ich, als Mann, selbstverständlich die Rechnung übernehmen würde. Auch als wir längst alles Geschäftliche geklärt hatten, machte sie keinerlei Anstalten, um die Rechnung zu bitten, bis ich schließlich feststellte, dass ja nun alles besprochen sei. Darauf sagte sie: „Ach, Herr Fenner, jetzt würde mich ja sehr interessieren, wie das eigentlich *comme il faut* ist, wenn zwei Geschäftsleute, eine Frau und ein Mann, essen gehen: Wer bezahlt dann?“ Eine solche Frage ist natürlich im dargestellten Falle keinesfalls gestattet.

Die Antwort lautet, dass im Geschäftsleben zwischen Frau und Mann hinsichtlich des Bestellens und Bezahlens kaum noch ein Unterschied besteht. Es bestellt immer der- oder diejenige, der oder die eingeladen hat, und diese Person bezahlt auch. Ausnahmen können natürlich nach Absprache immer gemacht werden, aber – und das ist eine Grundregel des guten Stils – fordern Gentlemen und Damen von Welt niemals das Begleichen der Rechnung durch den anderen ein. Sie können nur mit Eigenverpflichtungen argumentieren, etwa: „Heute bin *ich* aber mal dran!"

Was man bei einem Geschäftsessen noch beachten sollte

Die allgemeinen Höflichkeits- und Etiketteregeln, die im gesellschaftlichen Umfeld gelten, finden auch beim Geschäftsessen Anwendung:

(a) Der Herr zieht das Jackett nicht aus, bevor der Ranghöchste nicht dazu aufgefordert oder die „Marscherleichterung" zumindest anheim gestellt hat.

(b) Man beginnt nicht zu essen, bevor nicht alle Teilnehmer das Bestellte vor sich haben. Erst wenn der Ranghöchste beginnt, können auch die anderen anfangen. Diese Regel erfährt eine Ausnahme, wenn das Lokal nicht in der Lage ist, die Speisen zum gleichen Zeitpunkt zu servieren, oder wenn die Tischgenossen bitten, doch bitte schon zu beginnen, damit das Essen nicht kalt werde.

(c) Verspätet sich einer der Gäste, stehen alle kurz zur Begrüßung auf. Der neu Hinzugekommene grüßt jeden einzelnen, sollten sich die Beteiligten an diesem Tag noch nicht gesehen haben. Ist der verspätet hinzukommende Essensgast den meisten Anwesenden unbekannt, so wird derjenige, der den Neuankömmling kennt, ihn den anderen vorstellen. So man sich schon beim Essen befindet, geschieht dies, indem er zur sitzenden Runde sagt: „Das ist Herr Neu vom Deutschen Journalisten-Verband." Dabei deutet er auf den neuen Gast und fährt, auf die übrigen Teilnehmer deutend, fort: „Frau X, Herr Y, Herr Z".

(d) Selbstverständlich gelten bei Tisch alle Regeln der Tischetikette, wie bei jedem anderen Essen auch (siehe Kapitel 3, „Tischetikette", Seite 27).

(e) Das Bezahlen sollte möglichst unauffällig erfolgen. Wenn der Gastgeber im Restaurant bekannt ist, kann er sich die Rechnung eventuell ins Büro schicken lassen und zeichnet sie nach dem Essen nur unauffällig ab. Vielleicht will er sich auch vor dem Aufbruch noch rasch die Hände waschen und kann auf diese Weise die Rechnung auf dem Weg zur Toilette bestellen und auf dem Rückweg bezahlen. Es ist aber durchaus kein Fehler, die Rechnung diskret am Tisch zu begleichen.

(f) Der eingeladene Gast beschwert sich niemals über das Essen. Er würde damit dem Gastgeber den Vorwurf machen, nicht das richtige Lokal ausgewählt zu haben. Und dies wäre schlechter Stil.

7. Kapitel: Business-Etikette – Am Telefon

„Hier ist Herr Lange. Und zwar geht es um Ihr Konto ..." So oder so ähnlich hört sich häufig die Eröffnung eines Telefondialogs zwischen Bankbetreuer und Kunde an. Doch bereits in diesem kurzen Satz hat Herr Lange zweimal gegen die Regeln des guten Stils verstoßen.

Denn: Niemals bezeichnet sich ein Mann selbst als „Herr". Bessere Möglichkeiten sind: „Hier ist Lange", „Hier ist Helmut Lange" oder auch „Commerzbank, Lange".

Unmöglich, aber offensichtlich unausrottbar sind auch entsprechende Namensschilder am Schalter oder der Bürotür und Ansteckschildchen auf dem Revers mit der Aufschrift „*Herr* Müller".

Anders, wenn auch etwas aus der Zeit, ist das bei Damen: Diese können sich durchaus am Telefon mit „Hier ist Frau Piesepampel" melden. Schön ist das jedoch nicht. Auch bei Damen ist offener, herzlicher und einfach hübscher: „Hier ist Irene Piesepampel" oder „Irene Piesepampel, Guten Tag!"

Der zweite Fehler des Bankangestellten Lange bei seinem Telefonat lag in der Eröffnung seiner eigentlichen Ausführungen mit „und zwar". Darauf braucht man nicht einzugehen? Das ist selbstverständlich? Eigentlich. Aber kontrollieren Sie sich besser, denn ich habe mitgezählt: 35 von 100 Telefongesprächen mit nicht leitendem Personal beginnen mit „und zwar".

Das effiziente, stilsichere Telefonat

Ein paar Dinge gilt es bei geschäftlichen Telefonaten zu beachten. Konzentrieren Sie sich vor allem auf das Folgende:

- ✧ Was ist der Grund, der Zweck des Anrufs?
- ✧ Welche Botschaft soll übermittelt werden?
- ✧ Welcher Entschluss soll angekündigt werden beziehungsweise wozu soll der Angerufene aufgefordert werden?
- ✧ Wichtig: der Gruß zu Beginn und Ende des Telefonats

Wird dies beachtet, ergibt sich für 98 Prozent aller Telefonate, Briefe und E-Mails im Geschäftsleben diese Struktur:

1. **Vorstellung und Gruß:** „Hier ist Helmut Lange von der Commerzbank in Buxtehude, Guten Tag Herr Müller!"
2. **Bezug:** „Ich rufe wegen der Überweisung Ihrer Miete an die Immo-Bau an." Oder:
   „Unsere Bank hat eine Aufklärungskampagne über sichere Kapitalanlage-Möglichkeiten gestartet." Oder: „Ich wurde von meinem Kollegen, Herrn Huber, gebeten, Sie zurückzurufen."
3. **Botschaft:** „Auf der Überweisung fehlt leider die Konto-Nummer Ihres Vermieters." Oder: „Ich würde Sie gerne zu einem Beratungsgespräch besuchen." Oder: „Gerne bin ich nun für Sie zu sprechen."
4. **Entschluss/Aufforderung:** „Wenn Sie gestatten, trage ich die Konto-Nummer ein, an die Sie immer überweisen." Oder: „Ich würde, wenn es Ihnen passt, gerne am Freitag zu Ihnen kommen." Oder: „Dann erledige ich das jetzt so, wie Sie es mir gesagt haben."
5. **Abschied:** „Auf Wiedersehen, Herr Müller, bis Montag also."

Anrufbeantworter und Rückruf

Zu den guten Sitten im Umgang mit dem Telefon gehört inzwischen, dass man entweder erreichbar ist oder einen Anrufbeantworter/eine Mailbox aktiviert hat. Es hat sich zum guten Stil entwickelt, dass man Anrufer, die man kennt und die darum gebeten haben, auch zurückruft. Höfliche (und manchmal auch neugierige) Zeitgenossen tun das sogar, wenn sie nur die Rufnummer eines unbekannten Anrufers unter „Anrufe in Abwesenheit" finden. Als unprofessionell und unhöflich werden heute Menschen empfunden, die sich telefonisch tot stellen, die also das Handy abgeschaltet und keine Mailboxfunktion eröffnet haben. Auch das grundsätzliche Nicht-Entgegennehmen von Anrufen, um nach Anhören der Mailbox erst zu entscheiden, ob man überhaupt mit der Person sprechen möchte, ist unhöflich.

Wie man sich meldet

Das Melden am Telefon mit „Ja!?", ohne Namensnennung, ist umstritten. In England und Amerika gilt dies nicht als unhöflich. Schließlich ist es ja eigentlich erstmal Sache des Anrufers, seine Identität offenzulegen. Dennoch hat sich in Deutschland seit langer Zeit die (höfliche) Sitte durchgesetzt, dass sich Angerufene mit ihrem Namen melden. Der höfliche Anrufer, der sich verwählt hat, wird dies dem Angerufenen mit der Bitte um Entschuldigung mitteilen. Und was ist schon dabei, auch mal einem wildfremden Anrufer seinen Namen zu nennen? Keinesfalls jedoch – dies sei an dieser Stelle nochmals wiederholt – sollte auf die Frage des Anrufers: „Ich möchte Herrn Schmidt sprechen, wer ist denn da?" mit „Hier ist *Herr* Müller" geantwortet werden. Man bezeichnet sich niemals selbst als „Herr".

Der Angerufene tut im Übrigen gut daran, seinen Namen erst dann zu nennen, wenn er sicher sein kann, dass der Anrufer ihn auch hört. Zu oft muss man sich als Anrufer mit der zweiten Silbe des Namens des Angerufenen begnügen. Statt „Kaufmann" kriegt man nur mehr „-mann" zu hören, namentlich dann, wenn der Angerufene zur Durchschaltung der Verbindung nicht nur abnehmen, sondern außerdem einen Knopf drücken muss. Insbesondere im geschäftlichen Telefonverkehr wirkt das unprofessionell.

Auch das Kappen der Verbindung, bevor der Anrufer ausgesprochen hat, ist von Übel. Will zum Beispiel der Anrufer der Vermittlung sagen: „Ich möchte gerne Frau Bäume sprechen. Aber vielleicht können Sie mir vorab noch sagen, wie ich in Zukunft Frau Bäume direkt oder wie ich ihre Sekretärin erreiche", hat die Vermittlung häufig schon nach „... Frau Bäume sprechen" „ich verbin-" in den Hörer gerufen und weder den Anrufer noch sich selbst aussprechen lassen. Auch das ist unhöflich.

Keine langen Geschichten

Gegen den guten Stil und die Telefon-Etikette verstößt allerdings auch, wenn ein unbekannter Anrufer dem Angerufenen lange Geschichten erzählen will, die dieser mutmaßlich gar nicht hören möchte.

Ebenso zeugt es von schlechten Manieren, auf penetrante Weise in schlechten Telefonvertriebs-Lehrgängen eingeübte Fragen zu stellten, die vom Angerufenen mit „ja" beantwortet werden sollen, mit dem Ziel, diesem ein Verkaufsgespräch aufzudrängen. So fragen etwa Verkäufer von Steuersparanlagen, ob man auch Steuern sparen wolle, oder interessiert es Verkäufer von Rentenversicherungen, ob man seinen hohen Lebensstandard auch im Alter aufrecht erhalten wolle. Dies ist schlechter Stil! Wer seine Produkte nicht über deren Qualität verkaufen kann, sondern das unvorbereitete, überraschte Gegenüber psychologisch „fangen" möchte, sollte sich fragen, ob er mit seinen durchschaubaren Verkaufstricks langfristig nicht eher seinem Image schadet.

Keine leeren Rückrufversprechen

Die gröbste Unhöflichkeit, die vor allem Vorzimmerdamen gerne begehen, ist das Rückrufversprechen, für dessen Einlösung nicht gesorgt wird. Sekretärinnen geben dieses Versprechen häufig ab, um ihren Chef zu „schonen". Dieser soll anhand des Telefonzettels selbst entscheiden, ob er den Anrufer mit dem von der Sekretärin leichtfertig versprochenen Rückruf bedenkt oder nicht. Die Sekretärin gibt sozusagen ein Versprechen zu Lasten ihres Chefs ab, für dessen Einlösung sie sich dann nicht mehr verantwortlich fühlt.

Höfliche Vorgesetzte, die auf Etikette im Büro achten, sollten ihre Sekretärin bitten, den Anrufer erneut zu kontaktieren, um ihm mitzuteilen, dass er dessen Angebot/Anfrage nicht/zur Zeit nicht weiter nachgehen möchte.

Wann darf die Mobilnummer benutzt werden?

Doch auch der Anrufer muss sich gewissen Regeln unterwerfen, wenn er sich am Telefon höflich und stilvoll verhalten will.

Erhält man etwa eine Visitenkarte, auf der *auch* die Mobilnummer vermerkt ist, so bedeutet das noch lange nicht, dass man diese – unter Umgehung des Vorzimmers – einfach benutzen kann. Zumindest sollte man das vorher klären. Diese Nummer wurde ja in erster Linie für die Kunden auf der Visitenkarte vermerkt, die den auf der Karte genannten jederzeit erreichen können sollen. Ein potentieller Lieferant sollte die Mobilnummer hingegen nicht leichtfertig benutzen, sondern den üblichen Weg über die Vorzimmerdame nehmen und allenfalls mit dieser klären, unter welchen Umständen er die Mobilnummer nutzen darf.

Bemerkt man, dass der Angerufene sich gerade im Auto befindet, sollte man ihn nicht zu fortgesetzter Regelübertretung verführen, sondern sich entschuldigen, nach einer passenderen Zeit fragen und rasch abbrechen.

„Raten Sie mal"

Ebenfalls unhöflich ist der Verzicht auf die Nennung des eigenen Namens, gefolgt von der Frage an den Angerufenen: „Wissen Sie denn nicht, wer ich bin?" Höflichkeit bedeutet, andere nicht in unangenehme Situationen zu bringen. Genau dies tut jedoch ein Anrufer, der meint, er verdiene so große Wertschätzung, dass man ihn an seiner Stimme erkennen müsse.

Dies gilt übrigens auch für Situationen des direkten Kontakts, wo ein dem Gegrüßten Unbekannter insistiert: „Na, erinnern Sie sich denn gar nicht mehr an mich? Sagen Sie schon, wer ich bin!" Der Unbekannte oder nicht Erkannte macht mit diesem, scheinbar nur für den Gescholtenen peinlichen Gehabe einen schweren Fehler: Indem er zeigen möchte, dass er das bessere Gedächtnis besitzt, verärgert er sein Gegenüber und bringt es in eine unangenehme Situation. Und er verkennt in vielen Fällen seine eigene Bedeutungslosigkeit. Wäre es anders, hätte ihn der Angesprochene gewiss nicht aus dem Gedächtnis verloren.

Warteschleifen und Musik

Warteschleifen am Telefon und die dabei eingespielte Musik lassen sehr häufig auf schlechten Stil und mangelhaften Geschmack der verantwortlichen Büros und Unternehmen schließen.

Denn Warteschleifen sind ärgerlich und verlogen. Wenn eine Stimme, die so unnatürlich „schön" klingt, dass man ihr am liebsten sofort eins um die Ohren geben würde, immer wieder mitteilt, alle Annahmeplätze seien belegt, und es stimmt, dann macht das Unternehmen einen Servicefehler: In diesem Fall ist die Zahl der eingerichteten Annahmeplätze zu gering. Wenn dem nicht so ist, bedeutet dies, es wird gelogen, dass sich die Balken biegen. Will man dieses Image als Unternehmen?

Um die Pausenmusik mit den Spieluhrentönen, die mitten am Tage Mozarts „Kleine Nachtmusik" in unerträglichem Dilettantismus verballhornen, zu ertragen, muss man als Anrufer schon starke Nerven haben. Vor allem, wenn die Melodie nach sechs Takten wieder von vorne anfängt. Es bleibt einem ja nichts anderes übrig, als hinzuhören; sonst verpasst man am Ende den sehnsüchtig erwarteten Sachbearbeiter. Warum ist guter Stil vielen Häusern nur so gleichgültig?

8. Kapitel: Business-Etikette – Brief und E-Mail

In der schriftlichen Kommunikation gilt grundsätzlich der gleiche Aufbau wie in einem gut strukturierten Telefongespräch. Auch hier sollten folgende Punkte bedacht werden:

- Was ist der Grund, der Zweck des Anrufs?
- Welche Botschaft soll übermittelt werden?
- Welcher Entschluss soll angekündigt werden beziehungsweise wozu soll der Angerufene aufgefordert werden?
- Wichtig: der Gruß zu Beginn und Ende des Briefes/der E-Mail

Die überwiegende Zahl aller Briefe und E-Mails folgt dieser natürlichen Struktur:

1. **Adresse:**
   Herrn Rechtsanwalt
   Dr. Hartmut Ratefalsch
   Otto-von-Gierke-Straße 100
   27304 Posemuckel
2. **Datum - Betreff - Anrede:**
   Berlin, den 21. Februar 2009

   Veräußerung der Firma Feuer und Flamme GmbH

   „Sehr geehrter Herr Rechtsanwalt Dr. Ratefalsch," oder:
   „Sehr geehrter Herr Dr. Ratefalsch,"

3. **Bezug:**
„Aufgrund Ihres Schreibens von 15. April 1002 habe ich …" oder:
„Gestatten Sie mir, auf Ihr Schreiben vom 15. April Bezug zu nehmen …" oder:
„Unsere Bank hat eine Aufklärungskampagne zu sicheren Kapitalanlagemöglichkeiten gestartet."
Hinweis: Der Beginn eines Briefes mit „Ich" ist zwar sehr verbreitet, gehört sich aber eigentlich nicht.

4. **Botschaft:**
„Auf der Überweisung fehlt leider die Konto-Nummer Ihres Vermieters." Oder:
„Ich würde Sie gerne zu einem Beratungsgespräch besuchen."

5. **Entschluss/Aufforderung:**
„Ich gehe von Ihrem Einverständnis aus, dass ich die Konto-Nummer eintragen soll, an die Sie immer überweisen." Oder:
„Ich möchte Ihnen den nächsten Freitag als Termin für ein gemeinsames Gespräch vorschlagen." Oder:
„Dann werde ich nunmehr in Ihrem Sinne verfahren und zunächst die weitere Prozessentwicklung abwarten."

6. **Grußformel:**
„Mit freundlichen Grüßen" oder
„In diesem Sinne grüße ich Sie herzlich und mit verbindlichen Empfehlungen"
Concordia AG
Wladimir Indolenz

Es grüßt bei Institutionen die Firma, darunter unterschreibt der Verfasser des Briefs. Schreibt den Brief die Firma, ist die Verwendung der Wir-Form üblich. Allerdings setzt sich, namentlich in Briefen und E-Mails leitender Angestellter, mehr und mehr die Ich-Form durch, wenn sich der Brief auf persönliche Absprachen und Verhandlungen bezieht. Man kann also getrost diese beiden Formen miteinander vermischen und in der Wir-Form schreiben, wenn sich der Inhalt auf die Firma bezieht, und in die Ich-Form wechseln, wenn man sein persönliches Handeln oder seine persönliche Meinung darstellt.

Bescheidenheit und Anerkennung

Bei der schriftlichen Kommunikation (in Deutschland) gilt noch mehr als am Telefon der die persönliche Bescheidenheit dokumentierende Grundsatz, dass man schriftliche Übermittlungen nicht mit „Ich“ beginnt. Also nicht:

„Sehr geehrter Herr Schneider, *ich* beziehe mich auf Ihren Brief ...“, sondern:

„Sehr geehrter Herr Schneider, vielen Dank für Ihren Brief, auf den ich mich beziehe.“

Oder (geschäftlich): „Gestatten Sie mir, mich auf Ihren Brief vom 13.1.2009 zu beziehen.“

Bei Brief und E-Mail sollte man auch auf die Anrede und die Grußformel sowie bei Geschäftspost auch auf das Adressfeld achten. Nach meinem Empfinden ist auch in E-Mails die Listung des Adressaten („Herrn Dr. Theodor Miesmacher“), des Datums, des Betreffs sowie des Absenders mit Firma und Telefonnummer ein Akt der Höflichkeit und der Korrektheit. Denn wenn der Empfänger die E-Mail ausdruckt, kopiert und weitergibt, weiß jeder weitere Nutzer gleich, wer wem hier wann etwas mitzuteilen hatte. Wie oft entstehen zeitraubende Recherchen („Von wem und an wen ist das denn überhaupt?“), namentlich, wenn, wie in vielen E-Mails praktiziert, die Anrede fehlt.

Überhaupt gibt es keinen nachvollziehbaren Grund, warum in der E-Mail im Gegensatz zum Brief alle Ungenauigkeiten und Nachlässigkeiten erlaubt sein sollen, ja in manchen Kreisen gar als chic gelten. Warum bedienen sich Menschen, die das Abitur und zwei Staatsexamen absolviert haben und die wissen, dass die deutsche Sprache auch durch die Groß- und Kleinschreibung Klarheit schafft, in E-Mails bewusst einer falschen Kleinschreibung? Die deutsche Groß- und Kleinschreibung ist ein typischer Ausdruck höflichen Umgangs: Sie verlangt dem Übermittler der Botschaft die Mühe ab, durch das Großschreiben von Substantiven den Sinn seiner Erklärung für den Empfänger leichter verständlich zu machen. Dies gilt auch für die korrekte Verwendung von „das“ und „dass“, die vielfach vernachlässigt wird.

Adressfeld

Im Adressfeld heißt es „Frau“ oder „Herrn“, denn das Schreiben ist gerichtet an eine Dame oder einen Herrn (Akkusativ). Nachlässige amerikanische Werbepost hat insbesondere sich amerikanisch-international gerierenden Menschen und Firmen eingegeben, es sei schicker, Sendungen an „Herr Alfons Ziegenspeck“ anstelle von „Herrn Alfons Ziegenspeck“ zu adressieren. Das ist aber falsch.

Bei tituliertem Adel (Freiherr/Baron, Graf etc.) lässt man „Herrn“ oder „Frau“ weg und adressiert entweder an „Graf Heinrich von Egloffstein“ oder, verwaltungskorrekt, „Heinrich Graf von Egloffstein“. Niemals aber wendet man sich an einen Grafen, Fürsten oder Prinzen mit „Herrn Heinrich Graf/Fürst/Prinz von Egloffstein“.

Handelt es sich hingegen um einen Freiherrn/Baron ist beides möglich: „Clemens Freiherr von Boskow“ beziehungsweise „Konstantin Baron von Hohenau“ oder „Herrn Clemens von Boskow“. In diesem Fall ist das Weglassen des Titels (niemals jedoch des „von“!) gebräuchlich und zulässig.

Im Adressfeld werden im Gegensatz zur Anrede alle Titel genannt. Also etwa:

„Herrn Bundesminister des Auswärtigen
Dr. Heinrich von Brentano MdB“.

Hat der Adressat mehrere Doktor- und/oder vielleicht außerdem einen Professorentitel, so werden diese genannt:

„Herrn Prof. Dr. Theodor Kahle“ oder auch „Herrn Dr. Dr. Theodor Kahle“ oder „Herrn Dr. med. Dr. rer. nat. h.c. Theodor Kahle“. Es werden aber nicht mehr als zwei Doktor-Titel angeführt. Verfügt der Angesprochene über mehrere, so adressiert man an „Herrn Dr. mult.“.

Anrede

Die Anrede lautet, je nach Grad der Bekanntschaft entweder, offiziell, „Sehr geehrter Herr Bundesminister", unter persönlich Bekannten „Sehr geehrter Herr Dr. v. Brentano". Übrigens kürzt man das „Adels-von" eigentlich nur bei tituliertem Adel, also bei den Freiherren, Baronen, Grafen, Prinzen Fürsten etc. ab. Doch dies wird gehandhabt wie der Handkuss, den man ja eigentlich nicht unter freiem Himmel gibt. Letztlich ehrt die Abkürzung „v." auch den nicht titulierten Adligen.

In der Anrede wird im Allgemeinen nur der höchste Titel genannt: „Sehr geehrter Herr Professor Kahle".

Auch wenn man den Empfänger der Nachricht sehr gut kennt und dieser etwa darum gebeten hat, ihn ohne Doktortitel anzureden und anzuschreiben, wird jener im Adressfeld dennoch stets aufgeführt; denn das Adressfeld dient ja dem Briefträger, dem Boten, der Sekretärin, der innerbetrieblichen Poststelle als Orientierung. Für diese Personen bleibt der Adressat der Professor, der Doktor. So schreibt man einem sehr guten Bekannten, der sich die Anrede „Doktor" verbeten hat: „Herrn Dr. Wilhelm Bundt", aber „Sehr geehrter/Lieber Herr Bundt".

Adelstitel sind zwar offiziell abgeschafft und Namenbestandteil geworden. Dennoch gelten gewisse Gepflogenheiten weiterhin, wenn man einen adligen Namensträger anschreibt. Allerdings geht man als „Bürgerlicher", der Anstand und Bildung besitzt, von gesellschaftlicher Gleichrangigkeit aus. So schreibt und spricht man einen Grafen nicht mit „Herr Graf", sondern mit „Graf Schramberg" an. Im Brief steht daher im Adressfeld beispielsweise: „Dipl.-Ing. Eberhard Graf von Schramberg" (ohne „Herrn"!). Die Anrede lautet: „Sehr geehrter Graf Schramberg" (ohne „von"; mit ist allerdings auch nicht verkehrt). Die Frau des Grafen hingegen wird nur mit „Gräfin" angeredet und angeschrieben. Im Adressfeld steht also wie bei ihrem Ehemann: „Gräfin Amelié v. Schwarzenstein", die Anrede lautet jedoch nur: „Sehr verehrte Gräfin".

Anreden wie „Erlaucht", „Durchlaucht", „Königliche Hoheit" etc. werden heute meist auch von den Adelsprädikatinhabern selbst als nicht mehr zeitgemäß empfunden und höchstens noch in offiziellen Reden, zum Beispiel bei Festakten, gebraucht. Mit „Exzellenz“ hingegen wird jeder ausländische Botschafter und Minister angeredet und angeschrieben. Selbst im Adressfeld des Briefes findet sich dafür die Abkürzung „S.E.“ (Seiner Exzellenz), also zum Beispiel: „S.E. dem Botschafter der Republik Nepal in Deutschland, Herrn Skri Bung“ - Anrede: „Exzellenz“.

Die Titel für die Rektoren einer Universität („Magnifizenz“) und für die Dekane, also die Vorsteher einer Fakultät („Spektabilität“) sind in letzter Zeit nach jahrelanger Negierung in der Nach-68er-Zeit wieder etwas mehr in Gebrauch. Ebenso die Titel „Eminenz“ für (katholische) Kardinäle und evangelische Bischöfe, „Exzellenz“ für katholische Bischöfe und „Hochwürden“ für alle übrigen katholischen Geistlichen. Mit „Herr Kardinal“, „Herr Bischof“ und „Herr Pfarrer“ macht man indessen nichts falsch.

Gruß und Abschiedsgruß in Brief und E-Mail

Die normale Geschäftsanrede und richtige gesellschaftliche Anrede lautet „Sehr geehrter Herr Huber“ und „Sehr verehrte Frau Meier“. Im guten gesellschaftlichen Umgang ist Frau Meier unter Umständen die „gnädige Frau“. Im Brief schreibt der Gentleman daher „Sehr verehrte gnädige Frau“ (ohne Komma zwischen verehrt und gnädig) oder sogar „Sehr verehrte, liebe gnädige Frau“ oder „Hoch verehrte, liebe gnädige Frau“.

Bei höherem Adel lautet die Anrede hingegen: „Hoch verehrte, liebe Gräfin, lieber Graf Arnim“ oder „Hoch zu verehrende Prinzessin, sehr geehrter Prinz Reuss“.

Briefschreiber, deren gute Erziehung in einer akademischen Verbindung, etwa einem Studenten-Corps, ergänzt wurde, schreiben häufig höflich vor der Anrede: „Meinen herzlichen Gruß zuvor!“ und beginnen dann erst mit „Sehr geehrter ...“

Grußformeln im Wandel der Zeit

Die früher üblichen Grußformeln wie „Mit dem Ausdruck meiner vorzüglichen Hochachtung“ oder auch nur „Hochachtungsvoll“ sind selbst im Verkehr mit Behörden der Formulierung „Mit freundlichen Grüßen“ gewichen. Inzwischen gilt „Mit freundlichen Grüßen“ als unpersönlicher Standardgruß, der im privaten Verkehr eher als Zeichen von Unsicherheit oder bewusstem Abstand angesehen wird. Möchte ein Briefschreiber mehr Verbundenheit zeigen, so schreibt er „Mit herzlichen Grüßen“ und bei noch engerer Verbindung „Mit lieben Grüßen“.

Routinierte Briefschreiber nutzen die Grußformel für hübsche Komplimente und Höflichkeiten, die sie unter Umständen noch mit guten Wünschen versehen, etwa:

„Ich freue mich schon heute darauf, Sie – wie besprochen – am nächsten Freitag wiederzusehen, und grüße Sie bis dahin herzlich und mit verbindlichen Empfehlungen.“

Mit „herzlich“ signalisiert man freundschaftliche Verbundenheit, mit den „verbindlichen Empfehlungen“ kehrt man zur höflichen Distanz zurück, hat damit Distanz und Verbundenheit elegant zusammengefügt und auf diese Weise Herzlichkeit und Respekt übermittelt.

Früher bezeichnete sich der Briefschreiber gern als der dem Adressaten treu Ergebene, als sein getreuer Freund, als sein Diener. Aus diesen Formulierungen („Ihr Ihnen stets treu ergebener Diener Friedrich Stramm“) blieb das höfliche „Ihr“ und „Dein“ beziehungsweise „Ihre“ und „Deine“ übrig. Die Bedeutung der Grußformel „Ihr Hartmut Meier“ oder „Dein Hartmut“ wird indessen heute von vielen Schreibern verkannt. Sie scheuen sich, das liebenswürdige, den Adressaten ehrende „Ihr“/„Dein“ vor ihre Unterschrift zu setzen, weil sie der irrigen Auffassung sind, „Dein Heinrich“ könne Heinrich nur seiner Angebeteten schreiben, der er sich „versprochen“ habe. Gebildete Schreiber tun deshalb gut daran, sich nicht den Makel der Unkenntnis durch Weglassen des den anderen ehrenden „Ihr“/„Dein“ anhängen zu lassen. An solchen Kleinigkeiten erkennt man viel!

Was heißt P.S.?

Fällt einem nach Verfassen des Briefes noch etwas ein, das man dem Empfänger mitzuteilen wünscht, so vermerkt man das unter „P.S.“

(Post-Skriptum – Nach dem Geschriebenen). Unter dem „Post-Skriptum“ kann es durchaus noch eine zweite Nachbemerkung, ein „P.P.S.“ (Lateinisch richtig auch p.p.s. – Post Post-Skriptum) geben.

Einen Brief, den man nicht durch einen Postservice versendet, sondern durch einen Boten überbringen lässt, kennzeichnet man durch die Aufschrift „D.B.“ (Durch Boten) auf dem Umschlag. Wird der Brief nicht durch einen bezahlten Boten, sondern durch einen Freund überbracht, klebt man den Brief nicht zu. Das Zukleben müsste vom Überbringer als Beleidigung aufgefasst werden, als Misstrauen ihm gegenüber.

Was einen Brief noch gewichtiger macht

Soll der Brief ein bisschen persönlicher sein, so schreibt man ihn entweder mit der Hand (Tinte!) oder, wenn man keine sehr gute Handschrift hat, schreibt man zumindest die Anrede und die gesamte Endgrußformel mit der Hand, den Rest mit dem Computer. Das wirkt persönlich und vornehm.

Stilvoll ist auch der dezent gedruckte Briefbogen, am vornehmsten, jedoch auch am teuersten, versehen mit einem Stahlstich-/Reliefdruck. In den Vereinigten Staaten gilt ein Aufwand dieser Art für Firmenchefs, Rechtsanwälte und Banker als absolutes Must und ist erst recht für die Visitenkarte zu empfehlen.

Insoweit bleibt der klassische Brief einer E-Mail immer weit überlegen. Kann man doch durch Papierqualität, gefütterte Briefumschläge, Stahlstichdruck in „Times New Roman“ oder in „Englischer Schreibschrift“ und durch die Benutzung eines konservativen Füllfederhalters mit echter Tinte dem Empfänger die Wertschätzung seiner Person signalisieren und darüber hinaus eine positive Selbstpräsentation abgeben.

Der Brief mit seinem guten Papier, das schon haptisch Freude macht, seinem klassischen Druck und einer harmonischen Formatierung bedeutet in unserem Sms- und E-Mail-Zeitalter etwas Erhabenes, Wertvolles, Liebenswürdiges. Und durch die Zeitspanne, die zwischen Verfassen und Lesen liegt, erhält das Briefeschreiben etwas Spannendes. So wird die Bedeutung des Briefs als besonderes Kommunikationsmittel in Zukunft jedenfalls erhalten bleiben.

Früher war selbst die Farbe der Tinte noch ein Mittel der Selbstpräsentation. Meine Großmutter Hildegard von Heyne, die Namensgeberin des *Instituts für Stil und Etikette Hildegard von Heyne*, schrieb nur mit lila Tinte. Andere benutzten ein vornehmes Dunkelgrün oder schrieben mit weinroter Tinte. Das würde heute in vielen Fällen schon als geckenhaft empfunden. Die Farbe des handschriftlichen Teils eines Briefs ist heute im Allgemeinen „tintenblau".

Das Papier sollte 100 Gramm schwer sein, der Umschlag gefüttert, DIN-lang, so dass der DIN-A4-Briefbogen zweimal und damit auf ein Drittel seiner Ursprungsgröße gefaltet werden kann. In England sind für private Zwecke auch kleinere Formate beliebt.

Der Aufdruck auf dem Briefbogen enthält entweder links Namen mit Titel(n) und rechts die Adresse oder all dies steht oben mittig. Als weitere Möglichkeit stellt man oben mittig nur den Namen und unten mittig die Adresse.

Auf den Namen kann verzichtet werden, wenn unter der aufgeführten Adresse nur der Briefschreiber selbst (und gegebenenfalls seine Familie) zu finden ist; sonst sollte auch der Name aufgeführt sein.

Gern wird auch das Familienwappen in kleinem Format auf das Briefpapier gedruckt oder reliefartig gepresst. In bürgerlichen Kreisen wird dieser, dem Adel abgeschaute Brauch allerdings manchmal auch als „gewollt und nicht gekonnt" empfunden. Namentlich bei Müllers und Schulzens kann diese Traditionsbetonung peinlich wirken.

Die E-Mail – der „kleine, schnelle Brief"

Wer all diese Einzelheiten des guten Briefeschreibens beachtet, sieht schnell, dass sich ein Brief sogar dann noch erheblich von einer E-Mail unterscheidet, wenn man sich auch in Letzterer eines guten Stils bedient, nämlich einer

- richtigen Rechtschreibung und Interpunktion,
- sorgfältigen Adressierung,

- ordentlichen Anrede und Grußformel und dem
- Schreiben in Sätzen, die den Regeln der deutschen Sprache entsprechen, und nicht in Anakoluthen.

Natürlich besitzt die E-Mail-Korrespondenz vor allem den Vorteil der Schnelligkeit. Deshalb gehört es sich auch, E-Mails, namentlich solche im Geschäftsverkehr, unverzüglich zu beantworten. Als Jurastudent habe ich gelernt: „Unverzüglich bedeutet, ohne schuldhaftes Zögern". Und damit ist auch die Etikettefrage „Wie schnell habe ich zu reagieren?" beantwortet. Denn mehrtägige Geschäftsreisen und arbeits- oder krankheitsbedingte Abwesenheiten vom Büro sind Normalität. Für zwei oder drei Tage braucht man noch nicht den schnöden Abwesenheitsassistenten zu aktivieren. Bei längeren Abwesenheiten sollte man das jedoch unbedingt tun.

Eine schwer zu entscheidende Frage ist hingegen, ob man im Geschäftsverkehr bei E-Mail-Antworten per Reply-Button immer den gesamten bisherigen Briefwechsel mitschicken soll, um dem Empfänger die Einordnung der Mitteilung zu erleichtern, oder ob dies abzulehnen ist, weil es die Korrespondenz nur unnötig aufbläht. Diese Frage muss sicher von Fall zu Fall entschieden werden. Ellenlanges Hin-und-her-Schreiben verwirrt vermutlich am Ende mehr, als es der Orientierung dient.

Was bei der E-Mail noch zu beachten ist

In E-Mails ist es üblich geworden, anstatt „Sehr verehrte Frau Huber" oder „Sehr geehrter Herr Best" auch „Liebe Frau Huber" oder „Lieber Herr Best" zu schreiben. Ich rate jedoch dazu, die erstmalige Ansprache eher eine Nuance förmlicher zu gestalten und den Adressaten mit „Sehr verehrte Frau" und „Sehr geehrter Herr" anzusprechen. Bei wiederholtem Kontakt kann man aber häufig auf „Liebe Frau" und „Lieber Herr" übergehen. Ansprechend ist es auch, diesen Übergang in der Nachricht selbst zu vollziehen, indem man zum Beispiel mit „Sehr geehrter Herr Murowski" beginnt, aber im Text zu der vertraulicheren Form übergeht, indem man etwa im unteren Drittel der E-Mail schreibt: „Es hat mir große Freude gemacht, mit Ihnen, lieber Herr Murowski, zusammenzutreffen, und ich denke …“.

Besonders kunstvoll und blumig tun dies die Russen, die sogar von der offiziellen Anrede mit „Herr“ und Nachname am Anfang im Verlauf des Briefs – zur Betonung der Wertschätzung des Adressaten – auf dessen Vornamen überwechseln. Aber das ist in Deutschland nicht üblich. Die Tendenz zum „Lieber“ statt „Sehr geehrte(r)“ hingegen kann man auch in Briefen feststellen. Und diese Entwicklung ist ja auch herzlich und schön und entspricht dem Wandel der Grußformel von „Hochachtungsvoll“ zum verbindlicheren „Mit freundlichen Grüßen“ oder gar zum intimeren „Mit herzlichen Grüßen“.

9. Kapitel: Kleidung und Dresscode

Neulich bin ich von der Tageszeitung *Die Welt* gefragt worden, was mir an heißen Tagen an der Kleidung der Berliner auffalle. Ich antwortete, dass ich den Eindruck habe, in Berlin finde jeden Tag ein Wettbewerb statt, nämlich der Wettbewerb „Wer ist am schlechtesten angezogen?"

Sie brauchen nur in eine Opernpremiere zu gehen oder sich die Fotos vom Neujahrsempfang des Bundespräsidenten anzusehen. Da zeigt sich eine Vielfalt der Kleidung – ein Durcheinander mit, aber auch ohne Geschmack und Stil! Die Frage ist nur, wer das eigentlich will. Ist nicht ordentliche, zum Anlass passende Kleidung auch eine Reverenz an den Gastgeber, die Respekt vor dem gesellschaftlichen Ereignis bedeutet und eine Frage der Selbstachtung ist?

Schnell scheiden sich bei der Diskussion um Kleiderfragen die Geister. Die einen vertreten, wie in anderen Formfragen, die Auffassung, es komme schließlich nur auf den Menschen an, auf sein Herz und seinen Geist. Und die anderen, die auch in der Beachtung des Dresscodes eine Möglichkeit sehen, die Veranstaltung, den Gastgeber und die übrigen Gäste zu ehren.

Im Büro – Business-Dresscode für den Herrn

Beginnen wir mit der Gruppe von Menschen, die im Rahmen ihrer beruflichen Tätigkeit korrekte Kleidung tragen müssen, also etwa Rechtsanwälte, Führungs- und Fachkräfte einer Bank oder Versicherung, Unternehmensberater. Ich nenne sie mal Businesspeople, obwohl auch Politiker und Beamte und insbesondere die mit so abschreckendem Beispiel vorangehenden Lehrer es ihnen gleich oder zumindest ähnlich tun sollten.

Der Business-Anzug ist dunkelgrau oder dunkelblau. Es handelt sich um einen durchgehenden Anzug, also einen Anzug, dessen unterschiedliche Teile – Jackett, Hose und eventuell Weste – aus dem gleichen Stoff bestehen. Der Anzug ist ein- oder zweireihig. Das heißt, er verfügt über eine senkrechte Reihe aus drei, manchmal auch nur aus zwei Knöpfen oder es gibt zwei solcher senkrechten Knopfreihen auf dem Jackett.

Das Einreiher-Jackett betont etwas die Taille, wenn es gut geschnitten ist. Darunter kann man eine Weste tragen.

Beim Einreiher wird nur der mittlere von drei oder der obere von zwei Knöpfen geschlossen. Vierknöpfige Jacken waren eine Zeit lang in Mode, haben sich aber nicht durchgesetzt. Der mittlere beziehungsweise der obere Knopf ist beim Einreiher immer zu schließen, sobald und solange der Träger eines solchen Anzugs steht. Das Gebot des Jackett-Schließens wird wenig beachtet, gilt jedoch besonders streng bei Zweireihern, die sogar beim Sitzen geschlossen getragen werden können, aber nicht müssen. Von diesem Gebot gibt es beim Einreiher nur eine Ausnahme: Wird eine Weste unter dem Jackett getragen, muss man dieses beim Stehen nicht immer geschlossen halten, sollte es aber dennoch tun, wenn der Anlass sehr offiziell ist. In jedem Fall, wenn man eine Rede hält oder eine Firmenpräsentation macht. Auch beim Tanzen oder als Gastgeber eines Empfangs, an dem alle Gäste zum „Grüß Gott!" vorbei gehen, sollte das Jackett geschlossen getragen werden – egal, ob mit oder ohne Weste.

Zu dem gedeckten Anzug werden schwarze Schuhe, dunkle lange Strümpfe und ein pastellfarbenes Hemd in bleu oder rosé, ein blau- oder rotweiß gestreiftes oder ein weißes Hemd getragen, das im besten Fall aus Sea-Island-Cotton oder Schweizer Popeline besteht.

Die Schuhe können tagsüber bei weniger dunklen Anzügen (stein- oder mausgrau oder im Sommer auch hellgrau) braun oder rotbraun sein. Jedoch vertragen nur schwarze Schuhe künstliches Licht. Daher die Regel „never brown after six." Die Schuhe sollten vollständig aus Leder bestehen. Höchstens der Absatz darf aus Gummi gemacht sein oder eine Gummi-Ecke aufweisen. An durchgenähten (rahmengenähten) Schuhen sieht man auf den ersten Blick, dass es sich bei dem Träger um einen Herrn handelt.

Gürtel und Uhrenarmband haben die Farbe der Schuhe. Die Strümpfe reichen immer bis zu den Knien (der Herr trägt niemals Socken, außer zum Tennis!) und liegen in der Farbe zwischen den Schuhen und der geringfügig helleren Hose oder zeigen die gleiche Farbe wie die (dunkleren) Schuhe.

Das passende Hemd zum Business suit

Das Hemd zum durchgehenden Geschäftsanzug hat lange Ärmel, deren Manschetten ein bis zwei Zentimeter aus dem Ärmel des Jacketts hervorschauen. Zum Business-Anzug trägt man Doppel- beziehungsweise Umschlagmanschetten. Diese weisen nur Knopflöcher auf, weil sie mit Manschettenknöpfen zusammengehalten werden, die nicht zum Hemd gehören. Von kurzärmeligen Hemden sollte man hingegen Abstand nehmen. Besser ist es, lange Ärmel aufzukrempeln. In der Freizeit empfehlen sich Poloshirts oder langärmelige Hemden mit einfachen Manschetten oder angenähten Knöpfen und eventuell einem Button-down-Kragen (mit den Knöpfchen an den Kragenecken).

Der Kragen des offiziellen Business-Hemdes ist glatt und geht breit auseinander. Im Geschäft wird auch der sogenannte Tap-Kragen mit dem kleinen Steg und Druckknopf unter dem Schlipsknoten getragen. Gelegentlich sieht man auch den Kragen mit der Quernadel, der an den Ecken entsprechende Löchlein hat, durch die die Nadel gesteckt werden kann. Hemden mit einem Kragen dieser Art bekommt man fast ausschließlich bei Hemdenschneidern.

Die generelle Regel lautet: Je offizieller der Anlass, wie etwa Abend-Empfang, Oper etc., desto schlichter das Hemd. Abends also keine Experimente oder groben Muster, wohl aber Doppelmanschetten. Karierte Hemden wirken jugendlich und eignen sich eher für tagsüber. Uni und gestreift wirken sowohl tagsüber als auch abends seriös. Dunkle, insbesondere schwarze Hemden waren eher eine Modeerscheinung. Sie gehören allenfalls als Freizeithemden in die Herrenkommode.

Anzug-Kombinationen

Die Antwort auf die Frage nach der Zulässigkeit von Anzug-Kombinationen hängt natürlich vom jeweiligen Business und den Gepflogenheiten des Unternehmens ab. Grundsätzlich werden tagsüber Kombinationen aus einer Tweedjacke mit bräunlichen Mustern und einer grauen Hose mit Umschlag getragen. Die Tweedjacke braucht übrigens nicht aus Tweed zu bestehen. Sie sollte nur den typisch britischen Tweedlook besitzen und kann durchaus aus Kaschmir, Tuch oder Kammgarn gearbeitet sein. Die Tweedjacke ist einreihig und hat drei Knöpfe. Eventuell lässt man sich dazu eine Weste aus dem gleichen Stoff schneidern. Man kann aber auch einen Pullover oder Pullunder (aber immer natürlich über einem Hemd) in Beige-, Braun- oder Grüntönen, zum Jackett passend, tragen. Im Sommer besteht die dazugehörige graue Hose aus Kammgarn oder einem Super-100-Stoff oder einem ähnlichem Material, im Winter meist aus Flanell. Auch eine Baumwollhose in beige, creme oder khaki passt im Sommer zu solch einer Kombination.

Die passenden Schuhe sind braun, eventuell schwarz, wobei braune vorzuziehen sind, zumal man sich mit dieser Tageskombination sowieso abends nicht sehen lassen sollte. Zu solchen leicht britisch wirkenden Kombinationen kann man sportliche Hemden tragen, zum Beispiel aus Oxford-Stoff. Hier sind auch der Button-down-Kragen und einfache Knopfmanschetten angebracht. Chic sind auch Hemden mit Doppelmanschetten und Haifischkragen. Sehr gut passen Hemden mit kleinen Karos, auch wenn das Jackett selbst Karos zeigt. Die Krawatte darf dann allerdings nicht kariert sein. Klassisch ist hier eine Krawatte mit farblich passendem Paisley-Muster und auch dunkelrote Woll-Krawatten sind stilvoll.

Der Blazer

Die eben beschriebenen Tweed-Kombinationen eignen sich nur für tagsüber. Für den Abend gibt es eine Kombination, die zwar von vielen Business-Leuten auch tagsüber getragen wird, eigentlich aber eher eine Kleidung für den Abend ist: Das ist der (meist) dunkelblaue Blazer, früher in Deutschland auch Clubjacke genannt.

Blazer einreihig

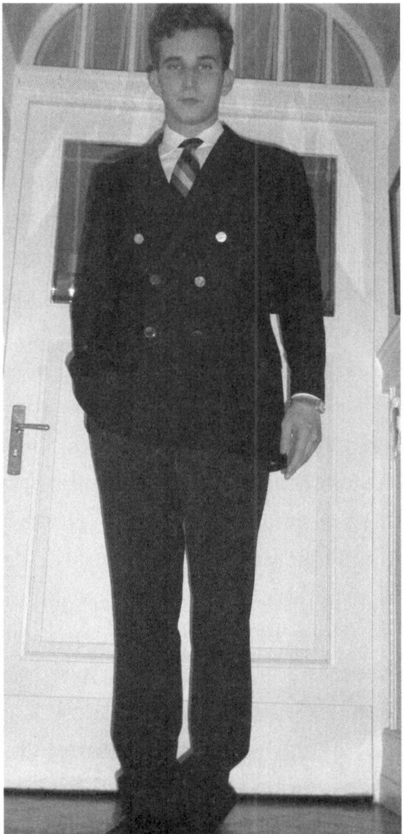

Blazer zweireihig

Zum Blazer sagt die Website von *Polo Ralph Lauren*: „Interessanterweise heißt es, der Name des Blazers stamme aus der viktorianischen Zeit.

Ein Schiffskapitän kleidete seine etwas verwahrlost aussehende Mannschaft für eine Zeremonie vor den Augen Ihrer Majestät Königin Victoria in Sakkos. Die Königin war so angetan von dem Jackett, dass sie den Stil nach dem Schiff des Kapitäns benannte: der HMS Blazer."

Tatsächlich ist der Blazer in England zur Clubjacke für die gemütlichen Stunden nach dem Sport avanciert. Häufig war auf der Brusttasche das Emblem des jeweiligen Clubs aufgenäht und die Träger dieser Jacken trugen dazu die Krawatte ihrer Schule, ihres College oder ihres Clubs. So gelten auch diagonal gestreifte Krawatten immer noch als ideales Accessoire für den Blazer. Diese sollten allerdings nur zu einfärbigen Hemden, nie zu gestreiften oder karierten getragen werden.

Der Blazer ist aufgrund dieser Tradition eher ein privater als ein Geschäftsanzug. Im Club und auf privaten Abendgesellschaften kann er durchaus den dunklen Anzug ersetzen. Die Einladung zum festlichen Abendessen nach dem jährlichen Golfturnier der *Deutschen Wirtschaft* im Schlosshotel in Kronberg enthält zum Beispiel als Formulierung zum Dresscode: „Dunkler Anzug oder Blazer".

Der Blazer wird – wie die Tweedkombination – mit grauen Hosen getragen, kann aber im Sommer durchaus auch mit weißen oder beigen Bauwollhosen kombiniert werden. Auf der Yacht an der Côte d'Azur macht sich eine Blazer-Kombination mit weißer Hose besonders gut. Dort wird der Blazer stilecht zweireihig getragen, weil die zweireihige Jacke eher dem Stil der Kapitäns-Uniform entspricht.

Der Blazer hat in der Regel goldene Knöpfe. Früher verfügte er meist über aufgesetzte Taschen, doch das ist etwas aus der Mode gekommen. Es gibt Blazer aus Tuch, Kaschmir, Kammgarn und vielen anderen Stoffarten bis hin zur Baumwolle (Popeline)und Seide. Der Blazer ist übrigens auch sehr gut mit Blue Jeans kombinierbar. Ohne Schlips und mit offenem Hemd wirkt der Mann damit bei der Abend-Freizeit oder auch auf Partys mit dem Dresscode „casual" beziehungsweise „smart casual" gut angezogen – sofern er eine Jeansfigur hat. Zum Blazer gehören schwarze oder ganz dunkelblaue Schuhe; und auch hier sind die Strümpfe – wie immer – dunkler als die Hose.

Leichte Kleidung im Büro – Der sommerliche Baumwollanzug

Baumwollanzüge sind geeignete Business suits für den Sommer. Sie ermöglichen es dem Träger, auch bei höheren Temperaturen ein Jackett zu tragen, wenn es die Situation verlangt. Und mit Jackett ist der Herr natürlich immer besser angezogen als ohne.

Geeignet sind Baumwollanzüge in Khaki-Beige oder – besonders chic im Business – in einem fast schwarzen Blau. Zu beigen, beige-brau-

Der sommerliche Baumwollanzug

nen oder beige-grünlichen Baumwollanzügen zum Beispiel aus Popeline oder Leinen, aber auch zu Sommeranzügen aus Seide in diesen Farben werden tagsüber braune oder rotbraune Schuhe getragen, wenn abends Gelegenheit zum Wechseln zu schwarzen besteht.

Vorsicht bei Leinenanzügen! Leinen knittert schnell und nachhaltig. Anzüge aus diesem Material sollte man nur zu Stehempfängen tragen. Sowie man auch nur ein paar Minuten damit sitzt, hat man die Falten durch die eigene Körpertemperatur geradezu eingebügelt.

Heute wird zu sommerlichen Anzügen häufig auf die Krawatte verzichtet. Ich rate in diesen Fällen zu einem passenden farbigen Einstecktuch aus Seide, wenn man nicht zu langweilig aussehen möchte. Dazu passen karierte und gestreifte Hemden, die ruhig etwas bunter sein dürfen. In ungezwungener Atmosphäre kann man auch statt eines Oberhemdes ein Poloshirt tragen; dies entspricht dann etwa dem Dresscode „smart-casual".

Was der Gentleman in der Freizeit trägt

Der Gentleman und die Frau von Welt ziehen Turnschuhe zum Turnen an und nicht zum Einkaufen. Mokassins und leichte, elegante Sneakers und Loafers sind jedoch gute Alternativen. Letztere entstanden in den Dreißigerjahren des 20. Jahrhunderts in den USA. Weltweit berühmt wurden sie, wie auch die Jeans, durch die Film-Rebellen der Sechzigerjahre. In den „Front-strap"-Steg der Loafer-Schuhe steckten Studenten während der Weltwirtschaftskrise der 1930er-Jahre als Glücksbringer eine Penny-Münze – daher der Name „Penny Loafer". Turnschuhe, aber auch Armeehosen oder Jogginganzüge sind auf der Straße absolut überflüssig. Außer zum Tennis trägt der Herr auch keine weißen Socken, eigentlich überhaupt keine kurze Socken, sondern ausschließlich Strümpfe. Eine Alternative zum Strumpf stellt der sogenannte Füßling dar, der nur den Fuß bedeckt, so dass es zumindest den Anschein erweckt, als stecke der Männerfuß nackt im Schuh. Und niemals sollten Männer Sandalen oder gar Flipflops tragen.

Darüber hinaus rate ich Herren mit ansprechender Figur in der Freizeit zu Jeans, die gut sitzen, zu Cordhosen, Baumwollhosen und Hosen aus Wollstoffen, eventuell sogar gestreiften und karierten. Dazu können sportliche Hemden oder Polohemden und tagsüber Jacketts getragen werden. Am besten eignen sich die in meist bräunlichen Farbtönen gehaltenen Tweedjacken oder an englische Tweedjacken erinnernde Jacketts aus anderen Woll- und Baumwollstoffen und natürlich das klassische Blouson, aus dunkelbraunem, dunkelgrünem oder dunkelblauem Wildleder oder auch aus glatten Baumwollstoffen in Unifarben bestehend.

Übrigens kommt es beim Kombinieren von Hose und Jacke darauf an, dass beide Teile zwar zueinander passen, sich aber auf keinen Fall zu ähnlich sind.

So ist zum Beispiel ein klassischer Baumwollanzug chic. Unpassend dagegen wäre eine Kombination aus einer beigen Baumwollhose mit einem geringfügig dunkleren Baumwolljackett. Hier muss in der Kombination von Jacke und Hose ein deutlicher Bruch erfolgen. Zur beigen Baumwollhose passt die bräunliche Wolljacke, während die graue Wollhose sehr gut zum khakibraunen Baumwollsakko kombinierbar ist.

Ähnliches gilt für Cord, ebenfalls ein Baumwollstoff: So sollte man eine Cordjacke nicht mit einer nur leicht andersfarbigen Cordhose kombinieren – das ist spießig und gewöhnlich –, sondern besser zu einer beige-braunen Cordhose ein bräunliches Tweedjackett tragen und umgekehrt zu Blue Jeans oder zur grauen Wollhose ein beige-braunes Cordjackett. Dazu passen leichte braune Wildlederschuhe oder burgunderrotbraune Loafer ausgezeichnet.

Die Kleidervorschrift „casual"

„Casual" bedeutet, es soll kein Business-Outfit, keine Gesellschaftsgarderobe getragen werden, sondern das, was man zuhause, in den Ferien, beim Einkaufen trägt. Vielfach wünschen sich Gastgeber mit dem Zusatz „smart“, also „smart casual“ Gäste in besonders hübscher und gepflegter Freizeitkleidung.

Auf Partys mit der Kleiderordnung „smart casual“ sollte man also auf abgetragene Jeans und ausgeleierte T-Shirts verzichten und besser gut sitzende Jeans oder Baumwollhosen mit offenem Hemd (kein kurzärmeliges; das kennt der Gentleman gar nicht) oder Polohemd und Blazer tragen. Letzteren kann man bei einem sommerlichen Grillabend gegebenenfalls auch über die Stuhllehne hängen. Ein solches Outfit gibt dem Gast die Möglichkeit, sich den übrigen Gäste in Bezug auf die Kleidung anzupassen: Hat das Gros der Geladenen die Kleidervorschrift „smart casual“ streng, also eher in Richtung „smart“ aufgefasst, behält man den Blazer an. Geht die Kleidung der Gäste in Richtung „casual“, kann man den Blazer ausziehen. So ist man in jedem Fall richtig angezogen.

Kleidung zu besonderen Anlässen – Abendgarderobe, Hochzeits- und Trauerkleidung für den Mann

Der Frack

An sehr anspruchsvollen Abenden wird nach wie vor häufig Frack getragen; international spricht man nur von „white tie“. Es handelt sich hierbei um einen Anzug mit einer vorne kurzen Jacke mit langen, bis an die Kniekehlen reichenden Schwalbenschwänzen an der Rückseite. Ein sehr kleidsames Gewand, grundsätzlich schwarz, früher auch manchmal „nachtblau“. Jeder Dirigent und in der Regel auch jeder Musiker eines Sinfonieorchesters trägt ihn vor Publikum.

Zum Frack gehört die ebenfalls schwarze Hose mit einem Doppelgalon aus Seide an den Außennähten – einem Doppelstreifen, wie man ihn zum Beispiel vom italienischen Militär kennt und der früher bei

Frack

fast allen Uniformen gang und gäbe war. Die Revers des Fracks sind in schwarzer Seide gefasst. Zum Frack gehört zwingend die weiße Piquet-Weste. Von manchen Dirigenten gezeigte Variationen, etwa schwarzer Kummerbund oder gar eine schwarze Weste, mögen zwar praktischer sein, sind jedoch nicht stilvoll. Schwarze Westen und Fliegen zum Frack trugen vor einigen Jahrzehnten nur Oberkellner jenseits der Sechzig. Ebenfalls konnte der Frack als Dresscode bei einem Staatsbegräbnis angeordnet werden – mit schwarzer Weste und schwarzem Querbinder. Meines Wissens hat es aber nach dem Zweiten Weltkrieg keinen einzigen solchen Fall gegeben. Die weiße Frackweste ist vorne unter der kurzen Frackjacke zwei bis drei Zentimeter sichtbar.

Der Frack liegt am Körper an, kann jedoch nicht zugeknöpft werden, da er nur Zierknöpfe besitzt. Das Hemd besteht ebenfalls aus Piquet-Stoff und hat einen Stehkragen mit an den Spitzen abgeklappten Ecken. Über diesen Stehkragen wird die stets weiße Schleife (Fliege) gebunden („white tie").

Der Frack ist ein Abendanzug, der „kein Tageslicht verträgt". Eine Ausnahme stellen Trauungen nach 15 Uhr dar, wenn die Hochzeitsgesellschaft anschließend zum Empfang und dann zum Hochzeits-Dinner geht, wie das früher vor allem bei protestantischen Hochzeiten üblich war.

Der Frack wird nicht mehr sehr oft getragen. Selbst bei Galadiners des Bundespräsidenten sieht man neben farbenprächtigen (ausländischen) Uniformen viele Herren im Smoking, dem „kleinen Abendanzug". Auf großen Bällen und (Abend-) Hochzeiten kommt der Frack in den letzten Jahren wieder etwas häufiger zum Einsatz. Und auf den Bällen in der Wiener Hofburg ist er obligat.

Der Cutaway

Das für tagsüber geeignete Pendant zum Frack ist der Cutaway, auch kurz „Cut" genannt. Es handelt sich hierbei um einen an der Rückseite langen Gehrock, dessen Saum von der Vorderseite weg abfallend geschnitten ist, so dass der Rock über dem Bauch zugeknöpft werden kann, sich jedoch nach hinten unten immer weiter öffnet. An der Rückseite reicht er bis über die Kniekehlen. Obenrum ist der Cutaway geschnitten wie ein einreihiges Jackett. Der Rock des Cutaway wird in Deutschland nur schwarz – genau genommen in sehr dunklem Grau – getragen. Dazu werden schwarz-grau gestreifte Hosen kombiniert.

In England, wo der Cutaway nicht nur zu jeder Hochzeit gehört, sondern auch der richtige Anzug für Pferderennen in Ascot und alle Tagesempfänge ist, wird er auch in Grau getragen, häufig mit einer leuchtend gelben oder hellblauen Weste.

Cutaway

Auch das männliche Personal sehr guter Hotels und des berühmten Londoner Lebensmittelgeschäfts *Fortnum and Mason* trägt in England Cutaway und auf dem College in Windsor ist der Cutaway sogar für die Schüler Schuluniform. Jedenfalls habe ich das vor 20 Jahren noch gesehen.

In Deutschland trägt der feine Herr zum anthrazitgrauen, fast schwarzen Cutaway-Rock und zur grau-schwarz gestreiften Hose meist eine silbergraue Weste und ein weißes, pastellfarbenes oder blau-weiß gestreiftes Hemd. Die dazu passende Krawatte ist silberfarben oder bunt, wie zum dunklen Anzug auch. Konservative Herren greifen statt zur Krawatte auch gerne zu einem silbergrauen Plastron, das mit einer Schmucknadel zusammengehalten wird.

Früher wurde der Cutaway gerne zu Beerdigungen getragen und in diesem Fall mit schwarzer statt silbergrauer Weste und entsprechender Krawatte – jedoch mit weißem Hemd – kombiniert.

Heutzutage ist man auf Beerdigungen mit schwarzem oder sehr dunkelgrauem Anzug (nie blau!) und ebensolchem Mantel, schwarzen Schuhen, Strümpfen und Handschuhen und schwarzer Krawatte richtig angezogen. Hutträger müssen auch diesen unbedingt in schwarz und nicht mit andersfarbigem Band tragen. Der Seidenschal sollte ebenfalls schwarz sein und kann entweder kleine, weiße Punkte oder ein schwarzweißes Muster, zum Beispiel Paisley zeigen. Da ich die Erfahrung gemacht habe, dass es bei Beerdigungen oft regnet und häufig ein Großteil der Zeremonie am Grab stattfindet, rate ich zu Regenschirmen, ebenfalls in Schwarz.

Der Smoking

Bei allen festlichen Gelegenheiten, zu denen vor dem Zweiten Weltkrieg noch fast ohne Ausnahme Frack und Zylinder getragen wurden, ist inzwischen (auch) der Smoking der richtige Anzug.

Es gibt in Deutschland praktisch keine festliche abendliche Veranstaltung mehr, zu der der Smoking, der kleine Abendanzug, nicht getragen werden darf. Natürlich ist nach wie vor der Frack der große Abendanzug, der jeden Mann zum Herrn macht und der begleitenden Dame die Möglichkeit gibt, große Abendrobe – das lange Ballkleid – anzulegen.

Der Smoking sieht ähnlich aus wie der schwarze Anzug. Er hat aber seidene, meist steigende Revers oder – etwas aus der Mode gekommen – einen seidenen Schalkragen. Die Hosen zeigen an den Außenseiten einen einfachen Galon. Der Smoking kann einreihig (unbedingt mit Weste oder Kummerbund!) oder zweireihig getragen werden.

Smoking

Die Smokingweste ist schwarz (ebenso der seidene Kummerbund) und besteht aus demselben Stoff wie der Anzug – oder aus schwarzer Seide. Moderne Smokings zeigen auch andersfarbige Westen, etwa in Blau oder Goldbrokat, doch rate ich hier zur Vorsicht vor zu modischem Schnickschnack.

Unter „Schnickschnack" kann man den in Deutschland auch zum Smoking noch immer recht häufig getragenen Kragen mit den geklappten Ecken wohl nicht verbuchen. Man sollte allerdings wissen, dass zum klassischen Smokinghemd heute eigentlich der ganz normale Umschlagkragen gehört.

Das zwingend mit Doppelmanschette ausgestattete weiße Smokinghemd kann eine Piquet- oder Faltenbrust zeigen. Auch hier warne ich vor zu vielen Farben und Rüschen; dies wirkt rasch degoutant.

Zu Frack und Smoking werden Lackschuhe getragen, beim Frack können es weit ausgeschnittene Lackpumps sein mit einer breiten, platten Seidenrips-Schleife oben drauf. Ebenso passend sind schwarze Lack-Schnürschuhe mit schwarzen Schnürsenkeln, deren Umhüllung aus Seide ist – oder zumindest seidig wirkt. Auch die schwarzen, langen Strümpfe sollten zu Frack, Smoking und Cutaway möglichst aus Seide bestehen.

Eine hübsche Alternative zum schwarzen Smoking ist im Sommer der weiße Smoking, bei dem freilich nur die Jacke, auch Dinner-Jackett (englisch ausgesprochen!) genannt, weiß – oder besser cremefarben – ist. Davon abgesehen sieht die weiße Variante aus wie der schwarze Smoking.

Ursprünglich war der Smoking der „Raucheranzug". Die Herren gingen nach dem Dinner in den Rauchersalon, die Damen blieben für diese kurze Zeit unter sich. Damit die Damen nicht bei der Rückkehr der Herren den Rauch in deren Kleidern riechen mussten, zogen sich die Herren um. Sie legten vor Eintritt in den Rauchersalon ihre Fräcke ab und zogen sich die kurze Jacke an, die später als „Smoking" zum „kleinen Abendanzug" aufstieg. Der Smoking wurde nach dem ersten Weltkrieg mehr und mehr gesellschaftsfähig, galt aber immer noch eher als „Partyanzug" und aus diesem Grund lange nicht als geeignetes Kleidungsstück für die Hochzeit in der Kirche. Das ist heute anders. Allerdings würde ich in der Kirche nach wie vor vom weißen Smoking (Dinner-Jackett) abraten.

Wie der Frack „verträgt" auch der Smoking kein Tageslicht. Er kann deshalb auch nur in der Kirche getragen werden, wenn es sich um eine Nachmittags- oder Abendhochzeit handelt.

Ladies' Dresscode

Was Kleiderfragen betrifft, haben es die Damen leichter als die Herren – und schwerer zugleich. Leichter, weil sie in der Wahl ihrer Kleidung viel freier sind als Männer. Einziges Kriterium: Sie müssen mit ihrer Kleidung den Grad an Eleganz erreichen, der für die Herren nach dem Dresscode vorgeschrieben ist. Tatsächlich beziehen sich Kleidervorschriften auf Einladungskarten, wie etwa „Dunkler Anzug" oder „Frack/Smoking" immer auf die Kleidung des Herrn, weil vorausgesetzt wird, dass die Dame weiß, wie sie ihre Kleidung adäquat gestaltet.

So gehört zum Frack das lange Kleid. Zum Smoking kann, muss es aber nicht getragen werden, das kommt auf den Anlass an. Häufig sind mittellange oder kurze Cocktailkleider passend. Darüber hinaus gibt es auch den eleganten Smoking für Damen. Übrigens brauchen diese die Jacke beim Aufstehen nicht zu schließen.

Grundsätzlich gibt es nur wenige Regeln zu beachten. So gilt für das Büro: Keine nackten Beine, kein nackter Bauch, keine nackten Schultern und auch kein halbnackter Busen. Für abends gilt: Hosen nur für Damen mit entsprechender Figur. Das sei einigen Damen auch tagsüber geraten. Auch lodderige T-Shirts kleiden die wenigsten Frauen.

Im Büro trägt die Partnerin einer internationalen Anwaltskanzlei, die Bankerin oder Steuerberaterin einen Hosenanzug nach Art der männlichen Business-Anzüge mit einer passenden Bluse oder ein entsprechendes Kostüm. Selbstverständlich sind im Rahmen der weiblichen Business-Mode auch Kombinationen wie bei den Herren möglich. Nicht *comme il faut* sind aber in jedem Fall Turnschuhe und Lederkleidung, mit Ausnahme kurzer Lederblousons für draußen.

Ebenso wie bei Männern dürfen Piercings und Tatoos keinesfalls sichtbar sein. Frauen haben hingegen die Möglichkeit, durch Accessoires wie Schmuck, Gürtel, Schuhe und Handtasche individuelle Akzente zu setzen. Rucksäcke tragen weder Damen noch Herren. Im Unterschied zum Herrn, der niemals, auch nicht in der Freizeit, Sandalen trägt, sind Damen Sandaletten gestattet. Schuhe dieser Art können sehr chic sein.

Das gilt jedoch nicht für Flipflops, die ausschließlich an den Strand gehören.

Die 15 gängigsten Stilsünden

Lassen Sie mich die 15 gängigsten Stilsünden anführen, orientiert an Uschi Fellners Buch „Das Geheimnis der Klasse-Frauen" (Goldmann, 1993):

Erstens:

Grelle Farbkombinationen: Auch wenn manche Designer Buntes propagieren; grelle Kombinationen aus Gelb und Pink, Grün und Orange lassen Damen inkompetent, unseriös und in vielen Fällen sogar kränklich aussehen.

Zweitens:

Gemusterte Strümpfe: Je auffälliger das Muster, desto dicker wirken Waden, Knie und Oberschenkel.

Drittens:

Weite „Marlene-Dietrich-Hosen" stehen allenthalben Damen mit einer Größe von 1,90 Metern. Uschi Fellner: „Auch wohlgewachsene Damen wirken in ‚Marlene-Dietrich-Hosen' wie gestauchte Zwerge."

Viertens:

Leggins: Im Job unmöglich – in der Freizeit auch!

Fünftens:

Kleider aus Stretch: Sehen billig aus und der Stoff rutscht bei jeder Bewegung hoch.

Sechstens:

Hosenröcke: Uschi Fellner sagt dazu, selbst ein Kartoffelsack wirke erotischer. Außerdem mache so ein Kleidungszwitter eine schreckliche Figur, weil das Hinterteil der Trägerin darin eine gewaltige Dimension erreiche.

Siebtens:

Shorts und Pumps in Kombination: Ich persönlich möchte zu Shorts nur in Ausnahmefällen, etwa im Urlaub, raten. Zusammen mit Pumps wirke eine Frau mit Shorts wie eine „Vorstadtmieze“, meint Uschi Fellner.

Achtens:

Karierte Hosen: Großkarierte Beinkleider gelten als Gift für die weiblichen Proportionen, die Beine wirken kürzer.

Neuntens:

Dunkle Strümpfe, helle Schuhe. Hier ist es ausnahmsweise mal wie bei den Herren: Der Schuh muss immer mindestens so dunkel wie die Kleidung sein. Übrigens: Gleichfarbige Schuhe und Strümpfe machen Beine optisch länger.

Zehntens:

Dekolleté ohne Inhalt: Uschi Fellner meint, wenn es nichts zu sehen gebe, solle man auf tiefe Ausschnitte verzichten. Meine Auffassung: Vor allem im Büro rate ich zur Bescheidenheit, was die Tiefe des Dekolletés angeht.

Elftens:

Mustermix: Hier sollten auch die Herrn Vorsicht walten lassen und nicht das gemusterte Sport-Sakko (engl. Tweedjacken) mit einem gemusterten Pullover, einem karierten Hemd und einer bunten Krawatte kombinieren. Kombinationen gekonnt zu gestalten, ist sehr schwer. Dies gilt auch für die Damenmode, die durch ihre Vielfalt noch stärker zum wilden Mix verführt.

Zwölftens:

Raubtier-Look: Meist wirkt das Leopardenmuster nur billig, selbst wenn das Kleidungsstück vom Nobeldesigner stammt.

Dreizehntens:

Schmuckexzesse: Zumindest muss eine Dame, die sehr viel Schmuck trägt, der Typ dafür sein. Darüber sollten Frauen, die den Wunsch danach verspüren, lieber ihre beste Freundin urteilen lassen!

Vierzehntens:

Umgeschlagene Ärmel am Jackett: vergangene Mode, die eigentlich nie elegant war.

Fünfzehntens:

Designernamen quer über der Brust: wirkt protzig, neureich, unelegant.

10. Kapitel: Drucksachen

Private Drucksachen, oder Akzidenzen, verschickt man, um Bekannten ein Familienereignis wie Verlobung, Hochzeit, eine Geburt oder einen Todesfall anzuzeigen oder um zu einem Event, etwa zu einem Abendessen, zur Hochzeit oder zum Geburtstag, einzuladen.

Die hier wiedergegebenen Akzidenzen sind natürlich nur Vorschläge. Erlaubt ist, was gefällt. In diesem Buch wird, denke ich, immer wieder deutlich, dass meine Vorschläge eher der alten Schule entsprechen, eher von konservativen Menschen bevorzugt werden. Das gilt gerade auch für die in diesem Kapitel vorgestellten Privatdrucksachen.

Hochzeit

Anlässlich einer Hochzeit sind häufig mehrere Drucksachen zu versenden. Da ist zunächst einmal die Hochzeitsanzeige. Hier stellt sich die Frage, *wer* denn anzeigt. Nach guter alter Sitte tun dies die Eltern der Braut, die die Hochzeit ihrer Tochter mit Herrn XY bekannt geben. Meistens auf einem einmal zusammengeklappten Blatt der Größe DIN-A4.

Das ist heute freilich nur noch dann wirklich passend, wenn der Bräutigam bereits „im Leben steht“, in der Lage ist, einen Haushalt zu begründen und zu bestreiten und die Braut deutlich jünger ist, sich vielleicht noch in Ausbildung befindet und nach der Hochzeit nicht sofort zum Familieneinkommen beitragen wird. Darüber hinaus entspricht diese Form der Anzeige (linke Seite Brauteltern, rechte Seite Bräutigam) auch eher dem früher üblichen Fall, dass der Brautvater die gesamten Kosten des Hochzeitsfestes übernimmt.

Anna von der Rose gibt mit großer Freude die Vermählung ihrer Tochter Beatrice von der Rose mit Herrn Dr. Emil Donner, Sohn des Detlef Donner und seiner Gemahlin Doris Donner, geborene Clausen, bekannt.

Emil Donner gibt mit großer Freude seine bevorstehende Vermählung mit Beatrice von der Rose, Tochter des verstorbenen Anton-Axel Albrecht und Anna von der Rose, bekannt.

Die kirchliche Trauung findet
am
Samstag, den 15. Mai 2010,
um 12.00 Uhr
in der St. Johannes Kirche in München statt.

Blütenweg 55
98741 München

Suse-Semmler-Straße 8
12369 Musterstadt

Bekanntgabe der Hochzeit

Im dargestellten Fall der Brautleute Beatrice von der Rose (Braut) und Dr. Emil Donner (Bräutigam) ist die anzeigende Brautmutter freilich von ihrem ehemaligen, offensichtlich inzwischen verstorbenen Ehemann Anton-Axel Albrecht geschieden und hat ihren Mädchennamen wieder angenommen, der sonst, wäre er anderslautend – rechts erwähnt worden wäre.

Im Fall der Hochzeit Mustermann könnten die beiden Brautleute nach alter Sitte auch beide unter dem Namen des Bräutigams annoncieren: „Martina Martha Beispiel, geb. Mustermann und Berthold Boris Beispiel". In diesem Fall laden die beiden Hochzeiter zu allen mit der Hochzeit verbundenen Festivitäten selbst ein. Vielfach, insbesondere dann, wenn beide Brautleute im Beruf stehen und längst in einer gemeinsamen Wohnung leben, kann es sehr albern wirken, wenn die Brauteltern durch ihre Anzeige den Anschein vermitteln, als gäben sie nunmehr ihr kleines Töchterchen in die Hände des Bräutigams. Da wirken Anzeigen wie diese realistischer. Ganz und gar unangebracht sind vielfach zu lesende Anzeigen, in denen beide Elternpaare für ihre häufig 28- und 30-jährigen „Kinder“ das bevorstehende große Ereignis ankündigen.

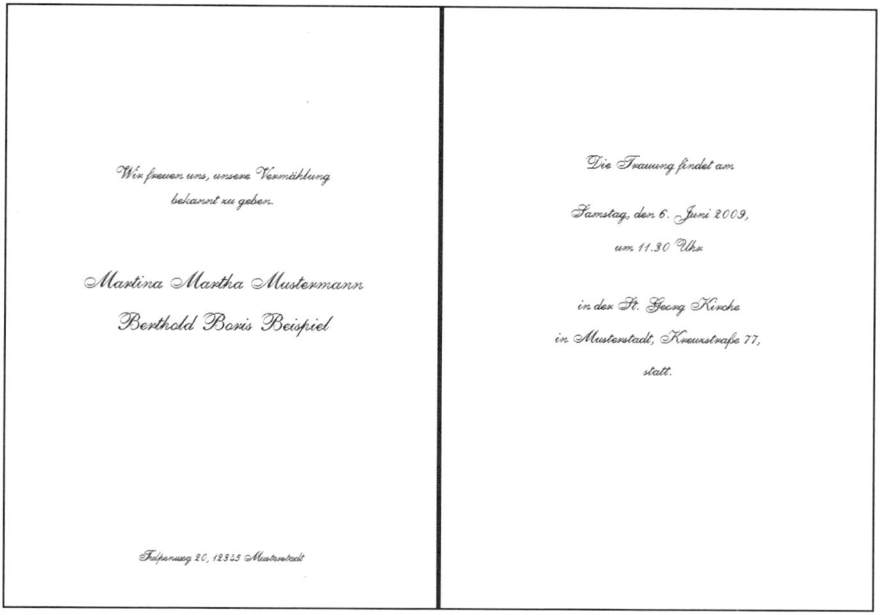
Wir freuen uns, unsere Vermählung
bekannt zu geben.

Martina Martha Mustermann
Berthold Boris Beispiel

Tulpenweg 20, 12345 Musterstadt

Die Trauung findet am

Samstag, den 6. Juni 2009,
um 11.30 Uhr

in der St. Georg Kirche
in Musterstadt, Kreuzstraße 77,
statt.

Bekanntgabe Vermählung

In solchen, eher konservativen Vermählungsanzeigen werden Zeit und Ort der kirchlichen Trauung in der Mitte vermerkt. Die kirchliche Trauung ist gewöhnlich öffentlich und findet normalerweise in der Kirche derjenigen Gemeinde statt, in der auch das Hochzeitsfest gefeiert wird. Zur kirchlichen Trauung wird nicht extra eingeladen. Wer eine Anzeige erhält, ja wer überhaupt von diesem Ereignis Kunde bekommt, ist willkommen und insoweit „eingeladen“, der Trauung beizuwohnen.

Wollen die Brauteltern beziehungsweise in diesem Fall die Brautmutter, die ganz offensichtlich der Finanzier der Hochzeitsfeierlichkeiten (eventuell mit Ausnahme des Polterabends) ist, Freunde oder Verwandte auch zu Hochzeitsfeierlichkeiten über die kirchliche Trauung hinaus einladen, so werden sie dem Briefumschlag, der die Hochzeitsanzeige enthält, noch weitere Einladungskarten beilegen.

Das kann etwa eine Einladung zu einem Polterabend sein. Diese spricht gewöhnlich das Brautpaar selbst oder der Bräutigam aus. Der Polterabend kann auch „Junggesellenabschied“, oder „Sauerländer Abend“ genannt werden. Zum Polterabend werden in der Regel eher die Freunde des Brautpaars, also eher junge Gäste eingeladen.

Anlässlich unserer Hochzeit findet ein
Polterabend statt, zu dem wir

____

herzlich einladen
am Samstag, den 23. Mai 2009,
um 18.30 Uhr
auf dem Gut Rosenglück in
Musterort,
Dorfstraße 55

U.A.w.g. bis 15. April 2009 — Tracht
Tulpenweg 20, 12345 Musterstadt
Tel.: 0123 / 12 34 56
Mail: Wunderland@Beispiel.de

Polterabend

Emil Donner

bittet

---

anlässlich seiner Vermählung

mit Beatrice zum Bayerischen Abend

am Freitag, den 14. Mai 2010, um 18.00 Uhr

auf das Haus des Corps Suevia, Werneckstr. 6, München-Schwabing.

U. A. w. g. bis 15. April 2010 — Tracht, Blazer

Einladung Bayerischer Abend

Zum anderen kann zu einem Empfang eingeladen werden, der im Anschluss an die kirchliche Trauung stattfindet. Zu diesem laden großzü-

Anna von der Rose

bittet

---

im Anschluss an die

kirchliche Trauung von Emil und Beatrice

zum Empfang auf das Haus des Corps Suevia,

Werneckstr. 6, München-Schwabing.

U. A. w. g. bis 15. April 2010 — Cutaway, Dunkler Anzug

Einladung: Hochzeitsempfang

Im Anschluss an die kirchliche
Trauung laden wir

---

herzlich zu einem Empfang
in das Logenhaus in Musterstadt,
Rudi-Roller-Straße 7, ein.

U.A.w.g. bis 15. April 2009
Tulpenweg 20, 12345 Musterstadt
Tel.: 0123 / 12 34 56
Mail: Wunderland@Beispiel.de

Cutaway
Anzug
Couleur

Hochzeitsempfang nach der Trauung

gige Gastgeber all jene Gäste ein, denen die Nachricht über die bevorstehende Hochzeit (Vermählungsanzeige) zugeschickt wird. Aber es ist natürlich den Gastgebern überlassen, wen sie zum Empfang anlässlich der Hochzeit einladen.

Auf der Einladung zum der kirchlichen Trauung folgenden Empfang wird auf der Einladungskarte der Dresscode vermerkt. Diese Emp-

Anna von der Rose

bittet

---

anlässlich der Hochzeit von Emil und Beatrice

zum Dinner am Samstag, den 15. Mai 2010, um 19.00 Uhr

in den Bayerischen Hof, Promenadeplatz 10, München.

U.A.w.g. bis 15. April 2010 *Frack, Smoking, Dunkler Anzug*

Einladung Hochzeitsdinner

fehlung bezieht sich automatisch gleichzeitig auf die Kirche. Das heißt, wenn die Kleidungsempfehlung zum Empfang nach der Kirche „Cutaway/dunkler Anzug“ lautet, dann tragen die Gäste natürlich nicht nur zu diesem Empfang ihre feine Morgengarderobe, sondern bereits in der Kirche. Die Damen kleiden sich dazu passend. In der Regel tragen sie in diesem Fall ein dreiviertellanges Kleid mit bedeckten Schultern und wenig Dekolleté oder, wenn das Kleid weiter ausgeschnitten ist, ein Tuch darüber und einen Hut.

Schließlich kann der Sendung die Einladung zum Hochzeitsdinner, dem festlichen Essen mit anschließendem Tanz, beiliegen. Diese Einladung enthält wiederum eine Kleidungsempfehlung, die, wenn es sich um ein abendliches Festessen handelt, niemals der Cutaway sein kann, weil dies ein Morgenanzug ist. Die richtige Kleidung für das abendliche Fest lautete deshalb: Frack/Smoking/dunkler Anzug.

Geburt

Häufig wird das Kärtchen mit dem Vornamen des neuen Erdenbürgers in der Größe zweier Briefmarken mit einem Schleifchen auf die meistens postkartengroße Anzeigenkarte aufgebunden. Das Schleifchen ist bei Mädchen rosa, bei Jungen hellblau.

Tim Thaddäus
13. Juli 2011

Tobias und Trude Thurgau

freuen sich, die Geburt
ihres Sohnes bekannt zu geben.

Theocharisstraße 55, 59869 Trontheim

Michelle Modesta Marie
5. Juli 2015

Michael und Manuela Merlot

freuen sich, die Geburt
ihrer Tochter bekannt zu geben.

Madeleineweg 27 — 74523 Mitterberg

Geburt

Weitere Einladungen

Gedruckte Einladungskarten können unterschiedlich gestaltet werden. Auch hier gehe ich nur auf die eher konservative Form ein, mit der man allerdings nichts falsch machen kann. Es lassen sich zwei Arten von Einladungskarten unterscheiden:

Einladungskarten für ein bestimmtes Ereignis

Auf diesen, extra für eine bestimmte Veranstaltung gedruckten Karten wird mit der Hand der Name des eingeladenen Gastes oder des eingeladenen Paares vermerkt. Danach folgt das Ereignis, zu welchem gebeten wird, also „zu einem Cocktail" oder „zum Gala-Empfang" oder „zum Dinner". Unter Umständen folgt noch der Anlass des Events, etwa „aus Anlass des vierzigjährigen Bestehens des Gymnasiums" oder dergleichen. Neben Zeit und Ort findet sich auch der Vermerk „U.A.w.g." („Um Antwort wird gebeten") und Hinweise auf den erwünschten Dresscode.

Theodor Traian Teriano & Konstanze Klara Krüger

bitten

____

zu einem Cocktail am Samstag, den 20. August 2011,

von 18.00 – 22.00 Uhr in der Rudi-Roller-Straße 36, Weinstadt.

U.A.w.g. bis spätestens 13. August 2011

Tel. 0147 / 123 45 67
teriano@wundermail.com

Tel. 0321 / 987 65 43
kk-krueger@weissnix.de

Cocktailempfang

Der Präsident des Deutschen Klimagipfels 2011
Prof. Dr. Holger Hammedathas

bittet

____

anlässlich des 35. Deutschen Klimagipfels Berlin 2011
zum Gala-Empfang am Samstag, den 7. Mai 2011, 19.00 Uhr
in das Schlosshotel, Helga-Holle-Straße 8, 12547 Berlin.

U.A.w.g. auf beiliegender Karte
Dresscode: Cocktailkleid / Dunkler Anzug
Diese Einladung ist nicht übertragbar.

Einladung Gala Empfang

Einladungskarten „für alle Fälle"

Viele Familien, die sehr intensiv am gesellschaftlichen Leben teilnehmen und häufig Gäste haben, Institutionen wie etwa Vereine, aber auch Botschafter und andere hohe Funktionsträger lassen sich Einladungskarten drucken, die nur die Angaben enthalten, die immer gelten.

Unten rechts steht die Adresse, unten links „U.A.w.g.". Dresscode wird keiner vermerkt, sondern, je nach Ereignis, mit der Hand eingefügt.

JOHANNES UND JOSEPHINE JUMILLA

BITTEN

....

AM .... , DEN .... UM .... UHR

ZUM ....

PRINZENWEG 32
58963 JUNIUSSTADT
TELEFON: 258 / 456 89 32

U.A.W.G.

Gustav und Gisela von Galliac

bitten

zum

am

01234 Grünheide
Gerstenweg 17
Tel. 0234 / 987 65 43

U. A. w. g. bis

Heinrich und Hanelore Herbst

würden sich freuen

---

zu

am *um* *Uhr*

begrüßen zu können.

U. A. w. g *An der Linde 7*

Tel. 091 / 596 45 22 *78324 Hannover*

DER MÄNNERGESANGSVEREIN NACHTIGALL

gibt sich die Ehre,

zu seinem am um Uhr c.t.

im großen Festsaal des Landchorhauses

stattfindenden

ergebenst einzuladen.

U. A. w. g. bis

Anschrift: Landchorhaus
Vogelweg 5
45781 Musterdorf

Einladung zum Ausfüllen

Solche Standardeinladungen in großer Anzahl anzufertigen und für alle möglichen Einladungen zu verwenden gilt durchaus als üblich und vornehm.

Tischführungskarten

Es gibt noch eine Reihe anderer privater Drucksachen, auf die ich wegen ihres seltenen Gebrauchs hier nicht eingehen möchte. Nur eine scheint mir noch erwähnenswert, auch deshalb, weil sie den Ablauf einer offiziellen Abendgesellschaft positiv beeinflusst: die ziemlich aus der Mode geratene Tischführungskarte.

Wenn gute Gastgeber eine Abendgesellschaft inklusive Dinner geben, dann besteht dieser Abend aus drei Teilen: dem Begrüßungsempfang, dem Dinner im Speisezimmer und dem Get-together danach, also dem geselligen Beisammensein nach dem Essen. Der vollendete Gastgeber bemüht sich, die gleiche Anzahl von Damen und Herren einzuladen, damit jede Dame einen Tischherrn hat. Dieser sitzt links neben ihr.

Nun gibt es bei einem stilvollen Abendessen zwar Tischkärtchen, doch eigentlich heißt es ja: „Jeder Herr *führt* seine Dame zu Tisch". Da (Ehe-)Paare nie nebeneinander sitzen, erhält der Herr die Information, welche Dame nun „die seine" ist, durch das Tischführungskärtchen. Es handelt sich hierbei um ein Klappkärtchen von demselben Format wie das Tischkärtchen. Auf der Vorderseite steht aufgedruckt oben links „Herr". Darunter schreibt der Gastgeber den Namen des jeweiligen Tischherrn. Klappt man nun das Kärtchen auf, so steht auf der unteren Innenseite „wird gebeten," darunter trägt der Gastgeber den Namen der jeweiligen Tischdame ein. Unten rechts steht wiederum gedruckt „zu Tisch zu führen".

Der vollständige Satz lautet schließlich: „Herr *Karl Miesneck* wird gebeten, *Frau Ursula Sanftmut* zu Tisch zu führen". Diese Karten stellt

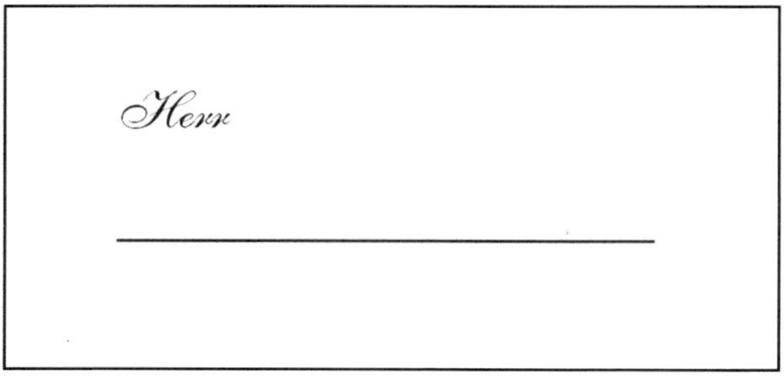

Führungskarte Vorderseite

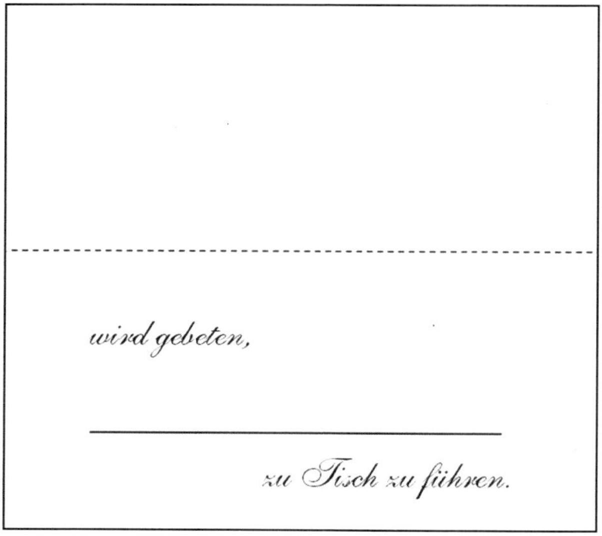

Führungskarte Innenseite

der Gastgeber in dem Raum, in dem der Begrüßungsempfang stattfindet, auf eine Kommode, so dass sich jeder Herr seine Karte nehmen, sich um seine Tischdame kümmern und sie zu Tisch führen kann.

Gastgeber, die solche vorgedruckten Karten nicht haben, verwenden häufig leere Klappkärtchen, wo sie vorne nur den Namen des Tischherrn und innen den Namen der Tischdame eintragen.

11. Kapitel: Gesammelte Fragen und Antworten

In meiner Eigenschaft als Dozent und Trainer in Fragen von Stil und Etikette werde ich oft um Rat gefragt. Bei den Fragen, die überwiegend von Interessenten kommen, die ich nicht kenne, die sich aber an mich wenden, weil sie mir offensichtlich aufgrund meiner Website www.institut-fuer-stil-und-etikette.de und meines Stil-und-Etikette-Weblogs www.uwefenner.de in Sachen Stil und Etikette vertrauen, handelt es sich zumeist um Probleme, die viele Menschen betreffen. Deshalb habe ich die wichtigsten Fragen, die mich in den letzten drei Jahren erreichten, in diesem Buch aufgeführt.

Adlige: korrekte Anrede

Lieber Uwe,

ich las Deinen Blog vorhin. Eine adelige Frau mit „gnädige Frau" anzusprechen, lernte ich, gehöre sich nicht, das mache man nur bei bürgerlichen. Oder?

Herzliche Grüße

A. D.

Meine Antwort:

Lieber A.,
nein, mein Guter, da muss man differenzieren:
1. Briefadel (auch Kradel, jedenfalls einfacher Adel, nur mit „von"):
- ✧ Clothilde von Witzleben – Anrede: „Gnädige Frau"
- ✧ Frida Freifrau v. Fritsch – Anrede: entweder „Gnädige Frau" oder „Baronin"

- ✧ Gisela Gräfin v. Lambsdorff – Anrede: „Gräfin"
- ✧ Wilhelmine Prinzessin v. Hohenzollern – Anrede: „Prinzessin".

Während man die entsprechenden Ehemänner – „Sehr geehrter Graf Lambsdorff", „Guten Tag, Baron Fritsch", „Auf Wiedersehen, Prinz Hohenzollern" – immer ohne „von", aber mit ihrem Titel und Namen anspricht und anschreibt, lässt man bei den Frauen den eigentlichen Namen weg: „Alles Gute, Gräfin, und noch ein schönes Wochenende!" „Schön, Sie wieder zu sehen, Prinzessin!" oder im Brief: „Hoch verehrte, liebe Baronin", „Sehr verehrte Gräfin".

Adlige: korrekte Begrüßung

Sehr geehrter Herr Fenner,

ich habe eine Frage zum Thema Begrüßung. Können Sie mir sagen, wie man einen Adeligen, eine Adelige richtig begrüßt?

1.) Ich werde einem Herrn und seiner Gemahlin vorgestellt. Wie verhalte ich mich in dieser Situation korrekt?
2.) Ist es richtig, dass man Titel – „von" oder „von und zu" – in der Anrede benutzt? Also z.B. „Herr von XYZ", darf ich Sie etwas fragen?"
3.) Wie verhält es sich, wenn die Person nicht nur ein „Von" ist, sondern eventuell gar ein Graf? Ist es dann richtig zu sagen: „Herr Graf von XYZ, darf ich Sie etwas fragen?"
4.) Ich habe einmal gehört, dass man bei höheren Adeligen nicht die Dame, sondern den Herrn zuerst begrüßt. Ist dies wirklich richtig?
5.) Gelten die antiquierten Anreden, wie etwa „Durchlaucht" oder „Hoheit", immer noch?

Meine Antwort:

Sehr geehrter Herr S.,

zunächst gilt es, die Frage zu beantworten, ob die adeligen Personen Ihnen vorgestellt werden oder Sie den adligen Damen und Herren. Es kommt nämlich darauf an, wer „ranghöher" ist. Der Ranghöhere genießt im allgemeinen gesellschaftlichen Verständnis das Recht auf Erstinformation. Das heißt, dem Ranghöheren wird der Rangniedrigere vorgestellt. Ranghöher ist immer die Dame, der oder die Ältere, der Vorgesetzte, der Kunde oder ganz allgemein die oder der Würdigere.

Zu 1.) Sie werden Herrn von Heyne und seiner Frau vorgestellt. Derjenige, der vorstellt, sagt zu Herrn und Frau von Heyne: „Gnädige Frau, Herr von Heyne, darf ich Ihnen meinen alten Freund, Herrn Steffen S., vorstellen?“ Dann wendet er sich an Sie, deutet auf die von Heynes und sagt zu Ihnen: „Herr und Frau von Heyne“. Erst jetzt nehmen Sie die Ihnen von Frau von Heyne dargebotene Hand und drücken diese (nicht zu fest und nicht zu leicht) oder deuten einen Handkuss an und sagen: „Guten Tag, gnädige Frau“ oder „Guten Tag, Frau von Heyne“. Dann geben Sie Herrn von Heyne die Hand, die dieser schon bereit hält, und grüßen ihn mit: „Guten Tag, Herr von Heyne“. Kein „Angenehm“, bitte. Das gilt als spießig.

Zu 2.) und 3.) Bei „von“ oder „zu“ oder „von und zu“ handelt es sich nicht um Titel, sondern um das Adelsprädikat des einfachen Adels, mit dem jene Adeligen angesprochen werden, die nicht zum titulierten Adel (Freiherr, Baron, Graf, Prinz, Fürst, Herzog) gehören: „Guten Tag, Herr von Heyne, wie war das Fest?“ Spricht man über eine Person, kann das Adelsprädikat auch mal weggelassen werden: „Ich habe gehört, Dohnany war auch da?“

Also ist es richtig, zu Carl von Heyne zu sagen: „Herr von Heyne, darf ich Sie etwas fragen?“ Zu Graf von Dönnhoff sagen Sie allerdings: „Graf Dönhoff, darf ich Sie etwas fragen?“ Und zu seiner Frau: „(Verehrte) Gräfin, darf ich Sie etwas fragen?“

Zu 4.) Nein, Sie begrüßen die Dame zuerst. Es sei denn, Sie kennen ihn, und sie (noch) nicht. Dann gehen Sie auf den Ihnen bekannten Herrn zu und grüßen ihn. Er wird Ihnen seine Frau umgehend vorstellen. Das gilt für bürgerliche Personen genauso wie für den Adel.

Zu 5.) Heutzutage gehen wir davon aus, dass bürgerliche Personen den Adeligen gesellschaftlich gleichgestellt sind. Entscheidender für den gesellschaftlichen Rang sind Bildung, Stellung im Beruf und Besitz.

Nur Bedienstete und Service-Personal sprechen den Herzog mit „Durchlaucht“ und den Grafen mit „Herr Graf“ und „Frau Gräfin“ an. Als Gast einer Cocktailparty sagen Sie zum Herzog von Württemberg, sofern Sie sich duzen „Eugen“, ansonsten „Herzog Württemberg“.

In einer offiziellen Rede brechen Sie sich indessen keinen Zacken aus der Krone, wenn Sie den Prinzen Wilhelm Karl von Preußen am Anfang Ihrer Ausführungen als „Königliche Hoheit“ titulieren oder Kardinäle, evangelische Bischöfe, ausländische Botschafter, Rektoren oder den Dekan einer Universität mit „Eminenz“, „Exzellenz“, „Magnifizenz“ oder „Spektabilität“ ansprechen.

Antrittsbesuch bei den Schwiegereltern in spe

Sehr geehrter Herr Fenner,

aufgrund diverser Recherchen bin ich auf Ihre Homepage aufmerksam geworden und konnte daraus Erkenntnisse und Ratschläge für Stilfragen in den unterschiedlichsten Situationen ziehen. Ich möchte mich schon jetzt ganz herzlich bedanken, dass Sie Ihre detaillierten und praxistauglichen Empfehlungen der Allgemeinheit zur Verfügung stellen. Nun möchte ich Ihnen gerne ein persönliches Anliegen vortragen, in der Hoffnung, von Ihnen nützliche Tipps zu erhalten.

Zu meiner Situation: Meine Freundin hat sich erst vor Kurzem von ihrem Mann getrennt. Da wir uns sehr lieben und bereits eine gemeinsame Zukunft planen, möchte sie mich auch in absehbarer Zeit in ihre Familie einführen und mich als neuen Lebenspartner im Hause der Eltern vorstellen. Die Mutter hat bereits Kenntnis von mir, kennt mich auch von Fotos und brennt buchstäblich darauf, mich endlich kennenzulernen. Da der Mann meiner neuen Lebensgefährtin sehr in die Familie integriert war, bin ich mir, wenn ich über dieses bevorstehende Treffen nachdenke, darüber im Klaren, dass mir die nötige Handlungssicherheit fehlt. Zum einen möchte ich mich angemessen präsentieren, um auch – schon allein meiner Freundin wegen – akzeptiert zu werden, zum anderen möchte ich auch nicht zu offensiv erscheinen, da ja bekanntlich der erste Eindruck zählt. Meine Frage bezieht sich nun auf den Ablauf der Zusammenkunft als Ganzes, angefangen von der passenden Garderobe, über das Auftreten, bis hin zu etwaigen Gastgeschenken.

Ich bin mir bewusst, dass meine Fragestellung einen sehr komplexen Sacheverhalt in sich birgt, hoffe allerdings, dass Sie mir nützliche Ratschläge zu einem stilsicheren Verhalten geben können.
Ich bedanke mich für Ihre Mühen!

Mit besten Grüßen,
Ihr
M. N.

Meine Antwort:

Sehr geehrter Herr N.,

wichtige Begegnungen sollten gründlich vorbereitet werden. Wie ein guter Gastgeber als umsichtiger Regisseur seine Veranstaltung genau vorbereitet und unmerklich „leitet", so wird auch ein nach Erfolg strebender Gast seinen Besuch vorab durchdenken, um später die Begegnung zu nutzen, einen guten Eindruck zu hinterlassen. Dabei ist, wie stets in Fragen von Stil und Höflichkeit, alterozentriertes Denken gefragt. Der Besucher wird seinen Auftritt so planen, wie der Besuchte sich dies mutmaßlich wünscht.

Aus diesem Grund muss man sich fragen, was das für Menschen sind, denen man sich vorstellen möchte. Ihre Schilderung, wie herzlich die Familie Ihrer Freundin Ihren Vorgänger aufgenommen hat und wie die Mutter Ihrer Freundin darauf drängt, Sie endlich kennen zu lernen, lässt ja den Schluss zu, dass in der Familie Ihrer Freundin eine herzliche Atmosphäre herrscht. Nun schließt Herzlichkeit keineswegs eine gute Form aus. Das denken viele, ist aber falsch. Menschen mit Stil und Lebensart zeichnen sich dadurch aus, dass sie gute Manieren mit Herzlichkeit verbinden!

Sie müssen sich von Ihrer Freundin möglichst viel darüber erzählen lassen, wie es in ihrem Elternhaus zugeht. Sie wird Ihnen vermitteln können, was ihre Eltern anzuziehen pflegen, wenn Besuch erwartet wird. Es kommt sicher auch darauf an, wann der Besuch stattfinden soll. Ist er am Abend eines Werktags geplant? Trägt der Herr Papa im Büro Anzüge und erscheint so auch am Abend zuhause? Oder ist er schon im Ruhestand und bevorzugt eher den „casual look". Ich möchte Ihnen raten, ein klein wenig besser angezogen zu sein, als Sie es vom Vater Ihrer Freundin erwarten. So machen Sie nichts verkehrt. Pflegt er zum Beispiel eine Kombination mit offenem Hemd zu tragen, erscheinen Sie in ähnlichem Outfit, jedoch *mit* Krawatte. Können Sie davon ausgehen, dass er Sie in Jeans und Polohemd erwartet, so bevorzugen Sie eine Baumwoll- oder Wollhose und ein offenes Oberhemd mit langen Ärmeln – eben ein bisschen offizieller als Ihr Gastgeber. Und wenn er Sie tatsächlich im schicken Dreiteiler erwartet, dann ziehen Sie eben auch einen guten Anzug, eine Krawatte und ein Hemd mit Doppelmanschetten und Manschettenknöpfen an. Machen Sie nur nichts Übertriebenes; kein knallrotes Hemd, keine Strümpfe, die heller sind als die Hose und „never brown after six": Nach Einbruch der Dämmerung sollten Sie keine braunen Schuhe und keinen braunen Gürtel mehr tragen. Braune Anzüge sollten Sie erst gar nicht anschaffen, höchsten braune Tweedjacken mit grauer Hose, diese aber nicht abends tragen.

Bringen Sie einen Blumenstrauß für die Mutter Ihrer Freundin mit, nicht zu groß und nicht zu mickrig – und natürlich keine roten Rosen; die sind nur für Ihre Freundin richtig, aber nicht zu diesem Anlass. Anders als bei formellen Essenseinladungen, wo es vornehm ist, die Blumen einen halben Tag vorweg zu schicken, damit die Dame des Hauses sie schon arrangieren kann, bringen Sie diesen Blumenstrauß selbst mit, wickeln ihn unmittelbar vor der Übergabe an die Dame des Hauses aus dem Papier und sagen bei der Übergabe an die Mutter, dass Sie sich freuten, endlich die Mutter Ihrer Freundin kennen zu lernen, von der sie schon so viel Nettes gehört hätten.

Sie werden dann vermutlich ins Wohnzimmer oder auf die Terrasse gebeten. Sie sollten darauf achten, sich erst dann zu setzen, wenn beide Damen sitzen. Überhören Sie zumindest die erste Aufforderung, sich zu setzen, solange die Dame des Hauses noch Tee oder Mineralwasser holt. Erst bei wiederholtem Drängen der Mutter oder des Vaters Ihrer Freundin, doch Platz zu nehmen, kommen Sie dieser Aufforderung nach, stehen jedoch erneut auf, wenn die Dame des Hauses mit den Getränken den Raum betritt, und versuchen Sie sofort, Ihr beim Tragen und Eingießen behilflich zu sein. Fragen Sie nie, ob Sie helfen können, sondern tun Sie's einfach. Dies lässt Sie sofort als hilfsbereite, wohlerzogene und herzliche Person erscheinen.

Machen Sie nach einer guten halben Stunde Gesten des Aufbruchs, lassen Sie sich jedoch rasch überreden, noch ein bisschen zu bleiben. Überlegen Sie schon vorher, was Sie die Familie Ihrer Freundin fragen wollen, und wenn Sie über sich selbst sprechen, versehen Sie Ihre Schilderungen stets mit einem Schuss Selbstironie, das macht Sie sympathisch. Fragen Sie Ihre Freundin, wofür sich ihre Eltern besonders interessieren und sprechen Sie sie darauf an. Jeder Mensch spricht gerne über Themen, die er beherrscht. Stellen Sie viele Fragen. So werden Sie als interessiert eingestuft.

Ich würde gerne als Souffleur mitgehen – mit Tarnkappe natürlich, aber Sie werden das schon machen, davon bin ich überzeugt.

Begrüßung: Rangkollisionen

Sehr geehrter Herr Fenner,

auf der Suche nach einer Antwort auf die Frage „Wie begrüße ich richtig?“ bin ich auf sehr interessante Filme von Ihnen auf sevenload.de gestoßen. Leider gab es auf meine konkrete Frage keine Antwort. Vielleicht können Sie mir auf diesem Weg einen Tipp geben?

Ich treffe auf einer Tagung meinen Vorgesetzten und eine meiner Kolleginnen. Grüße ich erst meinen Vorgesetzten (ranghöher) oder meine Kollegin (ladies first)?

Mit freundlichen Grüßen

P. H.

Meine Antwort:

Sehr geehrter Herr H.,

Sie haben das sich häufig stellende Problem der Rangkollision angesprochen. Sie wissen längst: Wenn ich auf eine kleine Gruppe von Menschen stoße, die ich kenne, dann grüße ich zuerst den Ranghöchsten. (Bei einer größeren Runde kann ich ohne Weiteres der Reihe nach grüßen.) Ranghöher ist immer der Ältere, die Dame, der Vorgesetzte, der Kunde. So weit, so gut. Wer ist aber nun ranghöher, die Dame oder der Chef?

Hier müssen Sie selbst entscheiden: Wer von den beiden verdient Ihrer Meinung nach mehr Wertschätzung? Sie sollten bei Ihren Überlegungen blitzschnell weitere Kriterien heranziehen. Ist der Vorgesetzte deutlich älter als Ihre Kollegin, dann sprechen schon zwei Zeichen des hohen Ranges für ihn: Alter und beruflicher Status. Vermutlich ist Ihr Vorgesetzter deutlich älter als Ihre Kollegin. Also grüßen Sie ihn zuerst. Außerdem gilt „ladies first" im Beruf sowieso nur eingeschränkt, wenn überhaupt. Im beruflichen Alltag treffen die Damen im Wesentlichen dieselben Pflichten, die auch den Herren obliegen. Im Büro richtet sich die Rangordnung also streng nach der Hierarchie.

Beruf & Büro: Betriebliche Weihnachtsfeier

In den Wochen vor Weihnachten veranstalten viele Betriebe, Büros oder Abteilungen größerer Unternehmungen betriebliche Weihnachtsfeiern, die das Miteinander der Kollegen fördern sollen. Häufig möchte sich auch die Geschäftsleitung für die im abgelaufenen Jahr geleisteten Anstrengungen bedanken und gleichzeitig für das nächste Jahr motivieren. Sehr häufig erreichen solche Weihnachtsfeiern diese Ziele auch. Allerdings bergen Veranstaltungen dieser Art auch Risiken. Insbesondere der Alkoholgenuss, der allzu leicht Zunge und Verhalten lockert, kann zu folgenschweren Konsequenzen führen. Drei „Fallen" für Chef und Mitarbeiter möchte ich im Folgenden darstellen:

Worauf der Vorgesetzte achten sollte:

Falle 1:	Eine Mitarbeiterin zeigt sich in ungewohnt freizügigem Outfit und macht ihrem Chef schöne Augen.
Mögliche Konsequenz:	Dies kann die Gerüchteküche nähren und mehr.
Falle 2:	Um Kontakt auch zu den mit eher einfachen Aufgaben betrauten Mitarbeitern herzustellen, platziert der Vorgesetzte diese an seinem Tisch, ohne jedoch mit den Gesprächsthemen vertraut zu sein, die die schlichten Werker interessieren.
Mögliche Konsequenz:	Dies kann zu für beide Seiten peinlichen Gesprächspausen führen.
Falle 3:	Der Chef lässt Musik auflegen, kneift aber, wenn ihn seine Sekretärin auf die Tanzfläche ziehen will.
Mögliche Konsequenz:	Dieses wenig souveräne Verhalten kann zu Imageverlust führen.

Worauf die Mitarbeiter achten sollten:

Falle 1:	Ein Mitarbeiter in fröhlicher und alkoholisierter Stimmung duzt den Chef.
Mögliche Konsequenz:	Der Vorgesetzte sieht möglicherweise seine Autorität untergraben, was dem Mitarbeiter in Folge schaden kann.
Falle 2:	Ein Mitarbeiter flirtet allzu sichtbar mit der Chefsekretärin.
Mögliche Konsequenz:	Der Chef fürchtet unter Umständen die Weitergabe von Interna. Auch dies kann unangenehme Konsequenzen für den Mitarbeiter haben.
Falle 3:	Der leutselige Chef, glücklich über die launige Feier und sein gutes Verhältnis zu seinen Mitarbeitern, bietet einem Angestellten das „Du“ an.

	Dieser duzt den Chef am nächsten Morgen immer noch.
Mögliche Konsequenz:	Kann den „verdutzten Duzer“ den Job kosten.

Beruf & Büro: Dresscode am Arbeitsplatz

Sehr geehrter Herr Fenner,

meine Frage betrifft die stilgerechte Bekleidung am Arbeitsplatz. Obwohl schon einige Dresscode-Tipps auf Ihrer Seite zu finden sind, erhielt ich noch keine Antwort auf die Frage, ob es in Ordnung geht, im Sommer einen hellgrauen oder überhaupt einen hellen Anzug zu tragen.
Vielen Dank im Voraus.
Mit freundlichen Grüßen
S. W.

Meine Antwort:

Sehr geehrter Herr W.,

die Frage, welche Herrenbekleidung, außer dunklen Anzügen, dem stilvollen Businessman erlaubt ist, bedarf einer ausführlichen Erläuterung.

Generell ist die Businesskleidung des Herrn in international tätigen Unternehmungen dunkel. Der übliche Anzug besteht aus Jackett und Hose, oder, bei einem Dreiteiler, Jackett, Weste und Hose. Alle Teile sind aus demselben Stoff. Anzüge bestehen grundsätzlich aus reiner Wolle, je nach Jahreszeit leicht oder schwer. Die Farben bewegen sich von Mittel- bis Dunkelgrau über Anthrazit bis Schwarz. Es gibt auch dunkelblaue Anzüge. Außerdem sind (feine) Nadelstreifen *comme il faut*, vor allem bei dunkelblauen Anzügen, wo der Nadelstreif hellgrau bis silbergrau ist. Natürlich gibt es auch andere klassische Stoffmuster für Herrenanzüge, z.B. Glencheck, Vogelauge, Fischgrät, Pfeffer & Salz. Anzüge mit solchen Mustern sind weniger für künstliche Beleuchtung geeignet, sollten also generell nicht am Abend getragen werden. Wenn ein Manager sicher ist, dass er bei Tageslicht nach Hause kommt, kann er solche Anzüge im Büro und auf Geschäftsreisen tragen. Wenn eine Abendveranstaltung ansteht und der Manager nicht sicher ist, ob er es noch schafft, sich umzuziehen, sollte er Anzüge mit diesen Mustern ebenso vermeiden, wie die tagsüber zu helleren Anzügen durchaus passenden braunen oder bordeauxfarbenen Schuhe, die auf keinen Fall zu künstlichem Licht tragbar sind.

Doch nun zu Ihrer Frage: Natürlich sind hellgraue Uni-Anzüge, elegante, helle Glenchecks, hellbeige oder khakifarbene Baumwollanzüge im Sommer nicht nur erlaubt, sondern zeugen vom guten Geschmack ihrer Träger. Doch auch bei sommerlichen Temperaturen sollte der kultivierte Businessman darauf achten, abends keine Muster (außer Nadelstreifen) zu tragen. Bei großer Hitze sind auch am Abend helle Anzüge erlaubt und chic.

Übrigens sollten die Stümpfe auch hier immer eine Nuance dunkler sein als der Anzug, also am besten zwischen den Farben von Schuhen und Hose liegen. Zu schwarzen Schuhen sind zwar schwarze Strümpfe nie verkehrt. Besser passen jedoch zu hellgrauem Anzug und schwarzen Schuhen dunkelgraue Strümpfe. Das Männerbein tritt so unauffällig zurück, falls das Hosenbein beim Sitzen einen Blick auf das Darunter zulässt. Zu beachten ist bei Herrenstümpfen stets und ohne Ausnahme, dass diese so lang sein sollten, dass man niemals das nackte Bein sehen kann (Kniestrümpfe).

Gestatten Sie mir noch einen Tipp, wenn Sie Anzüge beim Schneider machen lassen: Kümmern Sie sich bei der Auswahl des Stoffs nicht nur um den Stoff, den man sieht, sondern wählen Sie auch einen hübschen Futterstoff aus. Gerade in diesen Details unterscheidet sich der Maßanzug vom Konfektionsanzug. Ein anthrazit-grauer Flanell-Anzug kann etwa mit weinrotem oder dunkelblauem Futter ausgestattet werden.

Ein bisschen „snobby“ ist vielleicht der Tipp, den Maßschneider zu bitten, hinter das linke Revers der Anzugjacke, etwa vier Zentimeter unterhalb des Knopflochs, einen Steg oder eine Einstecklasche anzunähen, damit der Gentleman die von einer charmanten Dame überreichte Nelke oder Rose lässig ins Knopfloch stecken kann.

Im Sommer tragen viele jüngere, auch gut gekleidete Herren oft keine Krawatte. Auch dies ist dann korrekt, wenn der oberste Knopf des Businesshemds geöffnet ist und keine Weste getragen wird. Diese lässige Spielart sommerlicher Eleganz setzt sich mehr und mehr, insbesondere bei jüngeren Businessmen, durch. Was auf keinen Fall erlaubt ist, ist ein am Kragenknopf geöffnetes Hemd und eine „auf Halbmast" heruntergezogene Krawatte. Also entweder Hemd zu und Krawatte fest oder Hemd offen und keine Krawatte.

Noch ein Tipp für Schleifenträger: Die Fliege verträgt – außer derjenigen für Frack und Smoking (white tie, black tie) – ebenso wenig künstliche Beleuchtung, wie die brauen Schuhe („never brown after six").

Gürtel und Uhrenarmband aus Leder sollten von gleicher Farbe sein wie die Schuhe.

Beruf & Büro: „Du" oder „Sie" im beruflichen Kontext

Sehr geehrter Herr Fenner,

Sie haben mich bei www.openBC.com in Ihre Kontaktliste aufgenommen. Ich habe nun schon einige Beiträge dort gelesen, jedoch auf meine Frage keine Antwort gefunden.

Es geht um das Thema „Du und Sie" im Berufsleben. Ich habe vor einiger Zeit in einer Firma meinen beruflichen Einstieg als Dipl. Ing. gefunden. In meiner Position als Betriebsingenieur bin ich direkt dem Werksleiter unterstellt, die Meister befinden sich in der Hierarchie wiederum unter mir. Wie soll ich mich nun den Meistern der Firma gegenüber verhalten? Sie sind zwar älter als ich und haben viele Jahre Berufserfahrung, sind mir jedoch unterstellt.

Wäre es falsch, ihnen das „Du" anzubieten? Soll ich warten, bis sie es mir anbieten? Auch wenn die Begrüßung oftmals in hessischer Mundart erfolgt, bin ich bis jetzt immer beim „Sie“ geblieben, außer mir wurde das „Du“ angeboten.

Mit freundlichen Grüßen

R.G.

Meine Antwort:

Sehr geehrter Herr G.,

das oberste Gebot lautet: Respekt vor den Mitmenschen. Und Respekt zeigt der wirklich feine Mann stets auch gegenüber seinen Untergebenen, namentlich wenn sie auch noch deutlich älter sind. Die zweite Regel lautet: Der Würdigere wird geehrt. Der Geringere räumt dem Würdigeren freiwillig viele Rechte ein („Nach Ihnen, bitte!“ usw.). Wer ist nun der Würdigere oder auch Ranghöhere? Ranghöher ist generell: der Ältere, die Dame, der Vorgesetzte, der Kunde, der Gast.

Nun können diese Eigenschaften miteinander kollidieren: Der Ältere ist vielleicht ein Herr, der Gastgeber ist eine Dame und der Gast ein Herr, der Vorgesetzte ist – wie in Ihrem Fall – ganz jung etc. Hier gilt es, großes Fingerspitzengefühl zu zeigen und auf Regel Nummer 1 (Respekt vor den Mitmenschen) zurückzugreifen. Und abzuwägen. Auch wenn die Ihnen unterstellten Meister die kumpelhafte Nähe zu bevorzugen scheinen, haben sie am Ende doch vor einer guten Form, die Sie als Vorgesetzter wahren, immer Respekt. Die Mitarbeiter werden Sie mehr achten, wenn Sie eine gewisse höfliche Distanz wahren, indem Sie sie auch weiterhin siezen, selbst, wenn Ihnen das „Du“ angeboten wird. Für sich gewinnen können Sie Ihre Untergebenen vielmehr dadurch, dass Sie gelegentlich mit Hand anlegen, dass Sie sich vor einen Mitarbeiter stellen, der einen Fehler gemacht hat, dass Sie Ihre Kollegen nicht im Stich lassen und für ihre Sorgen und Nöte immer ein offenes Ohr haben, dass Sie ihnen klare und erfüllbare Zielvorgaben machen, Ihre Versprechungen einhalten und Ihren Mitarbeitern immer Vorbild sind.

Wenn Ihre Mitarbeiter Ihnen auf einer Betriebsfeier das „Du“ antragen, haben sie es in der Regel am nächsten Morgen schon wieder vergessen beziehungsweise wissen sie, dass sie es zu vergessen haben.

Wollen Sie Ihre Untergebenen jedoch unbedingt duzen, sollten Sie zuerst die Meinung Ihres Vorgesetzten dazu einholen. Hat er keine Einwände, laden Sie die Meister der Reihe nach einzeln nach Feierabend zu einem Glas Bier in eine ordentliche Kneipe ein und sagen: „Sie sind ein ganz wichtiger Mann in unserem Betrieb und ich bin auf Ihre Unterstützung angewiesen. Was ich bisher von Ihnen gesehen habe, hat mich überzeugt. Ich möchte die Verbundenheit mit Ihnen auch durch unsere gegenseitige Anrede zum Ausdruck bringen. Ich weiß, dass ich viel jünger bin als Sie, doch ich weiß auch, dass ich als Vorgesetzter den ersten Schritt machen muss. Also möchte ich Sie bitten, dass wir in Zukunft „Du“ zueinander sagen.“

Wenn Sie das so darlegen, haben Sie ihm Ihren Respekt vermittelt. Der Meister wird erstens nicht ablehnen und zweitens wird er von der noblen Art, mit der Sie ihn als Älteren behandeln, begeistert sein.

Beruf & Büro: Kaugummi in Konferenzen?

Sehr geehrter Herr Fenner,

in einem von mir gehaltenen Seminar wurde die Frage an mich gerichtet, ob Kaugummikauen in Konferenzen, Tagungen oder Dienstbesprechungen erlaubt sei. Meine spontane Antwort lautete „Nein“. Ich persönlich empfinde dies als äußerst unangenehm und störend. Der Seminarteilnehmer hingegen meinte, er habe sich bei einer Institution erkundigt und dort die Aussage gehört, Kaugummikauen könne man nicht untersagen, da es sich u.a. um Zahnpflege handle und man diese niemandem verbieten könne. Wie verhält es sich nun damit?

Über eine Antwort würde ich mich sehr freuen. Ich wünsche Ihnen ein angenehmes Wochenende und verbleibe mit freundlichen Grüßen
S. P.

Meine Antwort:

Sehr verehrte Frau P.,

meine Antwort ist kurz: Kaugummi zu kauen ist im Dienst wie auch im geselligen privaten Umfeld immer und ohne Ausnahme stillos. Der Kaugummi-Freund mag seine Kaumuskeln beim einsamen Spaziergang, im Auto oder allein zuhause stärken. Er mag meinetwegen auch noch im Bus, in der Schlange vorm Check-in am Flughafen und in der Wartehalle seine „Kaugummi-Zahnpflege“ betreiben (obwohl das in diesen Situationen bereits grenzwertig ist und ich ihm persönlich davon abraten würde; denn vielleicht sieht das sein Chef, den es davon abhalten könnte, ihn in eine kundenorientierte Position zu befördern).

Das Zahnpflegeargument ist dummes Zeug. Sie kommen auch nicht auf die Idee, sich auf Konferenzen die Fingernägel sauber zu machen. In diesen Zusammenhang gehört auch die Feststellung, dass die Nutzung von Zahnstochern in Gegenwart anderer Personen als äußerst unfein bezeichnet werden muss. Das macht man auf der Toilette, nicht im Speisezimmer.

Beruf & Büro: Korrektes Verhalten im Bewerbungsgespräch

In meiner Eigenschaft als Personalberater werde ich immer wieder gefragt, wie man sich im Vorstellungsgespräch verhalten solle. Der Rat des Headhunters lautet: Überzeugen durch Klarheit und Bescheidenheit und die Atmosphäre optimieren durch eine positive Ausstrahlung. Es gilt der lateinische Grundsatz: „Fortiter in re, suaviter in modo“ – „Energisch in der Sache, sanft in der Vorgehensweise“ (Claudio Acquaviva).

Man sollte also nicht

- mit dem dicksten Auto kommen und gar noch den Chefparkplatz zuparken,
- zur Sekretärin sagen: „Sagen Sie mal Ihrem Boss, dass ich da bin!“,
- den Hermes-Gürtel mit der großen goldenen „H“-Schnalle tragen.

Hingegen empfiehlt es sich,

- so früh loszufahren, dass man trotz Stau pünktlich ankommt und auf dem Weg vom Parkplatz zum Vorstellungsgespräch nicht ins Schwitzen gerät,
- eine schlichte Uhr zu tragen statt Rolex oder Breitling,
- eine private Visitenkarte mitzuführen, die beim Empfang oder der Sekretärin vorgelegt werden kann,
- das Jackett, während man steht oder geht, stets (mit dem mittleren Knopf) zuzuknöpfen,
- aufzustehen, sowie jemand das Zimmer betritt, und sich erst zu setzen, wenn dies auch der Gesprächspartner tut,
- klare Standpunkte zu vertreten, ehrliche Überzeugungen zu äußern, die von Kennerschaft in der Sache und Ausgewogenheit im Urteil gekennzeichnet sind, und ansonsten besser mit der eigenen Meinung hinterm Berg zu halten,
- „Name-dropping" nur mit Augenmaß zu betreiben. Nicht: „Das hab ich gestern auch dem Ackermann gesagt", sondern: „Ich hatte gestern auf einem Empfang der IHK die einmalige Gelegenheit, genau über dieses Thema die Auffassung sogar des Chefs der Deutschen Bank, Herrn Ackermann, zu hören."
- Fragen zu stellen. Gute Fragen verraten Interesse und Kennerschaft und bringen auch bei spröden Gesprächspartnern die Kommunikation in Gang. Es ist durchaus erlaubt, sich Fragen zuvor aufzuschreiben und den Fragebogen im Gespräch „abzuarbeiten". Dabei sollte man jedoch den Gesprächspartner im Blick haben und bemerken, wann dessen „Aufnahme-Limit" erreicht ist.

Beruf & Büro: Kritik an Chef und Kunden

Im *Stern* fand sich unlängst die Frage, ob man seine Mitmenschen, insbesondere auch seinen Chef, auf schlechtes Benehmen aufmerksam machen sollte. Hierzu meine Stellungnahme:

Beim Chef und guten Kunden sollte man dies nicht tun. Schon aus Gründen der Opportunität, um nicht etwa den Job oder den nächsten Auftrag zu verlieren. Einen guten Freund kann man hingegen, vorsichtig und unter vier Augen, korrigieren. Hinweise in Fragen gekleidet werden zu freundschaftlichen Ratschlägen, etwa: „Darf ich dir mal etwas sagen, ohne dass du es mir übel nimmst? Findest du nicht auch, dass ...?“

Wer sich schlecht benimmt, outet sich als unkultivierter Mensch. Man wird ihn nicht mehr einladen, seine Nähe meiden, mit ihm nicht Fußball oder Tennis spielen wollen. Sollte diese Person jedoch beruflich wichtig sein, hilft nur eines: Augen zu und Zähne zusammenbeißen. Und, wenn's geht, höflich absagen. Absagen, wenn der Chef einen nach Dienstschluss mit zum Tontaubenschießen nehmen will. Absagen, wenn der sich schlecht benehmende Kunde nach Hause einlädt.

Beruf & Büro: Kündigung bei kriminellen Machenschaften?

Sehr geehrter Herr Fenner,

ich erlaube mir, Sie in einer dringenden Sache um Rat zu fragen: Ich habe zum 1. Juli in die jetzige Position des Export-Leiters gewechselt und bin daher noch bis zum 31.12. in der Probezeit. Nun bin ich bei meinem neuen Arbeitgeber extrem unglücklich. Wohlgemerkt entspricht die Position absolut meinen Vorstellungen und ich erfülle sie auch. Unglücklich bin ich aufgrund der kriminell anmutenden Vorgänge und des Betriebsklimas. Ich habe bereits alles angesprochen und werde vom Vorstandsvorsitzenden nur an meinen Vorgesetzten verwiesen und der wiederum deckt sich mit den einzelnen betroffenen Personen.

Halten Sie es für sinnvoll, sofort wieder zu wechseln? Wie wirkt sich dies auf den Lebenslauf aus, ohne einem potentiellen neuen Arbeitgeber die Umstände erklären zu müssen? Wie könnte der neue Arbeitgeber dies sehen? Wie soll ich allgemein vorgehen? Darf ich Sie für die Beantwortung dieser Fragen in Anspruch nehmen?

Mit freundlichen Grüßen

N. N.

Meine Antwort:

Sehr geehrter Herr N.,

vielen Dank für Ihr Vertrauen. Das, was Ihnen passiert ist, kommt vor, wenn auch zum Glück eher selten. Zunächst muss ich Ihnen sagen, dass Sie Ihre neue Position mit Sicherheit zu euphorisch angegangen sind. Vermutlich haben Sie nicht ausreichend Erkundigungen eingezogen, sich einfach zu wenig mit Ihrem neuen Arbeitgeber beschäftigt. Wahrscheinlich liegt das daran, dass Sie sich eine solche Atmosphäre, ein solches Betriebsklima und die Möglichkeit, dass in einem nicht ganz kleinen Unternehmen etwas nicht mit rechten Dingen zugeht, gar nicht vorstellen konnten. Deswegen mein Rat für die Zukunft vorweg: Ebenso, wie ein Unternehmen, das einen neuen Mitarbeiter einstellen will, Referenzen beizieht, ebenso sollte der Bewerber, der Kandidat alle Erkundigungen einholen, bevor er einen Arbeitsvertrag unterschreibt. Er sollte sehr genau im Internet recherchieren, auch alle Namen aus dem Unternehmen, derer er habhaft werden kann, „googeln". Er sollte seinen Anwalt, seinen Steuerberater und seine besten Freunde fragen, ob sie etwas über das Unternehmen und dessen Leumund wissen. Er sollte den entsprechenden Verband um Auskünfte ersuchen. Es ist doch heute durch das Internet gar nicht mehr so schwer, eventuell vorhandene negative Punkte bei bestimmten Menschen und Organisationen in Erfahrung zu bringen.

Aber nun zurück zu dem von Ihnen erbetenen Rat, was Sie machen sollen. Wenn sich Ihre Vermutung, dass es im Unternehmen sogar kriminelle Vorgänge gibt, bewahrheiten sollte, müssen Sie natürlich zusehen, dass Sie da so schnell wie möglich wieder rauskommen. Man wird Ihnen später wohl kaum glauben, dass Sie mit den kriminellen Machenschaften gar nichts zu tun hatten.

Auf der anderen Seite ist Ihre Frage, wie sich ein schneller Wechsel auf Ihren Lebenslauf auswirkt, berechtigt. Auf keinen Fall sollten Sie vor lauter Sorge, dass an Ihren Vermutungen etwas dran sein könnte, und vor lauter Pein, in so einem Unternehmen zu arbeiten, eine Kurzschlussreaktion zeigen und etwa Hals über Kopf kündigen, ohne etwas Neues zu haben.

Mein Rat Nummer eins: Behalten Sie einen kühlen Kopf und versuchen Sie, Ihre Arbeit mit der üblichen hohen Qualität zu verrichten.

Nummer zwei: Schicken Sie sich von allen Vorgängen, die Ihre persönliche Arbeit betreffen, Blindkopien an Ihre private E-Mail-Adresse. Verletzen Sie dabei jedoch nie die Geheimhaltungsverpflichtung, die Sie mit großer Wahrscheinlichkeit unterschrieben haben. Diese Dokumentation Ihrer Arbeit ist nur für Sie persönlich bestimmt. Sie können ja nicht ausschließen, dass Ihr jetziges berufliches Engagement ein juristisches Nachspiel hat.

Nummer drei: Beginnen Sie, höchst diskret aber mit großer Energie, sofort mit der Suche nach einem neuen Job.

Nummer vier: Nehmen Sie bei Ihren Bemühungen um eine neue Beschäftigung keine Rücksicht auf Ihre Probezeit oder daran anschließend auf Kündigungsfristen. Der Arbeitnehmer kommt letztlich viel leichter davon los und eventuell wartet das neue Unternehmen auch auf Sie, sollten Sie noch ein halbes Jahr Ihrem alten Job nachgehen müssen. Suchen Sie also rasch nach einem neuen Job und prüfen Sie das potentielle Neuengagement gründlich.

Nummer fünf: Offenbaren sich Handlungen leitender Personen in Ihrem jetzigen Unternehmen als tatsächlich und nachweislich kriminell, gehen Sie zu einem Anwalt Ihres Vertrauens (auf eigene Kosten) und prüfen mit diesem, wie weit Sie moralisch oder gar juristisch verpflichtet sein könnten, diese Machenschaften anzuzeigen, weil Sie ansonsten Gefahr laufen könnten, selbst in den Sog einer (indirekten) Mittäterschaft zu geraten.

Nummer sechs: Schwärzen Sie in den Interviews, die Sie mit Personalberatern und den Repräsentanten eines neuen Unternehmens führen, keinesfalls Ihr jetziges Unternehmen an. Begründen Sie Ihren schnellen Wechsel mit einem neuen Vorgesetzten, mit völlig anderen Erwartungen Ihrerseits oder mit dem Wohnortwechsel, mit dem Ihre Frau oder Ihre Kinder nicht klarkämen. Ein Schlechtreden Ihres jetzigen Unternehmens oder gar das offene Ansprechen Ihrer Vermutungen im Hinblick auf kriminelle Machenschaften fällt auf Sie zurück. So wird man sich fragen, warum Sie denn dorthin gegangen sind. Außerdem wird man Ihnen letztlich keinen Glauben schenken, wenn davon noch nichts in der Zeitung stand.

Wenn Sie meine sechs Ratschläge beachten, werden Sie in spätestens sechs Monaten wieder Spaß an Ihrem Beruf haben!

Beruf & Büro: Overdressed im Büro

Guten Tag Herr Fenner,

ich bin 25 Jahre alt und beschäftige mich seit einigen Jahren mit dem Thema Stil & Etikette, doch in einem Punkt bin ich mir sehr unsicher: Am 1. September trete ich eine neue Stelle in einem renommierten Unternehmen an. Durch meine vorangegangene Tätigkeit, meinen Freundeskreis und meine Ausbildung bin ich es gewöhnt, Anzüge zu tragen und trage sie auch äußerst gerne. Zu einem gepflegten Auftreten gehört meiner Meinung nach auch geschmackvolle Kleidung. Teil davon sind Manschettenknöpfe, die ich sowohl beim abendlichen Ausgehen wie auch während meiner Arbeit trage.

Bei meinem Vorstellungsgespräch saß mir der Chef in einem relativ legeren Outfit (Jeans und Rollkragen) gegenüber. Generell habe ich den Eindruck, dass die Firma innerbetrieblich recht locker ist. Meine Bedenken bestehen nun darin, dass ich durch das Tragen eines Anzugs, noch dazu Manschetten am Hemd (was oft als spießig gedeutet wird), overdressed auftrete. Für mich ist jedoch genau diese Kleidung jene, in welcher ich mich am wohlsten fühle, weil sie mittlerweile mein Alltagsoutfit darstellt. Könnte hier nicht schnell der Eindruck entstehen, ich würde mich für etwas Besseres halten? Gegenüber dem Chef overdressed zu sein wäre ja gerade am Anfang des neuen Jobs nicht angebracht.

Vielleicht ist noch hinzuzufügen, dass meine Tätigkeit im ersten Jahr überwiegend eine innerbetriebliche sein wird, mit Aussicht auf eine anschließende Funktion als Kundenberater.

Recht herzlichen Dank für Ihre Bemühungen und verbleibe mit allerbesten Grüßen
N. N.

Meine Antwort:

Sehr geehrter Herr N.,

ein Mitarbeiter, der sich im korrekten Business-Outfit wohlfühlt, das der Chef jedoch eher ablehnt, hat es wohl einigermaßen schwer. Er sollte sich einerseits nicht selbst „verraten", indem er auf das legere Outfit seines Chefs herabsteigt. Andererseits kann ich ihm auch nicht raten, in einem schlampigen Haus oder ganz wertfrei gesprochen, in einem Hause, in welchem eher Lässigkeit und der Kleidungsstil der Straße als Korrektheit im Auftreten und Outfit und elegante Büro-Kleidung die Kleiderordnung bestimmen, seinen korrekten, eher eleganten Kleidungsstil auszuleben. Anpassung tut not. Ebenso, wie sich ein Unternehmen den Wünschen seiner Kundschaft ständig neu anpassen muss, ist auch der Mitarbeiter gehalten, sich der Unternehmenskultur, dem Stil des jeweiligen Hauses weitgehend anzupassen. Er kann dann immer noch mit besserer Qualität der Stoffe, besseren Marken, passenderen Farben und eleganterem Schnitt punkten, ohne negativ mit Kleidungsstücken und Accessoires aufzufallen, die anderen zum Anlass dienen, sich über den „Snobismus" des besser Gekleideten zu mokieren.

Besteck: Vorspeisenbesteck

Sehr geehrter Herr Fenner,

bei privaten Einladungen kommt es vor, dass nach der Vorspeise kein sauberes Besteck nachgelegt wird. Wohin mit der benutzten Gabel und dem benutzten Messer nach dem Abräumen des Vorspeisen-Tellers bis zum Hauptgang?

Gern höre ich von Ihnen,

Ihr

U. v. O.

Meine Antwort:

Sehr geehrter Herr v. O.,

Ihr Problem ähnelt im Kern vielen, vielen Fragen nach der angemessenen Reaktion, wenn sich ein anderer – in diesem Falle der Gastgeber – nicht stilgerecht verhält. Was macht man zum Beispiel, wenn man als Älterer oder als Dame jemanden grüßen will, der im Sessel sitzt und nicht (wie es sich gehört) aufsteht, wenn man ihm die Hand geben will? Die Antwort lautet: Gar nichts macht man, man improvisiert, sieht darüber hinweg und lächelt.

So auch hier: Es würde sich für den Gastgeber eines Essens, das aus mehreren Gängen besteht, geziemen, von vornherein neben dem Tafelbesteck noch ein Vorspeisenbesteck aufzulegen. Unmittelbar links vom Teller sollte sich die große Gabel befinden, links daneben, also außen, eine kleine Gabel für die Vorspeise. Entsprechend liegen rechts vom Teller das große Tafelmesser für den Hauptgang und rechts außen ein kleines Vorspeisen- oder Frühstücksmesser. Nach Verzehr der Vorspeise werden der entsprechende Teller mitsamt dem darauf in „Zehn-vor-fünf-Diagonalschräglage“ parallel liegenden Besteck (kleines Messer, kleine Gabel) abgeräumt.

In Ihrem Beispiel hat die Hausfrau Ihnen vermutlich beim Abräumen der benutzten Vorspeisenteller zugerufen: „Bitte behaltet das Besteck für die Hauptspeise!“ Das kommt vor, so ist das Leben. Man sollte den Gastgeber nicht darauf hinweisen, dass das eigentlich nicht geht. Das weiß er meistens selbst. Entweder er hat nicht genügend Besteck oder er will die Spülmaschine und seinen Wasser- und Stromverbrauch schonen.

Eigentlich sollte er in diesem Fall Messerbänkchen decken. Dann wäre das Problem keines mehr, jeder hätte Verständnis, würde Messer und Gabel mit den Spitzen auf diese hürdenartigen Bänkchen legen und alles wäre gut. Kein schmutziges Tischtuch durch Ablegen der gebrauchten Esswerkzeuge, kein Besteck in der Hand während des Wartens auf den nächsten Gang, kein heimliches Ablecken der gebrauchten Gabel (oder gar des Messers, wie furchtbar!), alles wäre schön. Doch den Gastgeber darauf hinzuweisen wäre nicht fein. Wenn an beidem gespart wurde, dann hilft nur eines: Contenance! Vielleicht hat der Gastgeber auch keine Stoff- sondern nur Papierservietten bereitgelegt. Dann könnte man diese zum Schutz unter das gebrauchte Besteck legen und sie anschließend auf dem Schoß so falten, dass sie nicht die Hose schmutzig macht. Vielleicht steht auch ein kleines Tellerchen an jedem Platz, das für Brot und Butter gedacht ist. Dann kann man das gebrauchte Besteck dort „parken".

Nur wenn es sich beim Gastgeber um einen echten Freund handelt, kann man ihm als Dank für das Essen einen Satz Messerbänkchen schenken.

Besteck: Wissenswertes über die Geschichte und die richtige Handhabung der Gabel

Hallo Herr Fenner,

meine Freundin und ich sind uns seit Langem uneins bei der Antwort auf die Frage, wie man, laut Knigge, mit der Gabel korrekt ein Stück Fleisch ansticht, um es dann zu schneiden. Selbst im Internet haben wir darauf bisher keine Antwort gefunden. Können Sie uns weiterhelfen?

Mit freundlichen Grüßen

M. H.

Meine Antwort:

Sehr geehrter Herr H.,

Ihre Frage zur Haltung einer Gabel ist eine Frage, die uns Menschen in Europa noch nicht besonders lange interessiert. Ähnlich wie viele andere Sitten und Umgangsformen haben wir auch die Gabel einigen emanzipierten Frauen zu verdanken. Der Großteil unserer Umgangsformen beruht ja darauf, dass die Frau am gesellschaftlichen Leben verstärkt teilnahm und Männer sich entsprechend gesitteter verhalten mussten. Henry Louis Mencken hat das einmal sehr treffend umschrieben, als er sagte: „Eine Dame ist eine Frau, deren bloße Anwesenheit zur Folge hat, dass sich Männer wie Herren benehmen.“

Mit der Gabel verhält es sich so ähnlich. Einigen Quellen zufolge gab es schon in der Antike Gabeln, wenn auch nur zum Vorlegen. Gegessen wurde noch sehr lange mit den Fingern. Weltweit gesehen essen auch heute noch weit mehr Menschen mit den Fingern (ca. 4,2 Milliarden), als mit Messer und Gabel (ca. 900 Millionen).

Der erste Bericht über Gabeln am Hof in Venedig stammt von einem Kirchenlehrer, der berichtet, dass eine Prinzessin aus Byzanz sie eingeführt habe. Er verurteilt diese neue Mode als „sündhafte Verweichlichung“. Die Gabel wurde lange Zeit von der katholischen Kirche abgelehnt und als Symbol des Teufels angesehen. So war ihre Benutzung in Klöstern lange Zeit ausdrücklich untersagt. Luther sagte 1518: „Gott behüte mich vor Gäbelchen“. Und Erasmus von Rotterdam präzisierte wenig später: „Was gereicht wird, hat man mit drei Fingern oder mit Brotstücken zu nehmen.“

Im 16. Jahrhundert begann die Gabel von Italien aus als Essbesteck in Mode zu kommen. In Deutschland setzte sie sich aber erst gegen Ende des 17. Jahrhunderts in breiten Bevölkerungsschichten durch. Im höfischen Leben ist sie etwas früher als Vorlegegabel für Fleisch und vereinzelt als Konfekt- oder Käsegabel nachzuweisen. Letztlich waren es also ausländische Prinzessinnen, die die Gabel aus ihren Kulturen an die europäischen Höfe brachten und dort als *très chic* etablierten.

Aber um auf Ihre eigentliche Fragestellung zurückzukommen: Die Gabelhaltung an sich hat sich seit ihrer Einführung kaum verändert. Verwendet man die Gabel, um ein Stück Fleisch auf dem Teller zu fixieren, um es anschließend zu zerteilen, liegt der Zeigefinger mit leichtem Druck auf dem Griff, Daumen und Mittelfinger dienen der Balance und der Gabelrücken zeigt nach oben. Dient die Gabel hingegen als „Schaufel“, was noch im berühmten Pappritz-Buch der Fünfzigerjahre des 20. Jahrhunderts als unvornehm galt, ruht der Stiel in der Beuge zwischen Daumen und Zeigefinger. Hier gibt es jedoch auch regionale

Unterschiede. In Großbritannien beispielsweise balanciert man Beilagen und Gemüse auf dem Gabelrücken. In jedem Fall sollte man die Gabel nicht zu sehr beladen, damit nichts herunterfallen kann oder man den Mund weit aufreißen muss, um die „Ladung“ bewältigen zu können. Die Gabel sollte immer so zum Mund geführt werden, dass sie eine waagerechte Linie nicht verlässt. Am besten zeigt sie sich sogar noch ein wenig nach unten geneigt. Wer dies beherzigt, wird schnell feststellen, dass auf diese Weise nichts heruntertropfen oder -kullern kann.

Bezahlen: Wer bezahlt beim ersten Treffen?

Hallo Herr Fenner,

vielen Dank an dieser Stelle, dass Sie sich „Etikette und gutes Benehmen“ auf die Fahnen geschrieben haben und diese so überzeugend hochhalten. Leider lassen diese Werte, besonders in meiner Generation, zunehmend zu wünschen übrig. Ich selbst versuche mich darin zu üben, so oft es geht, und habe die folgende Frage aus der „Praxis“ an Sie:

Wer bezahlt in einer Bar oder einem Restaurant die Rechnung, wenn der Anlass ein „Blind Date“ (oder Vergleichbares) ist? Ich würde vermuten, dass es sich als Gentleman durchaus schickt, die Rechnung der Dame ebenfalls zu begleichen. Wie sehen Sie das?

Vielen Dank für Ihre Einschätzung!

Mit den besten Grüßen,

C. B.

Meine Antwort:

Sehr geehrter Herr B.,

früher zahlte stets der Herr, das war ganz selbstverständlich. Heute ist das nicht mehr ganz so. Die Emanzipation der Frau hat dieser viele Rechte, aber auch manche Pflichten eingebracht. Es gibt ja auch heute weniger Grund dafür, dass der Herr die Rechnung übernimmt. Schließlich sind sehr viele Damen berufstätig und verdienen ihr eigenes Geld. Dennoch wird der Gentleman versuchen, zu bezahlen.

Aber: Die Dame von Welt tut dies auch. Das heißt, die beiden „streiten“ am Ende freundschaftlich darum, die Rechnung übernehmen zu dürfen. Wenn eine Dame sich heute widerspruchslos einladen lässt und sich eventuell noch nicht einmal bedankt, rate ich Ihnen, den Kontakt nicht weiter zu vertiefen.

Den Damen von Welt rate ich: Macht ein Herr keinerlei Anstalten, Sie einzuladen, bezahlen Sie, gehen Sie und lassen Sie sich nie mehr von diesem Herrn ausführen.

Dresscode: Anzughosen mit oder ohne Umschlag?

Sehr geehrter Herr Fenner,

mit Interesse habe ich Ihre Beiträge auf XING gelesen. Ich wende mich mit einer Frage an Sie: Werden Anzughosen mit oder ohne Umschlag getragen? Ich besitze größtenteils Anzughose mit Umschlag, sehe nun aber vermehrt Hosen ohne. Da ich ja nicht altmodisch herumlaufen möchte, wäre ich für eine Antwort dankbar.

Vielen Dank für Ihre Mühe und herzliche Grüße

A. B.

Meine Antwort:

Sehr geehrter Herr B.,

die Mode geht hin und her. Um modisch zu bleiben, müssen Sie keinen Experten für Stil und Etikette, sondern einen Modemacher fragen. Ich kann Ihnen indessen beantworten, zu welcher Art von Anzug nach den Regeln von Stil und Etikette und des Dresscodes Hosen mit oder ohne Umschlag getragen werden sollten:

1. Hochoffizielle Anzüge (Frack, Cutaway, Smoking): Die Hosen besitzen keine Umschläge.
2. Offizieller Anzug (schwarz oder anthrazit für kleine Festlichkeiten und Empfänge tagsüber und am Abend): Die Hose wird ohne Umschlag getragen.

3. Halboffizieller Anzug (dunkelgrau, dunkelblau, auch Ton in Ton gemustert für einfache Empfänge, Geschäftseröffnungen, Konferenzen): Falls der Anzug einreihig ist, wird die Hose ohne, falls zweireihig, mit Umschlag getragen.
4. Stadt- und Geschäftsanzüge (grau, blau, auch Mischtöne, zurückhaltende Muster, Streifen, feine Glenchecks als Tagesanzüge für Beruf, Konferenzen und Restaurantbesuche): Bei einreihigen Anzügen sind Hosen mit oder ohne Umschlag möglich. Falls zweireihig, Hose immer mit Umschlag.
5. Sportanzüge (ursprünglich für Sport, Freizeit und Reise, heute inoffizieller Tagesanzug): Hose mit Umschlag.
6. Kombination (z.B. Tweedjackett oder auch blauer Blazer mit grauer Hose): Hose immer mit Umschlag.

Aber abgesehen von den Regeln für die Abendkleidung, wo dies strenger gehandhabt wird, wird dieser Frage weniger Beachtung geschenkt.

Dresscode: Braune Budapester

Sehr geehrter Herr Fenner,

mit Interesse habe ich Ihre Internetseite durchstöbert, konnte jedoch leider keine befriedigende Antwort auf meine Frage finden. Vor Kurzem habe ich mir einen sehr dunklen, blauen Anzug und dazu mittelbraune Budapester gekauft. Blauäugig, wie ich (als Student) war, habe ich mir da wohl eine Stilkombination andrehen lassen, die offensichtlich nahezu nicht tragbar ist – zumindest nicht mit meiner norddeutschen Identität.

Gilt es nun, die rahmengenähten Budapester mit Jeans „auszulatschen“ und schwarze *Plain Oxfords* zu kaufen, um für die Zukunft gewappnet zu sein (einen schwarzen Anzug besitze ich bereits) oder gibt es noch einen Ausweg aus der Misere?

Mit freundlichen, zugleich verzweifelten Grüßen,

M. S.

Meine Antwort:

Lieber Herr S.,

nachdem wir schon eine kleine „Zwischenkommunikation“ miteinander hatten, erlaube ich mir, Sie mit „Lieber Herr“ anzureden. Nicht nur Ihre liebenswert selbstironische Diktion gefällt mir!

Aber zur Sache: Mit dem Kauf Ihrer braunen Budapester haben Sie nichts verkehrt gemacht. Ich habe mir als Student, also in Ihrem Alter, auch mal braune Budapester, sogar welche der Marke *Church* – damals konnte man in London noch billig einkaufen – geleistet. Sie werden staunen: Diese Schuhe sehen immer noch wahnsinnig gut aus und ich trage sie heute noch. Daraus lernen wir: Gute Budapester sind eine Anschaffung fürs Leben! Sie müssen sie nur immer gut putzen, nach jedem Tragen mit Schuhcreme behandeln und vor allem auch die sichtbare, durchgenähte Naht einfetten. Tragen Sie sie nie zwei Tage hintereinander, ziehen Sie sie stets mit Schuhlöffel an und geben Sie nach dem Tragen sofort gute Holzleisten hinein. Dann werden diese Schuhe Sie auch bei unserer heutigen hohen Lebenserwartung überleben!

Wozu können Sie braune Budapester tragen? Zunächst: Nur tagsüber, denn – und das ist wichtig – „never brown after six“. Dies bedeutet übrigens nicht, dass man keine braunen Schuhe oder Anzüge nach 18 Uhr, sondern nur bei Tageslicht tragen sollte. Im Juni bedeutet dies, etwa bis 22 Uhr. Tagsüber können Sie Ihre schönen, neuen Budapester also zu fast allem, allerdings leider gerade *nicht*, da liegen Sie richtig, zum dunklen Anzug tragen. Das machen zwar die Italiener, und sie machen es mit so viel Charme, dass es irgendwie auch gut aussieht. Aber uns Deutschen möchte ich doch raten, die guten, alten Etiketteregeln zu beachten. Den Deutschen ist nicht immer der notwendige Charme eigen, um solche Verstöße auszugleichen, und nur wenige besitzen die Großzügigkeit, solche Fehler bei anderen gutzuheißen.

Also, wozu können Sie die Budapester tragen? Tagsüber zu allen helleren Anzügen und Smart-casual-Kombinationen. Das heißt, auch zu Jeans, zu denen Sie kein labbriges T-Shirt tragen (was Sie sicher nie tun), sondern ein schickes Polo oder ein Hemd. Passend ist natürlich erst recht ein – häufig mit braunem Grundton ausgestattetes – Tweedjackett. Dazu ein brauner Gürtel mit einer Schnalle, die zur Farbe des Gehäuses Ihrer Armbanduhr (gold oder silber/Stahl) passt. Auf diese Weise sehen Sie richtig gut und (fast) nie overdressed aus!

Zu Ihrem schicken, dunkelblauen Anzug sollten Sie freilich schwarze Schuhe und, in der Tat, möglichst *Plain Oxfords* tragen. Die besitzen Sie doch für Ihren schwarzen Anzug ohnehin!

Also gehen Sie zu *Ladage & Oelke*, zu *Braun* oder zu *Soer* und halten Sie nach einem Tweedsakko Ausschau, das auf die Hälfte des ursprünglichen Preises herabgesetzt wurde. Sie haben es doch nicht eilig. Und dann greifen Sie zu! Eine Tweedjacke, die übrigens nicht aus Tweed bestehen, nur diesen typischen Tweed-Look ausstrahlen muss, ist sehr häufig der richtige Kompromiss zwischen casual und formal. Sie ist etwa das richtige Outfit, wenn Sie tagsüber zu einem Geburtstag gehen oder zu einem Professor, der ein bisschen Wert auf gute Kleidung legt, oder eine Messe oder einen Kongress besuchen, wo der dunkle Anzug „too much" wäre, Jeans und Pulli hingegen zu wenig.

Zum meist bräunlichen Tweedsakko tragen Sie entweder ordentliche Jeans oder, wenn es noch etwas feiner zugeht, eine graue Stoffhose. Dazu ein Hemd, rosé, hellblau, weiß oder auch mit kleinen Karos. In Ihrem Alter kann man von einer Krawatte noch eher Abstand nehmen. Tragen Sie keine Krawatte, kann das Hemd einen Button-down-Kragen haben (die Kragenecken mit Knöpfchen am Hemd befestigt). Gegebenfalls können Sie statt eines Hemdes auch ein schickes Polo tragen; das ist dann noch ein bisschen mehr casual.

Dresscode: Die richtige Garderobe zu einem offiziellen Anlass

Sehr geehrter Herr Fenner,

mit großem Interesse habe ich auf Ihrer Internetseite die Tipps zum stilsicheren Auftreten gelesen. Ich bin auf der Suche nach der passenden

Kleidung für einen offiziellen Anlass. Ich bin zu einer Festveranstaltung anlässlich eines Geburtstags eines Repräsentanten der Republik eingeladen. Folgender Ablauf des Abends (Beginn 18:30 Uhr) ist geplant:

- Begrüßung
- Laudatio
- Übergabe der Festschrift
- Musikalische Umrahmung
- Empfang

Ein Hinweis auf eine Kleiderordnung ist nicht gegeben worden. Ist ein schwarzer Anzug mit Weste, passender Krawatte und schwarzen Schuhen stilsicher? Ist ein Einstecktuch erforderlich? Über eine Antwort würde ich mich sehr freuen.

Viele Grüße aus M.
S.O.

Meine Antwort:

Sehr geehrter Herr O.,

Ihre Einschätzung ist sicher richtig. Ihnen braucht man nicht mehr viel zu Stil und Etikette zu sagen. Auch wenn es heute noch Veranstaltungen gibt, zu denen die Gäste in Abendgarderobe, sprich Frack und Smoking, oder sogar ausschließlich im Frack (Verleihung des Nobelpreises in Schweden) erscheinen sollen, stellt der dunkle Anzug die richtige Kleidung dar. Wäre etwas anderes gewünscht, stünde es auf der Einladung. Politiker tun sich häufig schwer mit dem Vorschreiben von Dresscodes und machen auf Einladungen fast nie Kleidervorschriften. Sie haben Angst, dass sich ein Gast, der die gewünschte Garderobe nicht besitzt, ausgegrenzt fühlen könnte. Und tatsächlich sieht man auf Festveranstaltungen der Politik häufig die seltsamsten Kleider.

Natürlich freut sich jeder Gastgeber, wenn ihn seine Gäste durch besondere Sorgfalt bei der Auswahl ihrer Garderobe ehren. Denn „underdressed“ zu erscheinen, zeugt immer von einer gewissen Gleichgültigkeit und mangelnden Wertschätzung des Gastes gegenüber dem Gastgeber und den anderen Gästen.

Auf der Veranstaltung, zu der Sie eingeladen sind, ist der dunkle Anzug die richtige Wahl. Dieser kann dunkelgrau (besser: anthrazit), schwarz (hat sich in den letzten 25 Jahren eingebürgert) oder dunkelblau sein. Sie können einen Einreiher, mit oder ohne Weste, oder einen Zweireiher tragen. Dazu passt ein weißes Hemd ohne jedes Muster mit Umlegemanschetten (Doppelmanschetten) und dezenten Manschettenknöpfen. Wenn Sie goldene Manschettenknöpfe tragen, sollten Gürtelschnalle und Armbanduhr ebenfalls von goldener Farbe sein.

Ferner gehören zu diesem Anzug schwarze Schnürschuhe mit Ledersohle, schwarze, glatte Kniestrümpfe und ein schwarzer Gürtel.

Sehr gut macht sich dazu eine Krawatte in Schwarz und Silber, schräggestreift, aus Seide. Wenn Sie möchten, können Sie eine Nadel mit einer Perle drei Finger breit unter dem Krawattenknoten platzieren. Verzichten Sie jedoch auf eine Spange oder eine Nadel mit Brillanten. Dies trägt der feine Herr nie!

Ein weißes Kavalierstüchlein in der Brusttasche ziert zusätzlich. Entfalten Sie es, formen Sie eine Art Beutel daraus und stecken Sie es mit den Enden zuerst in die Tasche, so dass das „Beutelende", also der runde Teil, nicht aber die Ränder des Taschentuchs zu sehen sind. Doch dies ist weitgehend Geschmackssache. Ein Tuch jedoch, so gefaltet, dass die Ecken akkurat aus der Tasche herausschauen, gilt eher als spießig.

Eine Weste steigert die Eleganz nicht unbedingt, sondern sieht eher ein bisschen geschäftsmäßig aus. Der Abendanzug ist dann am elegantesten, wenn viel Wäsche sichtbar ist.

Darüber ziehen Sie am besten einen dunkelgrauen oder schwarzen, möglichst langen, klassischen Mantel aus Schurwolle oder Kaschmir, einreihig und mit verdeckter Knopfleiste und einem Samtkragen versehen. Keinen Lodenmantel, keinen Trenchcoat, keinen Dufflecoat und schon gar keinen Parka.

Dazu passt perfekt ein Seidenschal in dezenten Farben, etwa Schwarz und Silber, wie in der Krawatte.

Falls Sie einen Hut tragen, darf er nicht heller als der Mantel, sondern sollte am besten schwarz sein. Bitte kein Zündhütchen und keinen Jägerhut, vielmehr eine klassische Form mit nicht zu schmaler Krempe und einem ebenfalls schwarzen Hutband.

Sollten Sie einen Regenschirm benötigen, besitzt dieser eine Krücke aus glattem, lackiertem Naturholz und ist ansonsten mit einer dunkelgrauen oder schwarzen Bespannung versehen. Das hat Stil.

In der linken Hosentasche oder in der rechten Innentasche des Jacketts (damit Sie immer mit der linken Hand danach greifen) führen Sie ein großes, weißes Taschentuch aus Baumwolle mit sich. Sie sollten aber trotzdem Papiertaschentücher dabei haben, die Sie vor allem in unbeobachteten Momenten nutzen.

Handschuhe bestehen im Idealfall aus mittelgrauem Wildleder, ansonsten aus schwarzem Glattleder.

Wenn Sie das alles berücksichtigen, sind Sie für dieses festliche Ereignis bestens gerüstet.

Dresscode: Farbe des Frackhemdes

Sehr geehrter Herr Fenner,

seit jeher war es mein Wunsch, im Frack zu heiraten. Nachdem meine Verlobte und ich auch sonst gerne hochkarätige Tanzveranstaltungen besuchen, war jetzt der Zeitpunkt für diese Anschaffung da. Die komplette Ausstattung inklusive Weste, Hemd und Fliege in weißem Piqué hängt bereits im Schrank. Ebenso ist das Hochzeitskleid (champagnerfarben) bereits gekauft.

Ein Freund wies uns jetzt darauf hin, dass Hemd, Weste und Fliege des Bräutigams immer in der gleichen Farbe wie das Hochzeitskleid zu sein haben. Wie verhält sich das in Kombination mit einem Frack? Ist hier eine Abweichung gestattet, da ja zum Frack Hemd, Weste und Fliege immer weiß und mit Piqué-Muster zu sein haben?

Vielen Dank für Ihre Antwort.

Ihr

M.B.

Meine Antwort:

Sehr geehrter Herr B.,

geheiratet wurde schon immer in festlicher Kleidung. Traditionell trägt die Braut ein weißes Kleid und der Bräutigam einen schwarzen Anzug oder den Frack, seit einigen Jahrzehnten auch einen Smoking, jedenfalls, wenn es sich um eine Abendhochzeit handelt. Wird vormittags oder mittags geheiratet, trägt die Braut ebenfalls ein weißes Kleid, der Herr einen Cutaway (hochoffiziell), den Kleinen Stresemann oder auch einen dunklen Anzug.

Die Farbe Weiß steht in Europa für Reinheit und Unberührtheit. Ab dem Jahr 1600 heiratete der europäische Adel in hellen Farben. Die Hochzeit von Maria de Medici mit Heinrich IV. gab den Anstoß zu diesem „Trend“. Es existierten natürlich auch Brautkleider in anderen Farben, mitunter auch in schwarz, einfach deshalb, weil es nur den oberen Schichten möglich war, ein besonderes Kleid für diesen Tag zu kaufen. Bis zur Mitte des 19. Jahrhunderts wurde aus diesem Grund in den Mittel- und Unterschichten zur Hochzeit kein spezielles Kleid, sondern das Sonntagskleid getragen. Erst ab den Zwanzigerjahren des 20. Jahrhunderts fasste das weiße Brautkleid allgemein Fuß. So ist die farbliche Gemeinsamkeit von weißem Brautkleid und weißem Hemd beim Smoking oder Frack eher Zufall, als dass es hier eine tatsächliche „Regel“ gibt. Insofern ist meiner Meinung nach die Bemerkung Ihres Freundes eher als Volksweisheit zu betrachten.

Heute jedoch wird ja vieles lockerer gesehen. So bringen viele Hochzeitspaare bewusst mehr Farbe ins Spiel, ohne dabei an Festlichkeit zu verlieren. Im Gespräch mit einem meiner Mitarbeiter habe ich erfahren, dass sein Vater bei seiner Hochzeit einen Smoking trug, dessen Fliege passend zum Brautkleid war. Das Brautkleid war in diesem Fall ein purpurrotes. Sie sehen also, dass die Konventionen an vielen Stellen etwas aufgeweicht sind, auch weil der Dresscode nicht mehr so streng ist. Insofern würde ich Ihnen raten, dem Kommentar Ihres Freundes nicht zu viel Bedeutung beizumessen, da es hier keinen gesicherten geschichtlichen Hintergrund gibt. Tragen Sie zu Ihrem Frack ein schneeweißes Piqué-Hemd und eine ebenso weiße Weste aus dem gleichen Waffel-Stoff und lassen Sie Ihrer Braut das cremefarbene Kleid!

Dresscode: Festliche Kleidung

Sehr geehrter Herr Fenner,

Im Dezember bin ich auf eine Jubiläumsfeier eines großen Unternehmens eingeladen. Auf der Einladung steht „festliche Kleidung". Ich finde, das ist ein weitgefasster Begriff – doch ist das wirklich so?

Beste Grüße

V. B.

Meine Antwort:

Sehr verehrte Frau B.,

es ist eine gute Sitte, schriftliche Einladungen mit einem Dresscode zu versehen. Meistens steht der Vermerk zum Dresscode unten links oder rechts unter der Bitte um Antwort, zum Beispiel „Smoking" (englisch: „black tie" – schwarze Fliege, die nur zum Smoking getragen wird).

Die Kleidervorschrift bezieht sich in der Regel nur auf die Kleidung des Herrn. Die Dame weiß, was dazu passt. Auch wenn eine (alleinstehende) Dame alleine eingeladen wird, steht auf ihrer Einladung als Dresscode die Kleidervorschrift für den Herrn. Vereinzelt kann man auch Kleiderempfehlungen lesen, die sich auf beide Geschlechter beziehen, etwa: „Frack/Smoking, langes Kleid", doch wird dieser ergänzende Hinweis für die Damen eher als spießig empfunden, weil die Dame von Welt weiß, was für ein Kleid zu einem Ball getragen wird, auf welchem die Herren in Frack und Smoking erscheinen.

Kluge Gastgeber machen dann eindeutige Vorschriften, wenn sie von ihren Gästen erwarten können, dass diese das angegebene Kleidungsstück auch besitzen. Ein höflicher Gastgeber treibt seine Gäste nicht noch rasch zum Schneider oder ins Konfektionsgeschäft. Wenn er zum Beispiel zum privaten Abendessen mit der Kleidervorschrift „Blazer oder dunkler Anzug“ einlädt, weiß er, dass jeder männliche Gast entweder einen dunklen Anzug oder einen Blazer (meist dunkelblau, dazu trägt man eine graue Hose) oder beides besitzt und dass die Damen zu diesen Kleidungsstücken der Herren passende Kleider, Kostüme oder Hosenanzüge ihr Eigen nennen.

Allerdings gibt es häufig Situationen – das trifft vor allem auf Events zu, die von Unternehmen und anderen Institutionen ausgerichtet werden –, bei denen der Veranstalter sich eine festliche Kleidung wünscht, er den Gästen jedoch nicht mit einer Kleidervorschrift die Laune verderben möchte, die diese nicht erfüllen können. Deshalb machen diese Gastgeber zu solcherlei Veranstaltungen mit Recht oft nur ungenaue Kleidervorschriften, wie zum Beispiel eben „festliche Kleidung“. Auf diese Weise überlässt es der Gastgeber dem Gast, was er anziehen will, die Kleidung soll jedoch festlich sein. Kein „Blaumann“, keine Jeans, keine sportlichen Kombinationen, sondern festliche Anzüge, wie Smoking oder ein dunkler Anzug, und ein dazu passendes Kleid, ein schicker, dunkler Hosenanzug oder ein langer Rock mit einem bestickten oder aus edlem Material gefertigten Oberteil. All dies ist unter „festlicher Kleidung“ zu subsumieren.

Gewiss, ganz leicht macht es der Veranstalter dem Gast mit dieser „offenen“ Kleidervorschrift nicht. Am besten fragt man bei der Chefsekretärin nach: „Was wird Ihr Chef wohl zu dem Firmen-Event tragen?“ Gute Sekretärinnen wissen so etwas oder finden es heraus. Lautet die Antwort: „Er wird einen Smoking tragen“, empfehle ich jenen, die solch ein Kleidungsstück besitzen, ebenfalls im Smoking zu kommen. Wird die Frage mit „dunkler Anzug“ beantwortet, würde ich mich ebenfalls danach richten, denn man sollte es vermeiden, gegenüber dem Chef overdressed zu erscheinen. Als Kunde freilich kann man machen, was man will. „Im Zweifel chic“, lautet die Devise, denn „Kleider machen Leute“.

Dresscode: Klappernde Absätze

Sehr geehrter Herr Fenner,

mit Interesse habe ich Ihre Homepage durchstöbert. Bezüglich Dresscode im Büro werden Halbschuhe statt Turnschuhen empfohlen. Was aber, wenn sich ein Mitarbeiter am Absatz-Geklapper der weiblichen Mitarbeiter stört? Zugegeben, auf Parkettboden ist dies schon zu hören. Also doch leise Sohlen?

Mit freundlichen Grüßen

I. W.

Meine Antwort:

Die Menschen beschweren sich heutzutage über alles und jeden. Häufig scheren sie sich selber um nichts, was andere kümmern könnte, gehen aber in eigener Sache notfalls sogar gerichtlich gegen Störungen vor.

Ich möchte jedoch an Rücksicht, Höflichkeit und Respekt gegenüber den Mitmenschen und an moralische Werte appellieren. Aus Sicht des Stil- und Etikette-Trainers sollte die Mitarbeiterin selbst ein Gefühl dafür entwickeln, ob sie mit dem Geklapper jemanden stört oder nicht. Die Geschäftsführung hingegen sollte dem Interesse der Absätze tragenden Dame, elegant im Büro zu erscheinen, ebenso gerecht werden wie dem Anliegen der Mitarbeiter, ruhig arbeiten zu können, indem sie etwa einen Teppich in den Flur legt.

Die Mitarbeiter, die sich gestört fühlen, könnten jedoch auch selbst versuchen, das Problem aus der Welt zu schaffen, indem sie vielleicht die Türen zum Flur schließen. Die Dame schließlich kann das Problem beheben, indem sie im Büro zwar keine Turnschuhe aber vielleicht Schuhe mit niedrigeren und großflächigeren Gummiabsätzen anzieht.

Ist doch alles nicht so schwer, wenn jeder Rücksicht übt!

Dresscode: Kleid oder Hosenanzug?

Sehr geehrter Herr Fenner,

ich habe bereits mehrmals Ihre sehr interessante Website studiert. Sie waren mir oft sehr hilfreich. Kompliment! Nun habe ich eine konkrete Frage. Folgende Einladung habe ich erhalten:

„TOP-Party im Restaurant Ontario im QF-Quartier an der Frauenkirche. Der Erfolg des Gershwin-Projekts im vergangenen Jahr hat uns bewogen, mit einer Party in die Sommersaison zu starten, bei der Jazz und Swing der Extraklasse geboten werden. Anlass ist ein Benefizkonzert für den Neuen Sächsischen Kunstverein in der Sächsischen Staatsoper Dresden unter dem Motto ‚Von der Seine an die Elbe'. Am Vorabend wollen wir gemeinsam mit Ihnen feiern. Dabei wird die bekannte Band ‚Gipsy-Swing' für besondere Stimmung sorgen. Die französischen Künstler werden ebenfalls Kostproben ihres Könnens geben."

Kurz zur Erklärung: *TOP* ist ein Magazin mit einer hohen Auflage, auch im Ausland. Vorab kann ich schon sagen, dass bei dieser Veranstaltung in nobler Gegend ein sehr renommiertes Publikum anwensend sein wird (Juweliere, Mode & Design, Architekten, Anwälte).

Können Sie mir hinsichtlich des Dresscodes ein paar Empfehlungen geben? Im Moment bin ich sehr unsicher. Ein Kostüm finde ich zu geschäftsmäßig, ein langes Kleid ist jedoch vielleicht zu festlich? Ich würde mich sehr freuen, von Ihnen eine kleine Hilfestellung zu bekommen.

Vorab bedanke ich mich recht herzlich und verbleibe
mit freundlichen Grüßen
S. P.

Meine Antwort:

Sehr verehrte Frau P.,

es ist viel schwerer, Damen Kleidungs-Tipps zu geben, als einem Herrn. Diesem würde ich zu einer solchen Veranstaltung einen sehr eleganten dunklen Anzug in Dunkelgrau, Dunkelblau oder Schwarz empfehlen. Je nach Witterung aus dünnem Woll- oder leichtem Baumwollstoff, vielleicht sogar aus Seide. „Smart-casual" wäre wahrscheinlich der richtige Dresscode zu dieser Veranstaltung, also nicht zu geschäftsmäßig, aber doch hochelegant. Ich würde dem Herrn dazu ein pastellfarbenes Hemd, am besten rosé, vielleicht mit weißem Kragen, eventuell auch blau-weiß oder rot-weiß gestreift, mit Doppelmanschetten und dezenten Manschettenknöpfen empfehlen. Am besten nimmt er kleine, goldene mit bunten, ovalen Gapouchons (Halbedelsteinen). Dem älteren Herrn würde ich raten, zum gestreiften Hemd eine farblich abgestimmte, sehr kleingemusterte Krawatte zu tragen, zum Unihemd eine Krawatte mit schmalen Diagonalstreifen. Dem jüngeren Herrn würde ich denselben Anzug und das nämliche Hemd anraten, aber ohne Krawatte. Dafür sollte der junge Mann ein Kavalierstüchlein in der Rock-Brusttasche tragen, welches ähnlich passend gemustert ist wie die Krawatte des älteren Herrn.

Was ist nun der Dame zu raten? Ich mache es mir ganz einfach, indem ich Ihnen den Rat gebe: Passen Sie sich mit Ihrem Outfit einfach der Kleidung dieses „virtuellen" Herrn an! Hier haben Sie eine Fülle von Möglichkeiten: Sie können sowohl ein Cocktailkleid als auch einen eleganten Rock mit einem in Stoff und Farbe gänzlich abweichenden eleganten Oberteil tragen sowie ein helles Kostüm oder einen Hosenanzug. Zum Kostüm und vor allem zum Hosenanzug möchte ich allerdings nicht mit zu viel Enthusiasmus raten. Sie sagten es bereits selbst: Ein Kostüm wirkt ein bisschen zu geschäftsmäßig. Wenn Sie Hosenanzug oder Kostüm tragen, wählen Sie sie helle Farben, das wirkt nicht so businesslike.

Wenn Sie eine Kombination aus Rock und Oberteil wählen, sollten Sie sich für elegante, leichte Stoffe, wie Seide oder Chiffon, entscheiden. Vermeiden Sie schwere Wollstoffe, den „Landfrauen-Loden-Look"! Zeigen Sie Haut (Dekolleté, nicht etwa bauchfrei!) und veredeln Sie Ihren Ausschnitt mit großem Schmuck! Was geht nicht? Tweedjackett, Jeans, T-Shirt, Dirndl, langes Kleid.

Frau P.s Antwort:

Sehr verehrter Herr Fenner,

vielen Dank für die sehr umfang- und aufschlussreiche Antwort. Ich werde mich wohl für das Cocktailkleid entscheiden. Es ist schwarz, weich fallend, tailliert, hat ein großzügiges Dekolleté und wird nach unten hin weit (Fünfzigerjahre-Stil). Es endet kurz unter dem Knie. Dazu trage ich einen breiten Gürtel.

Ich werde Ihnen berichten, wie es ausgegangen ist und vor allem wie ich mich dabei gefühlt habe. Noch ist das Wochenende ein klein wenig entfernt und ich kann mir dazu noch einige Gedanken machen.

Nochmals vielen Dank.

Herzliche Grüße aus dem schönen Sachsen

S. P.

Dresscode: Neujahrsempfang

Lieber Herr Fenner,

über Google fand ich Ihre hervorragende Seite und traue mich nun, so wie andere Nachbarn aus den Tälern der Ahnungslosigkeit, eine Frage an Sie zu richten:

Zum ersten Mal bin ich auf einen Empfang der Oberbürgermeisterin eingeladen. Ich habe mir die Einladung wohl verdient, weil ich als Designer und Medienkünstler unsere kleine Stadt in ein neues, „schöneres" Licht tauchen darf. Nun möchte ich mit meiner Frau nicht overdressed erscheinen. Ich dachte an meinen schwarzen Einreiher, schwarze Schuhe, ein abendliches Hemd (dunkelbraun oder dunkelrot) ohne Krawatte – ich trage keine Krawatten. Als Designer verzeiht man mir diese (in Ihren Augen sicherlich) Lässigkeit, ist diese Abweichung von der Norm auch Ausdruck dessen, was man von mir und meinen Arbeiten in gewisser Weise erwartet. Da der Empfang wohl eher wirtschaftlicher Natur sein wird, möchte ich unter vielen Jeans-/Sakkoträgern nicht unangenehm auffallen.

Wie wird der Neujahrsempfang „bekleidet"? Was sagen Sie dazu? Auch zu meinem Krawattenproblem?

Danke für Ihre Bemühungen und ein stilvolles neues Jahr wünscht

A. K.

Meine Antwort:

Sehr geehrter Herr K.,

Neujahrsempfänge sind offenbar große Mode. Hier in Berlin gibt es jetzt täglich mehrere. Ich finde, es ist eine liebenswerte Einrichtung, um all die Menschen, die einem geschäftlich wichtig sind, zu treffen und neue Kontakte zu knüpfen. Die Kleiderordnung ist uneinheitlich.

Früher war der Cutaway der richtige Anzug zum Neujahrsempfang, aber das ist längst vorbei. Sie machen es auf jeden Fall richtig mit Ihrem schwarzen Einreiher. Und auch das Weglassen der Krawatte entspricht vermutlich dem Bild, das man sich von Ihnen machen soll. Denn Sie wollen ja einerseits auf diesem Empfang nicht unangenehm auffallen, andererseits aber auch Ihre Persönlichkeit unterstreichen. Ich finde, das erreichen Sie mit Ihrem Vorhaben – schwarzer Einreiher, keine Krawatte – sehr gut.

Dunkle Hemden sind sehr modisch und gehören nicht zum klassischen Outfit. Dennoch möchte ich Ihnen auch von Ihrem Hemden-Vorschlag nicht abraten; denn vermutlich passt ein dunkles Hemd in Ihrem Falle, also zum Designer und Künstler, zu dem ansonsten streng geschäftlich wirkenden schwarzen Anzug sehr gut. Einem Unternehmensberater würde ich eher ein weißes, pastellfarbenes oder hell-gestreiftes Hemd anraten, einem Banker oder Anwalt ebenfalls, und zwar mit Krawatte, einem Zahnarzt oder Management-Trainer vielleicht ohne Krawatte. Aber Sie haben meines Erachtens für sich die richtige Wahl getroffen. Wenn Sie noch eins drauf setzen wollen, nehmen Sie ein zu den Farben des übrigen Outfits passendes buntes Tüchlein, falten es wie einen Pilz und stecken es in die Brusttasche Ihres Jacketts. Das ziert.

Sie werden dort auch Gäste sehen, die Jeans tragen. Als Künstler würde man Ihnen auch das nicht übel nehmen, wenn dieselben in Form sind, gut sitzen und Sie dazu ein schickes Hemd und einen ordentlichen Blazer tragen. Das sage ich Ihnen vor allem deswegen, weil Sie auf dem Empfang der Oberbürgermeisterin nicht nur die unterschiedlichsten Unachtsamkeiten und Geschmacklosigkeiten, sondern auch zur Schau getragene bewusste Nachlässigkeiten (zu unterscheiden von noblen Lässigkeiten) sehen werden. Aber Sie scheinen ja eher zu jenen Zeitgenossen zu gehören, die nun gerade nicht negativ auffallen wollen, sondern an deren Gegenwart und an deren Anblick die anderen Teilnehmer der Empfangsgesellschaft sich erfreuen.

Dresscodes: Sind sie überflüssig?

Sehr geehrter Herr Fenner,

viel Muße hatte ich noch nicht, mich Ihrem Blog zu widmen, sondern las nur, wie man jemandem auf höfliche Weise klar macht, dass einem sein Outfit nicht gefällt, und über Dresscodes. Darüber habe ich dann auch nachgedacht und stelle mir die Frage, warum ich überhaupt einen Mitmenschen dazu bringen wollen sollte, sich so zu kleiden, wie es mir gefällt. Wäre nicht einfach Toleranz in Geschmacksfragen eine viel bessere Methode, zu einem friedlichen und freundlichen Miteinander zu gelangen? Damit würde sich dann auch ein Dresscode als überflüssig erweisen, abgesehen von notwendiger Sicherheitskleidung und gegebenenfalls ebenfalls notwendigen Funktions- oder Rangsymbolen?

Herzliche Grüße

Ihr M. A. S.

Meine Antwort:

Sehr geehrter Herr S.,

vielen Dank für Ihre Gedanken zum Dresscode und dessen Überflüssigkeit. Ihre Betrachtungen sind vielleicht eher akademischer Natur, denn vielen Leuten ist es gar nicht gleichgültig, wie ihre Mitmenschen gekleidet sind. Sie achten auf die eigene Kleidung und besitzen ein hohes Maß an ästhetischem Empfinden.

Ebenso, wie Menschen bestimmte Gerüche, Geräusche oder Geschmacksrichtungen als unangenehm empfinden, leiden andere unter mangelnder Ästhetik. Vielen Menschen ist es ein Herzensbedürfnis, die Welt zu verschönern. Ihr Schönheitsempfinden erstreckt sich häufig auf alle mit den Sinnen erfassbaren Wahrnehmungen. Sie lieben gute Musik, gut aussehende, gut gekleidete Menschen, harmonische Architektur in Städten und Einrichtungen und schöne Formen bei Gebrauchsgegenständen (Auto, Handy usw.), schmackhaftes Essen und süffige Getränke, geschmeidige, weichfließende Stoffe, die sich gut anfühlen, und schöne Düfte.

Die Weiterentwicklung und Verfeinerungen der Lebensbedingungen, weit über die schlichten Grundbedürfnisse hinaus, bedeutet schließlich Kultur. Große dichterische Werke (geistige Ästhetik), bedeutende Musikstücke (akustische Ästhetik), höchste Architekturleistung, bemerkenswertes Design (visuelle Ästhetik) und bedeutende Kochkunst (geschmackliche Ästhetik) sind auf diese Weise entstanden. Menschen, die unsere ästhetischen Bedürfnisse befriedigen, werden von uns als besonders sympathisch empfunden. Ein hübscher, schlanker, sportlicher Mensch, der nach gutem Parfum duftet, der geschmackvolle Kleidung trägt, der geistvoll kommunizieren, vielleicht singen oder ein Instrument spielen, malen oder dichten kann, ist seinen Mitmenschen allemal sympathisch, jedenfalls dann, wenn er auch noch Herz und Charakter besitzt.

Kleidung spielt seit jeher eine besonders wichtige Rolle in den Kulturen der unterschiedlichen Völker und Volksgemeinschaften. Gerade die Kleidung wird als Ausdruck des Geschmacks, als Zeichen der Zugehörigkeit zu einem speziellen Kreis von Menschen, einer Gemeinschaft, als Mittel zur Unterstützung von persönlichen und geschäftlichen Zielsetzungen angesehen. Man denke nur mal an die Kleidung von hohen Würdenträgern der Kirchen, an Schuluniformen, an Schwesterntrachten, aber auch an die englischen Clubjacken.

Deswegen legen viele Unternehmen, insbesondere bei demjenigen Teil ihres Personals, der sich im ständigen Kontakt zu Kunden befindet, mit Recht Wert darauf, dass diese Mitarbeiter durch ihr Erscheinungsbild das Unternehmen angemessen repräsentieren, und schreiben einen eindeutigen Dresscode vor.

Die Frage „Wie sage ich meinem Kollegen, meiner Kollegin, dass er oder sie geschmacklos angezogen ist?", ist jedoch schwierig zu beantworten. Eine Mitarbeiterin mit Stil, die die Kollegin sehr gut leiden kann, könnte jener vielleicht vorschlagen: „Lassen Sie uns doch am Samstag mal zusammen einkaufen gehen. Ich finde, Sie sollten besser zueinander passende Kleidungsstücke kombinieren. Darauf wird doch hier sehr geachtet." Vielleicht kann die Mitarbeiterin, die das Outfit einer Kollegin für unpassend hält und in dieser Meinung von der übrigen Abteilung bestärkt wird, auch dem Chef anbieten, für das Unternehmen oder die Abteilung eine Kleiderordnung auszuarbeiten, die die Corporate Identity entsprechend ergänzt. Auf allgemein gültige Regeln kann sich dann jeder Mitarbeiter leicht berufen.

Gewiss, in Geschmacksfragen muss man Toleranz zeigen. Zur Toleranz gehört allerdings auch, dass ein jeder die Gepflogenheiten beachtet. Auch die Akzeptanz von Gepflogenheiten, der Würde einer Veranstaltung, von ungeschriebenen Gesetzen und die Ehrung eines Gastgebers durch passende Kleidung bedeuten ein Stück Toleranz. Derjenige, der sich an gar nichts stört, sollte auch die Gefühle der Menschen tolerieren, die sich durch Nichtachtung des guten Geschmacks unwohl fühlen.

Duzen – wie und wann?

Lieber Herr Fenner,

mich würde interessieren, was es zu beachten gibt, wenn einem jemand das „Du" anbietet. Sagt man dann den eigenen Vornamen, auch wenn die Vornamen beiden bereits bekannt sind? Gibt man sich die Hand? Irgendwie ist das ja eine komische Situation. Und wenn sie nicht gerade im Gasthaus stattfindet, wo man immerhin anstoßen kann, ...

Vielen Dank im Voraus,

K. H.

Meine Antwort:

Sehr geehrter Herr H.,

die gegenseitige Anrede mit „Sie“ oder „Du“ befindet sich seit den letzten 100 Jahren in einem Wandel. Vor dem ersten Weltkrieg wurden selbst die Erstklässler der Kadettenanstalt, also Knaben im Alter von zehn Jahren, ausnahmslos gesiezt. Als mein ältester Bruder 1954 sein Studium begann, sprachen sich alle Studenten in Deutschland und Österreich mit „Sie“ an. Als ich 1963 anfing, Architektur und Kunstgeschichte an der Technischen Hochschule in München zu studieren, sagten wir Studenten des gleichen Semesters „Du“ zueinander, Studenten die man nicht kannte, siezte man überwiegend. Verbindungsstudenten, die von ihren Korporationen besonders zu gutem Benehmen angehalten wurden, sagten – natürlich mit Ausnahme ihrer eigenen Bundesbrüder – ausnahmslos „Sie“ zueinander, auch wenn sie im ersten Semester studierten.

Die Grenze zum „Sie“ hat sich längst von der Schwelle zum Erwachsenwerden zu einem höheren Alter entwickelt. Es duzen sich eigentlich fast alle jungen Leute bis mindestens 30, wenn sie sich nicht gerade in einem beruflichen Umfeld bewegen. Und die Grenze wird weiter nach oben, also in ein höheres Alter verschoben oder ganz aufgehoben. In vielen Firmen sagen generell alle Mitarbeiter „Du“ zueinander. Ein Neuling in einer Firma wird als Berufsanfänger von den Jüngeren meistens geduzt und duzt zumindest die Unter-35-Jährigen zurück. Es gibt manche Einzelhandelsgeschäfte, die ihr jugendliches Image insbesondere dadurch deutlich machen wollen, dass sie die Mitarbeiter anhalten, generell alle Käufer zu duzen.

Schon immer galt das „Du“ nicht nur als Zeichen besonderer Vertrautheit, etwa unter Familienmitgliedern und Verwandten oder sehr engen Freunden, sondern auch als Zeichen der Solidarität. So duzten zum Beispiel die jungen Mitglieder studentischer Korporationen schon immer die sogenannten „Alten Herren“ und umgekehrt, ohne dass man sich erst richtig kennenlernen musste. Auch in der Sozialdemokratischen Partei sagen die „Genossen“ „Du“ zueinander.

Auf der anderen Seite begegnet man durchaus älteren Damen, die sich seit 40 oder 50 Jahren jede Woche zum Kaffeekränzchen treffen, ohne dass diese enge Verbundenheit für sie jemals genügend Anlass geboten hätte, unter sich das „Du" zu beschließen. Dies ist durchaus kein Zeichen für ein unpersönliches Verhältnis dieser Damen untereinander; vielmehr ziehen sie einfach andere Grenzen der Vertrautheit und siezen sich aus gegenseitigem Respekt ihr Leben lang.

Vor dem Hintergrund der sehr unterschiedlichen Handhabungen von „Du" und „Sie" möchte ich nun auf Ihre Frage eingehen, was es zu beachten gilt, wenn einem das „Du" angeboten wird. Diese Frage enthält schon zwei selbstverständlich scheinende Feststellungen. Erstens, dass das „Sie" die Normalanrede erwachsener Menschen im gesellschaftlichen Umgang miteinander ist und dass einer dem anderen das „Du" *anbietet.*

Gestatten Sie mir, diesen zweiten Aspekt etwas zu vertiefen. Denn es entsteht sofort die Frage: Wer bietet wem das „Du" an? Und tatsächlich gibt es dafür klare gesellschaftliche Regeln des guten Benehmens.

Wie fast auf allen Gebieten der guten Manieren spielt auch gerade beim Angebot zum „Du" der gesellschaftliche Rang der beteiligten Personen eine entscheidende Rolle. Generell gilt, dass man im gesellschaftlichen Leben und ebenso in der Business-Welt *nicht* davon ausgeht, dass – wie wir das als gute Demokraten lernen – alle Menschen gleich sind. Vielmehr gilt es, gesellschaftlich und auch im Business immer eine Rangfolge zu beachten. Der Ranghöhere hat mehr Rechte und wenn er gut erzogen ist, spielt er sie niemals aus. Der Rangniedrigere passt sich möglichst den tatsächlichen oder mutmaßlichen Wünschen des Ranghöheren an. Ranghöher ist immer die Dame, der oder die Ältere, der Vorgesetzte, der Kunde. Bei Kollisionen – wenn etwa die Dame viel jünger ist als der Herr – muss man nach Gefühl entscheiden. Der Ranghöhere bietet das „Du" an, wenn er es für angemessen hält, der Rangniedrigere nimmt es an.

Muss er es annehmen? Diese Frage berührt das Problem des Umgangs mit schlechtem Benehmen: Muss ich mich auch dann noch gut benehmen, wenn der andere es offensichtlich an guten Manieren fehlen lässt? Die Antwort ist ein klares „Ja". Gerade *das* zeichnet die Dame von Welt und den Gentleman aus, dass sie auch dann Haltung bewahren, wenn sie mit schlechten Manieren konfrontiert werden. Das bedeutet, dass der Rangniedrigere, wenn ihm das „Du" vom Ranghöheren angeboten wird, praktisch kaum ablehnen kann. Allenfalls kann er vorsichtig einwenden, das sei doch vielleicht ein wenig früh, man solle dieses liebenswürdige Angebot doch lieber auf einen Zeitpunkt verlegen, zu welchem man sich besser kenne. Eventuell kann der Rangniedrigere, der das „Du" (noch) nicht möchte, dem Gegenüber auch den Vorschlag machen, er, der Ranghöhere, solle nur ohne Zögern „Du" sagen, aber ihm, dem Rangniedrigeren, weiterhin die offizielle Anrede „Sie" gestatten; es sei ihm zu peinlich, den soviel Bedeutenderen zu duzen.

Eine andere Form des Ablehnens gibt es kaum. Sie wäre zumindest immer sehr unhöflich. Am nächsten Tag so zu tun, als hätte es das Angebot nie gegeben, hilft meist wenig. Denn derjenige, der es machte, wird darauf hinweisen, dass man sich doch seit gestern duze.

Allenfalls nach Betriebsfeiern, auf denen der beschwipste Chef seiner Mitarbeiterin oder seinem Mitarbeiter weinselig das „Du" aufgedrängt hat, sollte der kluge Untergebene am nächsten Tag im Büro so tun, als hätte es dieses Angebot nie gegeben – meistens zur Erleichterung des Chefs.

Die günstigste Gelegenheit, zum „Du" zu kommen, ist die gemütliche Runde eines Essens oder einer Gesellschaft beim Drink, wo die Beteiligten ein Glas in der Hand haben, mit dem sie die neue, vertrautere Anrede „begießen" können.

Nun bietet einer dem anderen das „Du" an, etwa so: „Ich finde, wir kennen uns gut und verstehen uns, wir sollten uns mit ‚Du' anreden!" Der Empfänger dieser Botschaft freut sich sichtlich und sagt unter Umständen: „Das ist aber nett, das ehrt mich sehr!" Beide erheben das Glas, sagen „Prost" und trinken. Derjenige, der das „Du" angeboten hat, ergreift erneut das Wort und sagt: „Also, ich heiße Anton, aber das weißt Du ja längst." Der Freund erwidert: „Und ich bin der Emil, hallo Anton!"

Natürlich kann man dieses Ritual, vor allem in guter Weinlaune, noch mit weiteren Gesten der Freundschaft begleiten. Insbesondere können sich die beiden neuen Duzfreunde umarmen und küssen, je nachdem, was in der jeweiligen Konstellation und Gesellschaft üblich ist.

Findet ein solches Ritual ohne gesellige Gemütlichkeit und ein Glas in der Hand statt, so wird man sich nach Angebot und Annahme des „Du" zumindest die Hand geben und auf diese Weis diesem Freundschaftsakt einen gewissen förmlichen Rahmen zu geben versuchen. Der höfliche Herr kann seiner Freude über ein solches Angebot vonseiten einer Dame mit liebenswürdigen Bemerkungen, wie: „Das ehrt mich aber sehr, dass ich dich jetzt duzen darf" oder dergleichen begleiten.

Gäste: Absage einer Einladung

Guten Tag Herr Fenner,

gestern nahm ich an Ihrem Seminar in Köln teil. Ich fand den Abend sehr interessant. Viele Fragen wurden durch Sie beantwortet. Doch nun habe ich noch eine: Ich bin nächsten Freitag zu einem Geschäftsessen in München eingeladen. Leider ist es mir aus Zeitgründen nicht möglich, teilzunehmen. Die Anreise würde etwa acht Stunden dauern, da ich quer durch ganz Deutschland fahren müsste, sodass ich nicht pünktlich um 20 Uhr da sein könnte. Den Gastgeber kenne ich ganz gut, wir sind per „Du" und ich habe schon öfter für ihn gearbeitet. Wie sage ich am besten ab? Oder ist dies absolut unmöglich?

Mit freundlichen Grüßen

F. O.

Meine Antwort:

Sehr geehrter Herr O.,

natürlich können Sie absagen. Aber ich würde es nicht tun, wenn sich die Teilnahme irgendwie einrichten lässt. Solche Begegnungen bringen erfahrungsgemäß immer etwas. Mein Rat: Versuchen Sie, möglichst billig und schnell hinzukommen (Billigflieger) und sagen Sie nur ab, wenn das nicht klappen sollte. Müssen Sie tatsächlich absagen, rufen Sie den Gastgeber am besten persönlich an. Sagen Sie ihm, wie es ist. Etwa: „Lieber Freund, ich wäre ja wirklich gerne gekommen. Aber die Zugfahrt nimmt zuviel Zeit in Anspruch und mein Versuch, einen einigermaßen günstigen Flug zu bekommen, ist gescheitert. So wünsche ich dir eine gute Veranstaltung und hoffe, dass wir uns bald bei einer anderen Gelegenheit sehen." Wenn Sie ihn telefonisch nicht erreichen, schreiben Sie ihm eine E-Mail, doch ebenso ehrlich. Der Gastgeber würde eine Unwahrheit wahrscheinlich durchschauen. Es ehrt jeden, der sich mit ehrlicher Begründung entschuldigt.

Gäste: Empfang von Gästen

Sehr geehrter Herr Fenner,

bitte seien Sie so freundlich, mir eine Frage zu beantworten. Gerne möchte ich Ihnen hierzu kurz eine Situation beschreiben: Nachdem mich mein Bruder an einem Samstagnachmittag eingeladen und mir im Flur die Jacke abgenommen hatte, forderte er mich auf, doch auch seine Freundin zu begrüßen, die nicht mit an die Tür gekommen war. Etwas irritiert klopfte ich an die Wohnzimmertür, um ihr „Guten Tag" zu sagen. Sie saß auf der Couch, las ein Buch, schaute kurz auf, grüßte, ohne Anstalten zu machen, mir die Hand zu geben oder sich gar zu erheben, zurück, senkte den Kopf wieder und las weiter.

Ist das nicht unhöflich? Hätte sie mich nicht eigentlich als Gastgeberin an der Tür begrüßen müssen? Wie soll ich das deuten? Es ist mir sehr wichtig, hier eine Antwort von einem Profi zu bekommen!

Mit freundlichem Gruß

D. A.

Meine Antwort:

Sehr verehrte Frau A.,

die Freundin Ihres älteren Bruders scheint Sie wirklich nicht zu mögen. Doch ihr Verhalten ist auch dann nicht in Ordnung, wenn Sie beide nicht in guter Freundschaft verbunden sind. So benimmt man sich nicht. Darüber sollten Sie sich vielleicht mit Ihrem Bruder gelegentlich aussprechen und ihm mitteilen, dass Sie sich von seiner Freundin nicht adäquat behandelt fühlen und aufgrund dessen in Zukunft auf Besuche lieber verzichten möchten.

Der Gruß ist das wichtigste Symbol der Wertschätzung eines Menschen. Besucher, die man schätzt, holt man vom Bahnhof ab, kommt ihnen also ein Stück entgegen. Staatsgäste werden sogar mit militärischen Ehren, also in Anwesenheit einer Ehrenkompanie des Heeres oder der Marine empfangen. Vielfach werden dem An- oder Heimkehrenden am Flughafen Blumen überreicht und es wird ihm sein Gepäck abgenommen.

Ähnlich verhält es sich auch bei erwartetem Besuch, der zuhause empfangen wird: Klingelt ein Gast an der Tür, gleichviel, ob es sich um einen Freund oder einen Verwandten handelt, so öffnet der Hausherr oder seine Partnerin oder wer immer mit ihm zusammenwohnt, die Haustür, um damit zum Ausdruck zu bringen: „Du bist uns willkommen." Es gilt der alte Spruch: „Der Gast, und sei er noch so schlecht, er wird geehrt, das ist sein Recht."

Der Besucher grüßt den Gastgeber oder die Gastgeberin an der Türe und überreicht sein Gastgeschenk. In aller Regel ist dies ein Blumenstrauß, der durchaus aus dem eigenen Garten stammen darf. Es können aber auch Spielsachen für die Kinder, ein Buch oder ein Korb mit Äpfeln aus dem Garten sein. Im Allgemeinen wird ein Blumengeschenk eher der Dame des Hauses überreicht.

Der Besuchte bittet den Gast herein und nimmt ihm den Mantel ab. Kommt der Gast von weiter her, zeigt man ihm die Gäste-Toilette mit dem Hinweis, dass er sich hier die Hände waschen könne, und führt ihn in die „gute Stube".

Sollte also – wie in Ihrem Fall – der Hausherr geöffnet haben und seine Frau oder Freundin noch nicht grüßend im Foyer auf den Gast zugekommen sein, dann wird sie spätestens jetzt den Gast im Wohnzimmer begrüßen. Ob dieses nun geschieht, indem sie aufsteht oder in ihrem Sessel sitzen bleibt, hängt letztlich sehr vom Alter der Dame des Hauses ab.

Grundsätzlich gilt: Herren haben immer und ohne jede Ausnahme aufzustehen, wenn ein Besucher das Zimmer betritt, egal, ob es sich um einen Herrn oder eine Dame handelt. Das gilt ganz überwiegend auch im Büro. Auch der Chef steht beim Eintreten von weiblichen und männlichen Mitarbeitern (und Gästen sowieso) grundsätzlich auf.

Bei Damen wird differenziert: Früher stand eine Dame niemals auf. Egal, ob der Besucher ein Herr oder eine Dame war. Die Lady grüßte sitzend. Die Gepflogenheiten haben sich mit der stärkeren Emanzipation der Frauen geändert. Die höfliche, jüngere Frau steht ebenso auf wie der Herr. Die ältere Dame, die seit ihren Jugendtagen gelernt hat, dass Damen nicht aufstehen, wird sich nur bei sehr alten und würdigen Damen und Herren erheben. Allein, auch diese ältere Dame macht ja nichts falsch, wenn sie sich erhebt. Es ist allemal ein Ausdruck der Achtung des Gastes. Auf keinen Fall reicht es aus, kurz aufzublicken, die Hand zum Gruße zu reichen – oder noch nicht einmal das – und sich sofort wieder der Lektüre zu widmen, ohne dem Gast weitere Beachtung zu schenken. Vielmehr wird die Dame des Hauses das Buch sofort weglegen und dem Besucher das Gefühl zu geben versuchen: „Du bist willkommen, wir freuen uns, dass du da bist!"

Dazu gehört, den Gast zu fragen, ob er etwas trinken möchte, oder ihm einfach ein Glas Wasser hinzustellen mit der Frage, ob er vielleicht Kaffee oder ein Glas Wein wünsche. Dazu gehört vor allem auch, dass man sich ihm widmet, sich nach seinem Befinden und eventuellen Neuigkeiten erkundigt. Natürlich hat man ihm längst einen Platz angeboten, den der Gast eingenommen haben muss, ehe sich der Gastgeber dazusetzt.

Der aufmerksame, rücksichtsvolle Gast wird ein Gefühl dafür entwickeln, wie lange er seinen Besuch ausdehnen darf. Normalerweise wird er bei solchen zwar angekündigten, aber nicht auf einer Einladung beruhenden Besuchen nicht länger als eine halbe bis Dreiviertelstunde bleiben. Nur wenn der Gastgeber ihn hartnäckig zum Längerbleiben auffordert, kommt der höfliche Gast dieser liebenswürdigen Geste nach. Im Zweifel ist es jedoch besser, trotz dieser Aufforderung die Gastfreundschaft nicht zu sehr zu strapazieren. Denn merke: (Fast) jeder Gastgeber freut sich, wenn Besuch kommt, und (fast) jeder freut sich auch, wenn er wieder geht. So ist das nun mal.

Nur bei Beachtung dieser allgemeinen und eigentlich nicht besonders schwierigen Höflichkeitsregeln fühlt sich der Gast willkommen, wird sein Besuch für beide Teile zu einem schönen Erlebnis, dessen Wiederholung alle Beteiligten sich wünschen.

Gentleman: Höflichkeit gegenüber Frauen und Männern

Sehr geehrter Herr Fenner,

manche meiner Freude denken, dass ich nur deshalb charmant und höflich bin, um Frauen abzuschleppen. Ich hingegen bin der Meinung, dass ein wahrer Gentleman sowohl zu Männern als auch zu Frauen charmant sein sollte! Es stört mich sehr, als Schleimer bezeichnet zu werden, nur weil ich mich fair und angemessen verhalte. Es würde mich interessieren, wie man solchen Vorwürfen angemessen begegnet.

Vielen Dank und beste Grüße

A.W.

Meine Antwort:

Lieber A.W.,

diese Frage wird mir immer wieder gestellt. Und obwohl ich einer anderen Generation angehöre, sahen auch meine Freunde mein Verhalten als junger Mann manchmal als ein wenig übertrieben an. Auch ich zeigte gegenüber Damen und Herren die gleiche Höflichkeit, stand auf, wenn jemand das Zimmer betrat, ließ den Vortritt, sprang im kleinen Auto als erster auf die ungeliebte Rückbank, hielt den anderen die Fleischplatte hin, auf dass diese sich zuerst nehmen sollten etc.

Ich rate Ihnen: Ändern Sie Ihr Verhalten nicht! Gerade wenn Sie nicht nur zu Mädchen und Frauen charmant sind, sondern auch Ihre Geschlechtsgenossen höflich behandeln, kann man Ihnen keine zweifelhaften Absichten unterstellen.

Und im Übrigen: Auf diese Weise bauen Sie sich ein individuelles Image auf und heben sich von der sonst eher durch das Fernsehen gleichgeschalteten Masse Ihrer Freunde und Altersgenossen ab!

Geschenke

Sehr geehrter Herr Fenner,

folgende Schwierigkeit: Zu unserer betrieblichen Weihnachtsfeier gehört auch der Brauch, sich zu beschenken. Eine Mitarbeiterin schenkte mir einen Gürtel. Dieser gefällt mir nicht und passt auch nicht zu meinem Stil. Dennoch bedankte ich mich selbstverständlich. Unweigerlich kam die Frage, ob er mir denn auch gefalle. Ich versuchte, möglichst gut zu schauspielern und bejahte die Frage, aber es bereitete mir Unbehagen, da dies ja nicht der Wahrheit entsprach. So spontan fiel mir einfach keine nicht kränkende Antwort ein. Habe ich korrekt gehandelt?

Nebenbei bemerkt sprach die Kollegin noch davon, dass sie zusammen mit ihrer Tochter die Geschenke ausgesucht hätte, die beiden gut gefallen würden. Die Tochter habe geäußert, sie würde diese gerne nehmen, wenn sie mit nicht gefallen. Das machte alles noch unangenehmer; es lag mir auf der Zunge, zu fragen, was sie denn ihrer Tochter geschenkt hat. Vielleicht hätte man ja tauschen können. Aber das tat ich dann doch nicht, weil ich weiß, wie schnell sie emotional reagiert. Über eine kurze Stellungnahme Ihrerseits würde ich mich sehr freuen, zumal eine vergleichbare Situation sich wieder einstellen könnte.

Besten Dank für Ihre Bemühungen.

A. S.

Meine Antwort:

Sehr verehrte Frau S.,

von der Tugend der Wahrhaftigkeit abzusehen ist nur gestattet, wenn man mit der Wahrheit einen anderen Menschen verletzen würde. Die Tugend der Wahrhaftigkeit steht also in Konkurrenz zu einer anderen Tugend, nämlich jener, anderen Menschen nicht weh zu tun.

Muss man dem anderen wirklich sagen, dass einem ein Geschenk nicht gefällt, wenn man genau weiß, dass man ihn mit dieser Wahrheit eventuell beleidigt? Der gute Stil, die Etikette ziehen die Grenzen der Wahrheit dort, wo sie den Mitmenschen (ohne Not) schadet.

Ein Ausweg, der es der Schenkenden ermöglichen würde, das Geschenk selbst zu verwenden, wäre eine (erlaubte) Notlüge: Sie könnten antworten, dass es zu ärgerlich sei, aber Sie hätten sich gerade genau so einen Gürtel gekauft. Sicher fände die Schenkende einen anderen würdigen Empfänger für dieses so schöne Geschenk.

Da Sie aber in Ihrem Fall das Geschenk bereits freudig entgegengenommen hatten und dann erst erfuhren, dass eine Zurückweisung des Gürtels für die Schenkende keine Beleidigung wäre, hätten Sie mit der Wahrheit, auch im Nachhinein, herausrücken dürfen. Sie müssten sich dann entschuldigen und zugeben, dass Sie mit Ihrem Lob aus Höflichkeit positiv auf das Geschenk haben reagieren wollen. Sie würden allerdings den Gürtel für die Tochter der Schenkenden für viel passender halten, vielleicht schon allein, weil genau dieser Gürtel eben eher zu einer jüngeren Person gehöre.

Getränke: Einschenken von Wein- und Champagner

Hallo Herr Fenner,

Nun habe ich bei einer Schulung, im Rahmen derer auch ein Business-Dinner angesetzt war, gehört, dass man Weinflaschen beim Ausschenken auf eine bestimmte Art hält. Man legt den Daumen in die Einbuchtung am Boden der Flasche und stützt die Flasche selbst mit den Fingern ab. Ich nehme an, um, ähnlich dem Halten der Weingläser, keine Handwärme auf die Flasche zu übertragen. Haben Sie das schon einmal gehört? Wie wird das genau gemacht?

Vielen Dank schon im Voraus für den Tipp!

Einen schönen Abend,

M. S.

Meine Antwort:

Sehr geehrter Herr S.,

Generell muss man hier zwischen Laien, was die Zubereitung und das Servieren von Speisen und Getränken betrifft, und gastronomischem Personal, dessen Beruf es ist, zu servieren und Wein einzuschenken, unterscheiden. Ein professioneller Kellner muss darauf achten, dass er alles richtig macht, was mit seinem Beruf zusammenhängt. Ein Kellner oder eine weibliche Servierkraft reicht von rechts die Teller an oder präsentiert von links die Speisen auf Platten und in Schüsseln. Den Wein gießt er oder sie normalerweise von der rechten Seite des jeweiligen Gastes ein, weil dort auch die Gläser stehen. Der Kellner lässt das Glas auf dem Tisch stehen, während er einschenkt. Insbesondere Rotweinflaschen hat er vielfach in eine Serviette eingeschlagen, um Flecken zu vermeiden und gleichzeitig den Wein nicht mit seiner Hand zu erwärmen.

Die Regel, mit dem Daumen in der Vertiefung am Boden der Flasche einzuschenken, gilt erstens nur für Kellner und zweitens nur für Champagner, der richtig temperiert serviert werden muss.

Für Privatpersonen hat dies jedoch nur in geringem Maße Bedeutung. Es gehört zum guten Stil kultivierter Menschen, die Regeln zwar einigermaßen zu kennen, sie aber nicht sklavisch zu befolgen. Vielmehr ist häufig eine gewisse Lässigkeit und Nonchalance angezeigt.

Der Gentleman ist kein Kellner und die Dame von Welt schon gar nicht. Der Privatmann, der auf der Geburtstagsparty den Weinservice übernommen hat, weiß, dass er nicht mit seiner warmen Hand die ganze Flasche umfassen soll, aber er wird die Flasche nicht exakt so, wie ein geschulter Service-Fachmann es täte, halten.

Auf keinen Fall legt der helfende Gast oder der Hausherr die nicht benötigte Hand beim Servieren auf den Rücken. Solche Nachahmung von Service-Profis wirkt eher lächerlich. Auch in der Haushaltshilfe sollte der vornehme Gast eine gefällige und bescheidene Selbstverständlichkeit des Helfens zeigen. Nicht der profihaften Geschicklichkeit oder gar der dienstbotenartigen Unterwürfigkeit, vielmehr der liebenswürdigen Hilfsbereitschaft, dem Willen, den anderen Gästen jederzeit gerne einen Gefallen zu tun, ist der Vorzug zu geben.

Mit anderen Worten: Lassen Sie sich nicht von irgendwelchen „Stil-Experten" sagen, Sie müssten nun beim Einschenken von Wein oder Champagner die Profis imitieren. Tun Sie es, wenn Sie es wollen, beim Champagner, aber machen Sie es lässig.

Händedruck

Guten Abend Herr Fenner,

ich habe mich gefragt, ob es eine bestimmte Länge (zeitlich) zu beachten gibt, wenn man z.B. beim Vorstellungstermin dem Interviewer die Hand zur Begrüßung reicht.

Ich bedanke mich im Voraus für die Antwort.

Mit freundlichen Grüßen

M. E.

Meine Antwort:

Sehr geehrter Herr E.,

das Händeschütteln ist in westlichen Ländern immer ein gängiges Begrüßungsritual gewesen, das vermutlich auf das Winken zurückzuführen ist. Das Winken wiederum ist ein Zeichen der Freundschaft, mit dem man zeigt, dass man unbewaffnet erscheint. Bereits im Neuen Testament wird im Brief des Paulus an die Galater, der etwa 50 nach Christus verfasst wurde, ein Händedruck erwähnt. An dieser Stelle wird dem Apostel Paulus beim Abschied aus Jerusalem die „rechte Hand der Freundschaft" gereicht. Somit war das Händeschütteln schon in der griechisch-römischen Zeit eine bekannte Sitte. Es wurden Münzen aus der Zeit des antiken Roms gefunden, die einen Händedruck zeigen.

Der Händedruck ist eine sehr persönliche Geste, da er mit einer Berührung des anderen einhergeht, und das Berühren anderer Personen ist eine heikle Angelegenheit. Diese mit dem Händedruck verbundene Nähe widerspricht dem Ehr- und Anstandsgefühl zahlreicher Kulturen und so ist der Händedruck auch hauptsächlich in den westlichen Ländern zu finden. Eine vorgeschriebene zeitliche Länge des Handschlags gibt es nicht. Es sind aber im Schnitt kaum mehr als ein oder eineinhalb Sekunden. Ein besonders herzlicher Händedruck kann auch mal etwas länger dauern. Zeitlich gedehnte Begrüßungsgesten, wie man sie bei Staatsbesuchen beobachten kann, sind aber eher die Ausnahme als die Regel und haben immer einen besonderen Grund. Bei Staatsbesuchen etwa soll ein langer Händedruck die Verbundenheit symbolisieren. Manchmal wird er aber auch nur vor den Pressefotografen künstlich verlängert, damit diese genügend Zeit für ihren „Schnappschuss" finden.

Beim Händedruck sollte, wie der Name schon sagt, ein gewisser Druck ausgeübt werden. Nichts wirkt unangenehmer als eine schlappe Hand. Da bei einer Begrüßung viele Aspekte zu einem ersten Eindruck führen, sagt auch ein Händedruck schon viel über die entsprechende Person aus. Ein kräftiger Händedruck zeigt Selbstbewusstsein, Kraft und Willensstärke. Ein schwacher Händedruck kann dagegen negative Assoziationen hervorrufen. Jedoch sollte man sich als stilbewusster Mensch seinem Gegenüber etwas anpassen und dem anderen nicht gleich die Hand brechen. Das wirkt dann nämlich nicht nur grob, sondern auch ungehobelt. Selbst der angenehmste Händedruck ist allerdings nutzlos, wenn man keinen Blickkontakt aufbaut. Ohne Blickkontakt hat ein Händedruck einen unpersönlichen Touch und wirkt wie eine formale Geste ohne Herzlichkeit.

Ein weiterer, wichtiger Punkt, auf den man achten sollte, sind trockene Hände. Nun neigen viele Menschen aus unterschiedlichen Gründen zu feuchten Handflächen. Dies ist natürlich bei einem Händedruck unangenehm und kann, ebenso wie der schwache Händedruck, negative Assoziationen hervorrufen. Hier ist es empfehlenswert, ein Stofftaschentuch in der Hosentasche mitzuführen und kurz vor einem Händedruck die rechte Hand daran zu trocknen.

Hemden mit Doppelmanschetten

Sehr geehrter Herr Fenner,

beim Fernsehsender „Job TV24“ habe ich einige Ihrer Beiträge gesehen und viele nützliche Tipps bekommen. Gestatten Sie mir bitte dennoch eine Dresscode-Frage:

Ich war letzte Woche in London und dort ist mir aufgefallen, dass die Herren fast ausschließlich Hemden mit Doppelmanschetten und Manschettenknöpfen tragen. In Deutschland sieht man das eher selten, wenn auch immer öfter. Da mir diese Art von Manschetten sehr gefällt, würde ich gerne erfahren, ob sich deutsche Männer mit Doppelmanschetten overdressed fühlen? Ich persönlich habe zur Arbeit noch nie Hemden mit Doppelmanschetten getragen.

Vielen Dank für Ihre Antwort.

Freundliche Grüße

M. B.

Meine Antwort:

Sehr geehrter Herr B.,

tatsächlich waren die Engländer in der eher konservativen Dress-Etikette immer führend. Die Italiener dagegen beschreiten gerne neue Wege. Kein vornehmer Engländer käme auf die Idee, abends (zu künstlicher Beleuchtung) oder auch am Tage zu einem dunklen Anzug braune Schuhe zu tragen. In Italien dagegen finden das viele modebewusste Männer – und die meisten Männer in Italien sind modebewusst! – chic. Da ist auch sehr vieles Auffassungssache und sehr vieles kann man machen, wenn man bewusst ein Wagnis eingehen will. Dann muss allerdings das gesamte Outfit wirklich sehr gut abgestimmt sein, aus den besten Stoffen bestehen und schön gemustert sein; dann braucht es richtig teure Schuhe und auch der Mann darin muss etwas ausstrahlen; sonst wirken Outfits dieser Art rasch geckenhaft.

Nach dem Krieg unterschied man in Deutschland Oberhemden und Sporthemden. Unter Ersteren verstand man Hemden in Weiß, Bleu und gestreift, seltener auch mit hellen, kleinen Karos, die zum Anzug getragen wurden. Diese hatten generell Doppelmanschetten, welche mit einem Manschettenknopf zusammengehalten wurden. Hemden, die nicht mit doppelten Klappmanschetten ausgerüstet waren, nannte man Sporthemden.

Seit Ende der Fünfzigerjahre, als die bügelfreien Hemden, etwa die schrecklichen Nyltest-Hemden, aufkamen, verzichteten die Hersteller vielfach auf die Doppelmanschette. So wurde das Hemd mit geknöpfter, einfacher Manschette zum Standard.

Richtig salonfähig ist dieses Hemd mit der einfachen Manschette jedoch bis heute nicht geworden. Namentlich in Kreisen, in denen das gesellschaftliche Leben eine große Rolle spielt und bei Bankern, Rechtsanwälten, Unternehmensberatern und Top-Managern hat sich die einfache, mit einem angenähten Knopf versehene Manschette nie durchgesetzt.

Tatsächlich teile ich Ihre Auffassung, dass diese edlen Hemden auch in Deutschland wieder klar im Vormarsch sind.

Ich kann Ihnen deshalb raten: Wenn Sie in Ihrem Unternehmen eine Führungsposition innehaben, eine Position, in der eine Krawatte selbstverständlich ist, dann fallen Sie mit Doppelmanschetten keinesfalls auf, jedenfalls nicht negativ. Im Gegenteil, Sie geben ein gutes Vorbild ab. Das werden Ihre Mitarbeiter genauso honorieren wie Ihr Chef, wenn er Format und Geschmack besitzt.

Übrigens: Sollten Sie Ihre Hemden bei einem Hemdenschneider machen lassen, sollten Sie sehr auf die Stoffqualität achten: Die besten Hemdenstoffe sind Sea-Island-Cotton und Schweizer Popeline. Ferner lassen Sie sich das Monogramm nicht auf die Hemdentasche und schon gar nicht auf die Manschetten oder gar den Kragen sticken, sondern stets etwa zehn bis 12 cm unter die linke Brusttasche.

Hochzeit: Anthrazit-Anzug?

Sehr geehrter Herr Fenner,

ich bezeichne mich eigentlich als sehr stilsicher und bin auch in der Etikette bewandert.

Nun höre ich in letzter Zeit immer öfter, dass auf einer Hochzeit die männlichen Gäste auch anthrazitfarbene Anzüge tragen können. Ist dem so? Wenn ja: Welche Farbe sollte dann die Krawatte haben? Sicher nicht Silber, die Farbe, die ich zu diesem Anlass in Kombination mit einem schwarzen Anzug wählen würde.

Eine weitere Frage: Zu diesem Anlass würde ich immer schwarze Lederschuhe ohne Muster anziehen. Nun darf man offenbar auch Schuhe mit Lochmuster tragen? Ich bin etwas verwirrt und bitte um Aufklärung.

Vielen Dank im Voraus,

M.P.

Meine Antwort:

Sehr geehrter Herr P.,

anthrazitfarbene Anzüge sind sowohl bei Morgenhochzeiten (Trauung zwischen 11 Uhr und 14 Uhr) als auch bei Abendhochzeiten (16 Uhr oder 17 Uhr) in Ordnung – wenn abends kein Frack oder Smoking oder morgens kein Cutaway vorhanden sind oder diese sehr offizielle Kleidung in dem betreffenden Kreis nicht üblich ist. In diesen Fällen ist der Anthrazit-Anzug die beste Ausstattung für den Herrn. Dazu wird ein schneeweißes Hemd getragen und am besten eine schwarz-silberne, eine schwarz-weiße oder auch eine weiß-bunt gestreifte oder anderweitig gemusterte Krawatte.

Die richtigen Schuhe zu Frack und Smoking sind Lackpumps oder Lackschnürschuhe. Zum dunklen Anzug passen in der Tat schwarze Schnürschuhe, möglichst glatt ohne jedes Muster.

Hochzeit: Dresscode

Guten Tag Herr Fenner,

ich bin durch Zufall auf Ihre Internetpräsenz gestoßen und möchte die Gelegenheit nicht versäumen, Sie um unverbindliche Hilfe in Fragen des richtigen Auftretens zu bitten.

Ich werde im Sommer heiraten und habe mich entschlossen, traditionelle Kleidung zu tragen. Da in meiner Generation leider das Bewusstsein für Umgangsformen nur noch gering vorhanden ist, finde ich in einigen Punkten nicht zu letzter Klarheit.

Da meiner Verlobten und mir die kirchliche Trauung wesentlich wichtiger ist als der obligate Besuch beim Standesamt, werden beide Termine am selben Tag stattfinden.

Vormittags werde ich natürlich einen Cut tragen, den ich zur kirchlichen Trauung um 15:30 Uhr gegen einen Smoking im klassischen Schnitt tauschen möchte. Mir ist wohl bewusst, dass der Nachmittag etwas früh für einen Smoking erscheint. Ich möchte es jedoch vermeiden, die Garderobe nach dem Traugottesdienst zu wechseln, weil ich auf diese Weise meine Braut und die Gäste allein lassen müsste. Wäre es in einem solchen Fall angebracht, schon um 15:30 Uhr zum Abendanzug zu wechseln oder würden Sie mir etwas anderes raten?

Die zweite Frage bezieht sich auf den Smoking selbst: Ich habe einen Smoking in Dunkelblau in Auftrag gegeben und würde ihn gern mit einem Hemd aus Piqué und entsprechender Fliege kombinieren. Mir missfällt die Vorstellung, einen Kummerbund zu tragen, weswegen ich mich gern für eine Weste entscheiden würde. Ich konnte allerdings bis heute nicht herausfinden, ob die Smokingweste dem Spitzfasson vorbehalten ist oder ob es auch für den klassischen Schalkragen Varianten gibt. Ich fürchte, der spitze Schnitt einer Weste könnte die Linie des Schalkragens zerstören. Muss es bei der Weste – falls Sie mir zu einer raten können – die Farbe des Smokings sein oder darf man einen Kontrast setzen (etwa in Grau oder mattem Silber)? Kann die Fliege in einem solchen Fall auch in der Farbe der Weste gewählt werden?

Mit freundlichen Grüßen und herzlichem Dank für Ihre Mühe im Voraus

G. M.

Meine Antwort:

Sehr geehrter Herr M.,

Ihr Plan, standesamtliche und kirchliche Trauung an einem Tag vorzunehmen, entspricht der guten Tradition. Wenn Ihnen und Ihrer zukünftigen Frau – in Einklang mit dieser alten Tradition – die Verbindung vor Gott wichtiger ist als der notwendigerweise gesetzlich zu vollziehende Rechtsakt am Standesamt, sollten Sie das auch mit Ihrer Kleidung symbolisieren.

Prinz Charles tat dies bei der Hochzeit mit seiner Frau Camilla, indem er zur standesamtlichen Trauung einen grauen, zur kirchlichen Zeremonie einen schwarzen Cutaway trug.

Wenn Ihre kirchliche Hochzeit am Nachmittag stattfinden soll mit direkt anschließender Hochzeitsfeier, so ist dies praktisch und auch so üblich.

Ich kann Ihnen aber durchaus raten, den Smoking getrost schon um 15:30 Uhr zum Traugottesdienst zu tragen, wenn Sie den Frack für too much halten. Sie sollten auch Ihre männlichen Hochzeitsgäste animieren, dasselbe zu tun. Schließlich erscheinen auch Zuhörer der glanzvollen Opernfestspiele in Bayreuth schon um 15:30 Uhr im Smoking auf dem Festspielhügel. Generell gilt übrigens, dass sich der Bräutigam im Outfit nicht von seinen männlichen Gästen unterscheidet, jedenfalls keineswegs unterscheiden muss. Das ist bei der Braut natürlich anders.

Ich zweifle jedoch, ob ich Ihnen wirklich zu Cutaway im Standesamt und Smoking in der Kirche und beim Dinner raten soll. In seinem Festlichkeitsgrad entspricht der Cutaway am Morgen eher dem Frack am Abend. Der Smoking ist der „kleine Abendanzug“. Ihm entsprach früher als festlicher Morgenanzug eher der sogenannte Kleine Stresemann, eine Kombination von schwarzem Jackett und gestreifter (Cutaway-) Hose. Heute wird als „kleiner" offizieller Morgenanzug der anthrazitgraue oder schwarze, also der „dunkle Anzug" als passend und richtig angesehen.

Eine Smokingweste unter einem Smokingjackett mit Schalkragenrevers habe ich noch nicht gesehen. Der Schalkragen ist auch keineswegs „klassisch", sondern kam neben dem Spitzrevers-Smoking immer mal wieder in Mode. Was die Farbe der Weste betrifft, so hat auch beim Smoking die Mode inzwischen kreative Varianten hervorgebracht. So können Sie insbesondere zum cremeweißen Dinnerjackett – der Sommerparty-Variante des schwarzen Smokings – auch eine pastellfarbene Weste oder eine aus Goldbrokat tragen. Wenn Ihr Smoking nachtblau wird (vielleicht ein bisschen zu partylike für die Kirche?), könnte neben einer farbgleichen auch eine Weste in Blaugrau chic sein.

Hochzeit: Gratulation, richtig gemacht

Sehr geehrter Herr Fenner,

ich habe ein kleines Problem, bei dem ich wirklich auf einen Fachmann wie Sie angewiesen bin. Folgende Situation: Einladung zur Hochzeit. Die Brautmutter ist zum zweiten Mal verheiratet, die Tochter (die Braut) stammt aus der ersten Ehe. Mit dem zweiten Mann ist die Brautmutter nun schon über 20 Jahre verheiratet, die Braut wurde in dieser Familie groß. Gratuliere ich auch dem zweiten Mann der Brautmutter? Er ist ja sozusagen der Stiefvater der Braut, sie hat aber immer ihren alten Namen behalten.

Vielen Dank für Ihre Antwort.

M. B.

Meine Antwort:

Sehr verehrte Frau B.,

die Regeln zu kennen, ist wichtig. Aber genauso wichtig, wenn nicht wichtiger, ist das Herz.

Denn die Regeln zu kennen, bedeutet noch lange nicht, sie auch immer anzuwenden. „Wer die Sitten kennt, darf sich darüber hinwegsetzen.“ Dieses alte Sprichwort ist freilich kein Freibrief für schlechtes Benehmen, sondern vielmehr die Erlaubnis, den guten Geschmack, die Regeln des Anstands und der guten Sitten, mit der Sprache des Herzens der jeweiligen Situation anzupassen. Nur wer das kann, benimmt sich wirklich gut! Gutes Benehmen ist nämlich in erster Linie Respekt vor dem anderen! Auf Ihre Frage bezogen bedeutet das:

Natürlich gratulieren Sie auch dem Ehemann der Brautmutter, der der Braut wie ein Vater war. Da muss es Sie überhaupt nicht scheren, dass es nicht ihr leiblicher Vater ist. Die Braut ist mit ihm als Vater groß geworden, sie ist praktisch sein Kind, wird sich zumindest so fühlen. Und den Stiefvater wird es freuen, die Glückwünsche entgegenzunehmen.

Hochzeit: Passende Kleidung

Sehr geehrter Herr Fenner,

auf diesem Wege suche ich Ihren Rat bei der Wahl der richtigen Kleidung für zwei besondere Gelegenheiten, nämlich der Hochzeit meines Bruders und, nachfolgend, meine eigene Trauung. In beiden Fällen handelt es sich um kirchliche Trauungen, einmal in Spätsommer und im nachfolgenden Frühsommer, jeweils nach 12 Uhr, vermutlich aber vor 15 Uhr beginnend, in gehobenem bürgerlichen bis festlichen Rahmen, aber mit einem betont privaten Umfeld (wenige berufliche Kontakte etc.).

Nun suche ich nach einer einfachen, nicht übertrieben eleganten oder kostspieligen Lösung für die Bekleidungsfrage. Bei der Trauung meines Bruders, der sich ohne Zweifel elegant kleiden wird (Cut oder Frack), trete ich als Trauzeuge in Erscheinung, möchte mich also ebenfalls gut kleiden, ohne jedoch den Bräutigam oder andere Gäste (Vater, Schwiegervater) über Gebühr zu übertreffen. Da die Hochzeit in Schlossatmosphäre vergleichsweise spät beginnt und Bankett und Tanz beinhaltet, wollte ich einen Smoking in klassischer Ausführung wählen. Diesen trüge ich dann zwar etwas früh, wäre aber ab dem Empfang sicher gut beraten.

Bei meiner eigenen Trauung wollte ich aus den gleichen Gründen den Frack wählen, um einen Cut nicht nach 17 Uhr ablegen zu müssen. Bei Smoking und Frack möchte ich natürlich keine modischen Experimente unternehmen. Vielleicht wäre noch zu erwähnen, dass ich untersetzt bin; beeinflusst das den Rat in diesem Falle?

Für Ihre Antwort bin ich sehr dankbar.

Mit freundlichen Grüßen,

F. B.

Meine Antwort:

Sehr geehrter Herr B.,

grundsätzlich gilt: Der Frack und der Smoking sind Abendanzüge. Abendanzüge vertragen kein Tageslicht. Ausnahmen gibt es nur bei Nachmittagstrauungen, wenn keinerlei Möglichkeit zum Umziehen mehr besteht. Solche Nachmittagstrauungen dürfen aber nicht vor 15 Uhr, besser 16 oder 17 Uhr beginnen.

Wenn die kirchliche Trauung morgens stattfindet (unter diesen Begriff fällt auch noch die Mittagszeit) sind Frack und Smoking tabu, und zwar absolut tabu. Sie können zur Trauung um 12 Uhr oder 13 Uhr oder auch 14 Uhr nichts anderes anziehen als einen Cutaway, wenn es sehr festlich gehandhabt wird, oder einen dunklen Anzug. Der „dunkle Anzug" ist anthrazit oder dunkelgrau oder schwarz (möglichst nicht blau und unbedingt ohne Muster) und wird niemals mit Fliege, sondern mit einer Krawatte in Silbergrautönen und mit einem weißen Hemd mit einfachem Umlegekragen und doppelten Umschlagmanschetten kombiniert. Der Cutaway besteht aus dem dunkelgrauen (fast schwarzen) Rock mit den Schwalbenschwänzen und einer hellgrau-dunkelgrau gestreiften Hose, wobei die schmalen Streifen noch ein dezentes Fischgrätmuster aufweisen. Zum Cutaway tragen Sie eine silbergraue oder, wenn Sie mutig sind, auch eine einfarbige Weste in einem Pastellton, bleu, rosé oder mintgrün. Das ist sehr britisch. Sie können praktisch jede Krawatte wählen, die zu den beschriebenen Farben passt. Sie können zum Cutaway auch (wie alle Mitglieder des britischen Königshauses) ein rosé- oder bleufarbenes Unihemd mit weißem Kragen (Kontrastkragen) wählen.

Wenn Sie zur Kirche im Cutaway gehen, den Sie auch auf dem anschließenden Empfang noch tragen, müssen Sie sich umziehen, bevor das festliche Dinner beginnt. Abends sind dann Frack oder Smoking dran. Der Frack mit weißer Weste und weißer Fliege und einem Frackhemd mit Eckenkragen, der Smoking mit schwarzer Weste und schwarzer Fliege.

Wenn Sie morgens zur Kirche einen dunklen Anzug tragen, können Sie diesen auch abends anbehalten. Der dunkle Anzug ist Ersatz sowohl für den Cutaway als auch für den Abendanzug (Frack/Smoking). Den dunklen Anzug würde ich zu diesem Anlass immer mit weißem Hemd tragen, das macht ihn festlicher.

Sie können natürlich auch mit einem dunklen Anzug in die Kirche gehen, es tragen ja voraussichtlich nur wenige Herren einen Cutaway, und abends den Frack oder auch den Smoking anziehen. Sie müssen weniger auf Vater und Schwiegervater Rücksicht nehmen und Demut zeigen. Vielmehr ehren Sie den Bräutigam, wenn Sie als Brautführer gleichermaßen festlich gekleidet sind wie dieser.

Auf jeden Fall würde ich Ihrem Bruder abraten, tagsüber, wenn die Sonne scheint, Frack zu tragen. Es sei denn, die kirchliche Hochzeitszeremonie beginnt nicht vor 16 Uhr.

Wenn die kirchliche Trauung um 12 Uhr oder um 13 Uhr stattfindet, wird der anschließende Empfang doch ohnehin um 15 Uhr oder 16 Uhr beendet sein, so dass sich ein großes Zeitfenster zum Umkleiden öffnet, nämlich von 16 Uhr bis 19 oder 20 Uhr, wenn das Hochzeitsdinner beginnt.

Sehr geehrter Herr Fenner,

ich habe mit großer Freude an einem Ihrer Stil-und-Etikette-Seminare in Frankfurt teilgenommen und möchte Sie nun freundlich bitten, mir bei der Beantwortung der folgenden Fragen zu helfen: Als Trauzeuge eines sehr guten Freundes plane ich den Ablauf der Reden und sonstigen Beiträge bei seiner Hochzeitfeier und bin unsicher, wann (beim Empfang, vor dem Essen, zwischen einzelnen Gängen oder nach dem Essen) wer welche Reden halten sollte. Grundsätzlich möchte der Bräutigam die Gäste begrüßen und zu einem späteren Zeitpunkt auch zu jedem seiner Gäste etwas sagen. Des Weiteren möchten der Vater der Braut und ich als Trauzeuge eine kurze Rede halten.

Ich würde mich sehr über ein paar Tipps von Ihrer Seite freuen.

Vielen Dank im Voraus für Ihre Bemühungen.

Mit freundlichen Grüßen

Ihr T. B.

Meine Antwort:

Sehr geehrter Herr B.,

es freut mich, dass Ihnen mein Stil-und Etikette-Seminar gefallen hat. Gerne nehme ich zum Thema „Reden halten" ausführlich Stellung.

Es gibt keine feststehenden Etikette-Regeln, die bestimmen, wer wann und wie spricht. Allerdings haben sich Bräuche eingebürgert, die auch Sinn machen. Danach kann man es als stilvoll bezeichnen, wenn der Gastgeber zuerst spricht. Dieser hält ja auch bei anderen offiziellen Essen die erste Tischrede, mit welcher er die Gäste willkommen heißt. Der Gastgeber ist bei Hochzeiten nach konservativer Definition der Brautvater. Gibt es keinen Brautvater (mehr), übernimmt diesen Part die Brautmutter, gegebenenfalls auch der neue Lebensgefährte der Brautmutter oder der Pate. Diese Rede wendet sich an die Gäste und das Brautpaar. Der Brautvater oder einer seiner oben genannten Stellvertreter „übergibt“ mit herzlichen Worten seine Tochter an den Schwiegersohn und wünscht dem Brautpaar Glück.

Die zweite Rede hält in der Regel der Vater oder der Patenonkel des Bräutigams. Mit seinen herzlichen Worten, die sich vornehmlich an die Braut richten, verleiht er in der Regel seinem Wunsch Ausdruck, dass die Braut mit dem zukünftigen Ehemann „gnädig“ umgehen solle, nachdem man doch in der Erziehung des Sprösslings sicher einige Unterlassungssünden begangen habe.

Als dritter ist „der gute Freund“ ein beliebter Redner, der Schul- oder Studienfreund, der Corps- oder Bundesbruder, der Crewkamerad oder der Sportsfreund, der über Jahre mit dem Bräutigam „durch dick und dünn“ gegangen ist. Dieser wendet sich an den Bräutigam und ermahnt ihn, bei allem Verständnis für seine neue Situation als Ehemann und hoffentlich bald auch Familienvater, nicht seine alten Freunde und seine liebenswerten geselligen oder sportlichen Gewohnheiten zu vergessen. Die Rede richtet sich aber gleichzeitig an die Gäste und die Familie, in die der Bräutigam einheiratet, denen der gute Freund heiter von den „Schandtaten“ des Bräutigams berichtet. Wenn sie gekonnt ist, ist das die Rede, die den meisten Beifall findet.

Der Bräutigam kann reden, muss es aber nicht. Wenn er reden möchte, ist er der letzte Redner, eventuell noch ergänzt von seinem jüngsten Bruder oder dem jüngeren Bruder der Braut, der eine Damenrede halten kann. Der Bräutigam ist völlig frei in der Gestaltung seiner Rede. Er kann – wie es dem Bräutigam offenbar vorschwebt, bei dessen Feier Sie als Trauzeuge und als eine Art Zeremonienmeister fungieren wollen – durchaus in seiner Rede auf die Gäste eingehen. Es ist eine Sitte, die sehr gut geeignet ist, die Gäste einander näher zu bringen und Gesprächsstoff zu liefern. Auf keinen Fall darf der Bräutigam in seiner Rede vergessen, sich, auch im Namen seiner Frau, bei allen Gästen für die Geschenke und guten Wünsche und bei seinen Schwiegereltern für die Ausrichtung der prachtvollen Hochzeit und dafür zu bedanken, dass sie diese wunderbare Braut in seine Obhut übergeben.

Es handelt sich also um drei bis fünf Reden, wenn nicht noch etwas dazwischen kommt. Manchmal gibt es einen Gast, einen, der aus Amerika oder sonst woher kommt, oder einen, der ein besonders würdiges Amt bekleidet, der sich berufen fühlt, eine weitere Tischrede zu halten. Das ist ja auch gut so und gibt einer ansonsten durchinszenierten Feier den Charme des Improvisierten.

Grundsätzlich wird die erste Rede nach dem ersten Essensgang gehalten. Pro Essenspause sollte möglichst nicht mehr als eine Rede vorgetragen werden. Doch wenn es beispielsweise nur vier Gänge gibt, zwischen denen fünf Reden unterzubringen sind, hat man keine andere Wahl, als zwei Redner hintereinander zu bitten.

Keine Rede sollte länger als 15 Minuten dauern, es sei denn, es wird darin näher auf die Gäste eingegangen. Hierbei sollte darauf geachtet werden, kein Paar (bei einem Paar muss man nicht unbedingt auf beide eingehen) und keine Einzelperson zu vergessen.

Hochzeit: Schwarzes Kleid?

Sehr geehrter Herr Fenner,

mit Interesse habe ich auf Ihrer Webseite Ihre mehr als nützlichen Tipps zu Stil und Etikette gelesen, jedoch leider keine Antwort auf meine Frage gefunden.

Wir sind Ende September auf eine Hochzeit in Kitzbühel (Hotel Tenne) eingeladen. Die Trauung ist um 14 Uhr mit anschließendem Sektempfang. Vonseiten des Hochzeitspaares wird Tracht gewünscht. Danach ist Pause, bis um 19 Uhr das Dinner beginnt.

Hierzu nun meine Frage: Ist es dem weiblichen Hochzeitsgast gestattet, ein schwarzes Abendkleid zu tragen? Oder gilt die Regel: als Gast weder in Schwarz noch Weiß?

Über Ihre Nachricht freue ich mich.

Mit freundlichen Grüßen

E. S.

Meine Antwort:

Sehr verehrte Frau S.,

umsichtige Hochzeiter vermerken auf der Einladung einen Dresscode, also eine Kleidervorschrift oder eine Kleiderempfehlung.

Für die Trauzeremonie selbst sind Kleidervorschriften nicht üblich. Vielmehr liegt für diejenigen Freunde, Verwandten und Bekannten, mit denen das Hochzeitspaar oder deren Eltern gerne nach der Zeremonie noch auf das junge Glück anstoßen wollen, neben der Anzeige eine Einladung zum anschließenden Empfang im Briefumschlag.

Mit dieser Einladung bitten die Gastgeber – in konservativen Familien sind das meistens die Brauteltern – „anlässlich der Hochzeit von Karl und Petra Miesnick im Anschluss an die (kirchliche) Trauung zu einem Empfang", beispielsweise in den Räumen des Tennisclubs Rot-Weiß oder wo auch immer. Diese Einladung enthält dann in der Regel einen Dresscode, der implizit auch für die Kirche beziehungsweise das Standesamt gilt.

In dem von Ihnen beschriebenen Fall könnte auf der Einladung zum der Trauung folgenden Empfang als Kleidervorschrift stehen: „Trachtenanzug" oder vielleicht auch nur „Tracht". Dann erscheinen die Hochzeitsgäste in Kirche oder Standesamt im Trachtenanzug und im Dirndl.

Das abendliche Hochzeitsdinner erfordert jedenfalls immer dann eine andere Kleidung, wenn die Gäste tagsüber in der sogenannten klassischen „Morgenkleidung" (die Engländer nennen den Cutaway, dessen deutsche Bezeichnung eigentlich so schön englisch klingt, schlicht „morning suit") erschienen sind. Dann ziehen sich die Gäste in der Pause zwischen dem der Trauung folgenden Empfang und dem abendlichen Dinner Abendkleidung an.

Die Hochzeit ist das höchste und festlichste Fest in jeder Familie, und deshalb wird auch das Hochzeitsessen in den schönsten und festlichsten Kleidern gefeiert. Je nachdem, wann dieses Essen stattfindet, in offiziellster Morgen- oder Abendkleidung: Mittagessen im Cutaway und im anthrazit-grauen Anzug, Abendessen im Frack, Smoking oder ebenfalls im dunklen Anzug. Die Kleider der Damen richten sich nach den genannten Anzügen der Herren: Morgens eher das geschlossene, jedenfalls keinesfalls schulterfreie, nicht zu kurze Kleid, auch mit Rücksicht auf die Würde der Kirche und der Hochzeitszeremonie. Abends das große Ballkleid oder das festlich lange oder kurze, weit ausgeschnittene oder auch schulterfreie Kleid für die Damen, die heutzutage unter Umständen auch einen eleganten Hosenanzug tragen dürfen, wenn sie nicht gerade mit einem befrackten Herrn zur Feier gehen.

Die Sitte, dass auf Hochzeiten nur die Braut Weiß trägt, ist anerkannt. Dass man als weiblicher Gast jedoch kein Schwarz trägt, wäre mir neu. Zwar ist zu diesem Anlass das elegante farbige Seidenkleid dem schwarzen Kleid allemal überlegen, aber unhöflich oder gar verboten ist das schwarze nicht.

Hochzeit: Wer führt die Braut?

Guten Tag Herr Fenner,

ich bin seit elf Jahren geschieden. Meine Ex-Frau hat eine Tochter mit in die Ehe gebracht, die von klein auf wie meine leibliche Tochter aufgewachsen ist. Bis zuletzt hatte ich ein sehr gutes Verhältnis zu meiner geschiedenen Frau und ihrer Tochter.

Nun fand im September letzten Jahres die Hochzeit unserer Tochter statt. In Vorbereitung dieser trat meine Tochter mit dem Wunsch an mich heran, von mir am Tag der Hochzeit abgeholt, zum Standesamt gefahren und zur Trauung geführt zu werden.

Mit großer Freude sagte ich zu, auch sehr erfreut darüber, dass meine neue Partnerin zur Trauung und zur Feier geladen wurde. Ich übernahm einen Großteil der Organisation der Feierlichkeiten und selbstverständlich die Hälfte aller Kosten.

Am Tag vor der Trauung wurde das Hochzeitsauto zu meinem Wohnort gebracht und am nächsten Tag machten wir uns also auf den Weg, die Braut abzuholen. Meine Partnerin an meiner Seite, so wie es, wie wir glaubten und heute noch glauben, auch richtig und abgesprochen war.

Nun, ein knappes Vierteljahr später, wundere ich mich, dass ich so rein gar nichts mehr von meiner Tochter höre.

Weihnachten zum Anlass nehmend, forschte ich nach und musste erfahren, dass es als absolut ungebührend empfunden wurde, dass ich nicht allein im Brautauto gesessen hatte. Und das auch nicht von meiner Tochter, sondern von meinen Eltern, die auch an der Feier teilgenommen haben.

Meine Tochter erreiche ich nicht und sie meldet sich auch nicht zurück. Da mich das alles enorm belastet, meine Frage an Sie, ob wir uns tatsächlich so ungebührlich verhalten haben.

Mit freundlichen Grüßen

T. R.

Meine Antwort:

Sehr geehrter Herr R.,

es ist eine schöne alte Sitte, dass der Vater seine Tochter bei deren Hochzeit zum Altar führt.

Erstens: Der Vater holt seine Tochter ab. Die Mutter sitzt in der ersten Bank in der Kirche und wartet dort. Zweitens: Der Vater führt seine Tochter zum Altar, nicht zum Standesbeamten.

Doch auch hier ist erlaubt, was gefällt. Aber es muss dann natürlich allen Beteiligten gefallen. Sicher werden ursprünglich für das kirchliche Zeremoniell geltende Gesten und Gepflogenheiten von Menschen, die nicht gläubig sind und keiner Kirche angehören, gerne übernommen und für die profanen Feierlichkeiten adaptiert. Das kann jeder Hochzeiter machen, wie er will. Aber es muss richtig gemacht beziehungsweise vorher genauestens abgesprochen werden.

Geschiedene Ehen sind ja in unseren Zeiten keine Seltenheit. Aber selbst wenn die Eltern längst geschieden sind, sitzen die ehemaligen Partner bei der Hochzeit der gemeinsamen Tochter noch häufig in der Kirche nebeneinander, während die neuen Partner großzügig den Ehemaligen den Platz neben ihrem jetzigen Lebensgefährten überlassen und sich bescheiden-vornehm abseits setzen. Schließlich steht ja das (meist gemeinsame) Kind im Vordergrund.

Umso mehr hätte sich in Ihrem Falle Ihre neue Partnerin zurücknehmen müssen, denn noch nicht einmal Sie sind ein leiblicher Elternteil. Ihre Tochter hat Ihnen mit ihrer Bitte um Führung zur Trauung eine sehr liebenswürdige, höfliche und artige Reverenz erwiesen. Sie hat Ihnen ihre Dankbarkeit zeigen und Ihnen mit dieser Bitte sagen wollen: „Lieber Stiefvater, du warst immer mein Vater!"

Aber Ihre neue Partnerin hätten Sie in diesem Fall außen vor lassen müssen. Sie im Auto mitzunehmen war auch ein Affront gegen die Mutter Ihrer Stieftochter und mit ihrem Übelnehmen stellt sich Ihre Stieftochter vor ihre Mutter, Ihre ehemalige Frau.

Wenn ich Ihnen einen Tipp geben darf, wie Sie das wieder gutmachen können, so schreiben Sie einen Brief an Ihre Stieftochter. Nehmen Sie schönes Briefpapier und einen Füller. Keine E-Mail, keinen Kugelschreiber. Schreiben Sie, es täte Ihnen leid. Sie hätten ihre Mutter nicht brüskieren wollen, sondern es nicht besser gewusst. Geben Sie einen großen Blumenstrauß dazu und lassen Blumen und Brief durch einen Boten zur Wohnung Ihrer Stieftochter bringen.

Vielleicht darf ich Ihnen in diesem Zusammenhang noch etwas zum Umgang mit dem eigenen Partner sagen. Es ist geradezu Mode geworden, dass sich Menschen damit brüsten, wie sehr sie für ihre Partnerin, ihren Partner da sind. Politiker wie Altbundeskanzler Gerhard Schröder tragen ihre Aufmerksamkeit gegenüber ihrer jeweiligen Lebensabschnittsgefährtin in aller Öffentlichkeit zur Schau, um damit zu punkten. Fein ist das nicht, im Gegenteil. In einer gefestigten Beziehung ist es selbstverständlich, dass man miteinander gut umgeht, dass man füreinander da ist. Das Zur-Schau-Tragen der intimen Gefühle ist ordinär. Man nimmt sich zurück und darf von seiner Partnerin erwarten, dass diese Verständnis zeigt.

Ihre neue Partnerin hätte nicht zu Ihnen ins Auto steigen dürfen, als Sie die Braut abholten. Wenn Sie den Ablauf jedoch so geplant hatten, wäre es gut gewesen, ihn mit allen Beteiligten im Detail zu besprechen und abzuklären, ob auch alle damit einverstanden sind.

Hochzeit: Wer lädt ein?

Hallo Herr Fenner,

ich hoffe, Sie können meine Frage beantworten: Wenn das eigene Kind heiratet, laden dann die Eltern und Schwiegereltern schriftlich zur Hochzeit ein? Oder ist dies die Aufgabe von Braut und Bräutigam?

Mit herzlichen Grüßen aus Hamburg

Ihre H. H.

Meine Antwort:

Sehr verehrte Frau H.,

die Antwort auf eine Frage beginnt bei Juristen meistens mit: „Es kommt darauf an.“ Und so verhält es sich auch mit meiner Antwort auf Ihre Frage. Es kommt nämlich darauf an, wer das Hochzeitsfest bezahlt.

Traditionell war der Mann der Ernährer. Dafür brachte die Braut meist eine Mitgift mit in die Ehe, etwa einen Teil ihres späteren Erbes. Dazu kam die Aussteuer, die in Einrichtungs- und Haushaltsgegenständen bestand, vorrangig in Tisch- und Bettwäsche sowie Handtüchern und Geschirr. In alle Wäschestücke wurden die Initialen der Braut eingestickt. Mit dem meist kunstvoll verschnörkelten Monogramm wurde auch das silberne Besteck verziert.

Außerdem übernahmen die Eltern der Braut nicht nur die Kosten der Hochzeitsfeier, sondern sie richteten dieselbe auch aus. Das heißt, sie wählten den Ort der Feierlichkeit aus, bestimmten – selbstverständlich im Einvernehmen mit den Brautleuten –, wer eingeladen wurde usw. Und natürlich luden sie auch ein.

Wenn also August Neumann seine Braut, Christine Mehrburg, die Tochter von Wilhelm und Ella Mehrburg, heiratete, luden die Eltern der Braut folgendermaßen ein:

Wilhelm und Ella Mehrburg geben sich die Ehre,
Herrn und Frau Heinrich Höfner
anlässlich der Hochzeit ihrer Tochter Christine mit
Herrn August Neumann
zum Dîner am Mittwoch, den 26. Juni 1928, um 19:00 Uhr
im Schlosshotel Wilkinghege, Steinfurter Straße 374, Münster,
ergebenst einzuladen.

Es folgte unten links auf der gedruckten Einladungskarte die Bitte um Antwort mit der Abkürzung U.A.w.g. (= Um Antwort wird gebeten) oder französisch „R.s.v.p." (= Répondez, s'il vous plaît) und rechts die Adresse der einladenden Gastgeber.

Es gab auch durchaus noch sehr viel „aufgesetztere" Einladungstexte, insbesondere beim Adel und beim Großbürgertum, die ich hier nicht zitieren muss.

In sehr traditionsbewussten Familien werden auch heute noch Einladungen dieser Art verschickt. Doch auch heutzutage laden diejenigen ein, die die Hochzeit ausrichten und bezahlen. Das können also nach wie vor die Brauteltern sein, aber auch das Brautpaar selbst. Sollten sich die Eltern der Braut, die Eltern des Bräutigams und die Brautleute selbst die Kosten teilen, laden, der Tradition folgend, trotzdem die Brauteltern ein.

Hochzeit: Zylinder in der Kirche

Sehr geehrter Herr Fenner,

mit großem Interesse habe ich den Beitrag auf Ihrer Website zum Thema „Wann zieht der Gentleman seinen Hut?" gelesen.

Ich werde im Sommer bei meiner kirchlichen Trauung einen Cutaway nebst Zylinder tragen.

Gehe ich richtig in der Annahme, dass auch der Zylinder beim Betreten der Kirche zu ziehen ist? Wenn ja, wo haben die Herren in früheren Zeiten, als dies noch eine üblichere Bekleidungsform war, Ihre

Kopfbedeckungen in der Kirche platziert? Als Brautpaar sitzt man üblicherweise ja nicht in einer Kirchenbank und hat somit lediglich die Alternativen, den Zylinder auf den Boden zu legen oder in der Hand zu halten. Über einen Rat zu diesem Thema würde ich mich sehr freuen.

Besten Dank im Voraus!

Herzlichst, Ihr

E. S.

Meine Antwort:

Sehr geehrter Herr Dr. S.,

es ist schon etwas ganz Besonderes heutzutage, wenn Sie zum Cutaway auf Ihrer vermutlich vor 15 Uhr stattfindenden kirchlichen Trauung einen Zylinder tragen. Früher war dies jedoch die selbstverständliche Kopfbedeckung. Heute müssen Sie damit rechnen, dass ein Zylinder ein bisschen antiquiert wirkt und Sie der einzige Träger eines solchen Hutes sind. Zwar erfreut sich der Cutaway seit einigen Jahren auch in Deutschland wieder zunehmender Beliebtheit bei großbürgerlichen und Adelshochzeiten, zum Zylinder bekennt sich indessen kaum einer.

Ich nehme an, Sie wissen, dass beileibe nicht jede Art von Zylinder zu diesem hoch-offiziellen morgendlichen Festanzug passt: Der zusammenklappbare Seidenzylinder, der sogenannte Chapeau claque, ist ein Hut für den Abend. Nur der steife, nicht zusammenfaltbare Biberhut, also der mit schwarzem Biberfell überzogene Zylinder, passt zum Cutaway. In England werden ja Cutaways, zum Beispiel auf dem Pferderennplatz in Ascot, auch in Grau getragen. Dazu kombinieren die Gentlemen dann auch einen (niedrigen) grauen Zylinder.

Prinz Charles trug anlässlich seiner Hochzeit mit Camilla am Standesamt einen grauen, später zum Kirchgang jedoch den feierlichen schwarzen Cutaway mit jeweils farblich passendem Zylinder.

Wie alle Herrenhüte wird auch der Zylinder beim Betreten einer christlichen Kirche abgenommen. Während die Damen ihren Hut auf dem Kopf belassen, nehmen die Herren ihre Kopfbedeckung gleich am Eingang ab und setzen sie erst nach Verlassen der Kirche wieder auf. Sobald er sich hinsetzt, stellt der Bräutigam den Zylinder, über den er seine weißen Handschuhe legen kann, verkehrt neben sich auf den Fußboden. Solange er geht und steht, hält er ihn in der (linken) Hand.

Hut ab: Wann zieht der Gentleman den Hut?

Sehr geehrter Herr Fenner,

eine Frage habe ich zum Thema Hut: Nimmt man seine Kopfbedeckung ab, wenn man einen Raum betritt? Zieht man den Hut, wenn man jemandem die Hand zum Gruße reicht?

Und gibt es darüber hinaus noch weitere Vorschriften?

Viele Grüße

B. M.

Meine Antwort:

Sehr geehrter Herr M.,

der Hut erfreut sich in unseren Breiten nur noch geringer Beliebtheit. Eigenartigerweise haben jedoch diejenigen, die ihn häufig als spießig abgetan haben, sich längst selbst eine Einheitskopfbedeckung erkoren: das Baseballcap.

Um Ihre wichtigste Frage zu beantworten: Die Kopfbedeckung gehört bei Personen männlichen Geschlechts, jedenfalls im christlichen Teil Europas, Amerikas und Australiens, in geschlossenen Räumen nicht auf den Kopf. Bestimmte Religionen, vor allem die jüdische, schreiben dem Herrn in der Kirche hingegen eine Kopfbedeckung vor.

Eine Dame braucht fast nie ihren Hut abzulegen, es sei denn, sie plant, sich länger in einem Raum aufzuhalten, etwa zu einem längeren Dîner. Dann lässt auch sie ihren Hut in der Garderobe zurück. Zu Stehpartys, Empfängen, Soirées, Gottesdiensten, Hochzeiten oder auch zum Kaffee und zum Kurzbesuch bei Bekannten darf der Damenhut den Kopf weiter zieren.

Der feine Herr lüftet auch im Freien seinen Hut, sobald er jemanden grüßt. Diese Geste bedeutet Respekt vor dem anderen und wird unabhängig davon gezeigt, ob der andere nur mit einem leichten Kopfnicken oder mit Handschlag begrüßt wird.

Differenzierter wird diese Höflichkeitsgeste bei Mützen gehandhabt. Der kultivierte Mann behandelt eine Schirmmütze, dazu gehört natürlich auch ein Baseballcap, genauso wie einen Hut. Aber auch diese Regel enthält eine wichtige Ausnahme für Träger von Uniformen. Der Offizier, der Polizist oder der Pilot behält seine Mütze beim Grüßen immer auf dem Kopf. Beim Betreten eines Raumes nehmen jedoch auch Uniformträger ihre Mütze ab.

Korporationsstudenten halten es, je nach Vornehmheit ihres Bundes, mit ihren farbenfrohen Studentenmützen unterschiedlich.

Träger von Pudelmützen, Baskenmützen, Skimützen und ähnlichen Kopfbedeckungen ohne Schirm und Krempe außerhalb von geschlossenen Räumen brauchen ihre Mützen auch beim Gruß nicht abzunehmen.

Fazit: Der feine Mann macht nichts falsch, wenn er im Zweifel den Hut abnimmt.

Knöpfe: Welche müssen geschlossen sein?

Lieber Herr Fenner,

Welche Knöpfe müssen/dürfen beim Jackett eines Mannes geöffnet sein? Könnten Sie mir darauf eine kurze Antwort geben?

Viele Grüße

A. B.

Meine Antwort:

Sehr verehrte Frau B.,

der Herr hat sein Jackett immer geschlossen, wenn er steht oder geht. Er öffnet es nur, wenn er sich setzt. Namentlich das Zweireiher-Jackett darf niemals offen sein, wenn der Träger steht oder geht. Die einzige Ausnahme stellt ein Jackett dar, unter dem eine Weste getragen wird.

Dieses darf (muss aber nicht) auch im Stehen und beim Gehen offen getragen werden. Der feine Mann wird auch das Jackett des Westenanzugs schließen, wenn er zum Beispiel aufsteht, um eine Rede zu halten, oder wenn er als Ehrengast die Glückwünsche anderer Gäste entgegennimmt.

Geschlossen heißt bei Einreihern mit drei Knöpfen, dass nur der mittlere Knopf zugeknöpft wird, bei Einreihern mit nur zwei Knöpfen schließt man nur den oberen Knopf. Bei Zweireihern werden alle Knöpfe, die verschließbar sind (zuweilen besteht das oberste Knopfpaar aus nicht funktionsfähigen Zierknöpfen), zugeknöpft.

Der unterste Westenknopf darf, muss aber nicht offen gelassen werden. Diese Mode entstammt einer Nachlässigkeit des britischen Königs Edward VII. Böse Zungen sagen ihm nach, dass er wegen seines Übergewichts den untersten Knopf offen gelassen hat. Aufgrund seiner Königswürde sei diese Mode von seinen Untertanen übernommen worden.

In den letzten 15 Jahren sieht man gelegentlich auch Herren, die geflissentlich zwei der drei üblichen Schließknöpfe eines Sakkos zumachen, nämlich den mittleren und den oberen.

Diese Stilvariante kann man allerdings getrost als einen Modegag bezeichnen, der auf Dauer kaum Bestand haben wird.

So manch gestylter Herr, der seine Anzüge nicht von der Stange kauft, sondern dieselben bei einem Schneider anfertigen lässt, lässt sich darüber hinaus „aufknöpfbare" Ärmel nähen. Träger solch teurer Maßjacken wollen gelegentlich mit einem einzigen aufgeknöpften Ärmelknopf ihre Vornehmheit demonstrieren. Mit der scheinbar lässigen „Unachtsamkeit" des Offen-stehen-lassens erhoffen sie sich Bewunderung von den Kennern; denn nur diese wissen ja, dass nur der Schneiderärmel aufknöpfbar ist.

Manschetten: Müssen sie unter dem Sakko sichtbar sein?

Sehr geehrter Herr Fenner,

In Büchern oder Stil-Tipps liest man immer wieder, dass die Hemdsärmel im Stehen etwa ein bis zwei Zentimeter unter dem Ärmel des Sakkos herausschauen sollten. Ein Blick auf die Straße (oder auch ins Fernsehen, bei Empfängen, Firmen, in der Politik, zum Beispiel auch beim Bundespräsidenten) zeigt jedoch ein ganz anderes Bild. Gemessen an dieser Regel sind die meisten Ärmel des Sakkos zu lang beziehungsweise die der Hemden zu kurz. Ein Grund könnte darin liegen, dass der Anzug von der Stange tendenziell eher mit längeren Ärmeln angeboten wird, da man diese ja immer noch leichter kürzen als verlängern kann und die meisten Käufer sich nach dem Kauf aber keine Gedanken mehr darüber machen.

Können Sie sich erklären, warum gerade in gehobenen Positionen, wo es sicherlich den einen oder anderen Berater gibt, darauf nicht geachtet wird?

Außerdem: Würden Sie auch bei legereren Freizeit-Sakkos aus Cord oder festerer Baumwolle die Ärmel so kürzen lassen, dass das Hemd herausschaut?

Auf Ihre Meinung bin ich schon gespannt.

Vielen Dank und mit freundlichen Grüßen

T. S.

Meine Antwort:

Sehr geehrter Herr S.,

tatsächlich gilt der Gentleman dann als perfekt angezogen, wenn die Manschetten seines Hemdes ein paar Zentimeter unter den Ärmeln des Jacketts hervorschauen. In der Barockzeit ragten an den Ärmeln der Herren riesige Manschetten hervor, häufig mit Spitzen und Rüschen verziert. Daher kommt übrigens der Ausdruck „Da habe ich Manschetten vor“, wenn man sich nicht recht traut, ein bestimmtes Vorhaben auszuführen. Klar, die Herren mit den schönen, weißen, großen Spitzenmanschetten konnten so ausgestattet nicht mal eben zupacken, wenn es darum ging, der Dame ihres Herzens eine Blume zu brechen oder einen Apfel vom Baum zu pflücken oder gar eine Kiste mit Utensilien zu tragen. Da hatte der Herr „Manschetten vor“!

Die Sitte, die Manschetten unter den Ärmeln bis leicht über den Handknöchel hervortreten zu lassen, hat sich – abgewandelt – erhalten. Insbesondere bei Hemden, die mit Umschlag-, auch Doppelmanschetten genannt, ausgestattet sind, zeigt der feine Herr gerne ein paar Zentimeter dieser glatt gebügelten und oft leicht gestärkten oder gepressten Ärmelendstücke. Und selbst Hemden, die nicht, wie die mit doppelten Manschetten, mit wundervollen goldenen oder gar Gabouchons versehenen Manschettenknöpfen bestückt sind, sondern nur mit einem einfachen Perlmutt- oder auch nur einem Plastikknöpfchen zusammengehalten werden und die eher in der Freizeit als im Business getragen werden sollten, lassen ihre Ärmelenden ein wenig aus dem Jackett herausschauen.

Warum viele Businesspeople und erst recht viele Politiker darauf nicht achten? Aus dem gleichen Grund, weshalb ich als Headhunter, als einer, der Manager in hohe Positionen hineinvermittelt, begonnen habe, Stil-und-Etiketteseminare zu geben: Gerade weil diese Menschen beileibe noch keine Vorbilder in Sachen Stil und Etikette sind. Gehen Sie in gute englische Clubs in London oder in angesagte Restaurants in Mailand oder schauen Sie mal in das Büro eines Anwalts in Paris und sogar New York, da sehen Sie, wie man's macht.

Für Cordjacken oder Baumwolljacketts gilt das gleiche wie für den Businessanzug: Die Manschette schaut aus den Ärmeln. Auch ein Grund, warum der feine Mann niemals kurzärmelige Hemden trägt. Wenn es sehr heiß ist und er sich in der Freizeit befindet, kann der gut gekleidete Herr (ohne Jacke) aufgekrempelte Ärmel oder ein Poloshirt tragen, das ist gentlemanlike und trotzdem lässig.

Trinkgeld im Privathaushalt

Sehr geehrter Herr Fenner,

Freunde von mir waren bei einem bekannten Industriellen eingeladen. Die Gastgeber hatten nicht nur jede Menge Personal, sondern auch eine Hausdame. Das Fest war ein Erfolg und mein Freund wollte der Hausdame beim Hinausgehen ein Trinkgeld geben, wovon ihn seine Frau aber abgehalten hat. Meine Frage: Gibt man der Hausdame ein Trinkgeld? Und wenn ja, wie viel?

Über eine kurze Antwort freue ich mich. Vielen Dank!

Grüße aus O.

J. E. J.-K.

Meine Antwort:

Sehr geehrter Herr J.-K.,

die Frage des Trinkgeldgebens hat sich zwar in Deutschland in den letzten 60 Jahren verändert, aber Sie können auch heutzutage nichts falsch machen, wenn Sie denjenigen, denen man schon immer Trinkgeld gab, auch heute noch ein Trinkgeld geben.

Obwohl wir seit Jahren einen Nivellierungsprozess in der soziologischen Struktur wahrnehmen, gibt es immer noch Personen, die in ihrem beruflichen und gesellschaftlichen Leben eher Serviceaufträge erteilen, und solche, die im Rahmen ihrer Berufsausübung solche Aufträge zu erfüllen pflegen. Grundsätzlich geben die Ersteren und nehmen die Letzteren Trinkgeld. Allerdings können heute Personen, die gewerblich bestimmte Services erfüllen und damit Trinkgelder entgegennehmen, durchaus, beispielsweise als Privatpersonen, wiederum Trinkgeldgeber sein. So kann etwa ein Friseurgehilfe, der vom Kunden nach dem Haarschnitt ein Trinkgeld von einem bis fünf Euro einstreicht, durchaus beim Restaurantbesuch nach Feierabend die Rechnung von 28 Euro auf 30 Euro aufrunden.

Trinkgeld bekommt vom Gentleman oder von der Dame von Welt der (nicht selbständige) Kellner und die Kellnerin, die Friseuse und ihr männlicher Kollege, der Tankwart, der Page, der die Koffer aufs Zimmer bringt, das Zimmermädchen, die Toilettenfrau beziehungsweise der Toilettenmann, eventuell, zumindest zu Beginn des neuen Jahres, der Müllmann, der Zeitungsbote sowie jede Serviceperson, die etwas ins Haus und in die Wohnung bringt, wie etwa der Paketmann und die Blumenbotin. Ferner der Taxifahrer, der Gepäckträger und der beim Hinaustragen des Einkaufs bemühte Ladenbursche.

Dies sind alles Servicepersonen, die ihr Geschäft nicht auf eigene Rechnung betreiben. Dem Gastwirt, dem Ladenbesitzer, dem Friseurbetriebsinhaber und der Eigentümerin eines Blumengeschäfts gibt man kein Trinkgeld.

Wenn man in einem feinen Hause eingeladen ist, in welchem – egal, ob nur an diesem Abend oder ständig – Hauspersonal beschäftigt ist, so sollte man Trinkgeld geben. In guten Häusern steht an der Haustür auf einem Tisch eine Silberschale und umsichtige Gastgeber legen dort gleich einen Zehner und ein paar größere Münzen hinein, damit jeder Gast den Zweck dieser Schale erkennt und seiner Ehrenpflicht nachkommt. Man legt – je nach Anzahl der Bediensteten – einen Fünf-, Zehn- oder Zwanzig-Euro-Schein hinein. Das Geld teilen sich die Angestellten. Natürlich kann man auch einem oder mehreren Kellnern oder anderweitig Bediensteten ein angemessenes Trinkgeld beim Hinausgehen in die Hand drücken.

Eine Hausdame ist nicht zu verwechseln mit der Dame des Hauses. Die Dame des Hauses ist die Hausfrau, also die Ehefrau des Hausherrn, die Hausdame ist eine Angestellte. Wenn es eine echte Hausdame gibt, gibt man dieser freilich niemals ein Trinkgeld, das für sie selbst bestimmt ist. Die echte Hausdame ist Gesellschafterin, also eine Dame, die zum Beispiel mit der Dame des Hauses Tee trinkt, den Kindern bei den Schularbeiten hilft und bei der Planung der häuslichen gesellschaftlichen Ereignisse mitwirkt, und eine Art Vorgesetzte des übrigen Personals. In letzterer Eigenschaft gibt sie zum Beispiel dem Dienstmädchen und dem Chauffeur, gegebenenfalls dem Gärtner und dem Kindermädchen Anweisungen. Insofern erfüllt sie einerseits eine gesellschaftliche, andererseits eine managerähnliche Funktion. Deswegen gibt man der Hausdame niemals ein Trinkgeld, das für sie selbst bestimmt ist. Allerdings kann man der Hausdame durchaus ein Trinkgeld für die Hausangestellten geben und sie bitten, das Geld angemessen an diese zu verteilen.

12. Kapitel: Internationale Business-Etikette

Argentinien

Das im südlichen Amerika gelegene Argentinien ist ein aufregendes Land, das sich von seiner Wirtschaftskrise und dem Staatsbankrott im Jahr 2001 langsam erholt und auch für europäische Unternehmen wieder interessant wird. Die Hauptstadt Buenos Aires ist Zentrum eines der größten Ballungsräume auf dem amerikanischen Kontinent und gilt auch als Kulturzentrum. Der Tango hat hier seinen Ursprung. Argentinien hat etwa 39,4 Millionen Einwohner, 90 Prozent davon stammen nach der offiziellen Statistik von eingewanderten Europäern ab. Dies erklärt auch, warum man hier viele europäische Etikette-Regeln wiederfindet, im Besonderen solche spanischen und italienischen Ursprungs.

Zur Begrüßung gibt man sich üblicherweise die Hand. Kennt man sich etwas besser, tauscht man auch mal ein Begrüßungsküsschen aus. Diese Grußform ist auch unter Männern verbreitet und kann einem sogar im Geschäftsleben begegnen. Bereiten Sie sich deshalb schon einmal gedanklich auf eine solche Situation vor, denn erschrecktes Zurückweichen oder harsches Ablehnen können auf Einheimische schnell verletzend wirken.

Bei einem Treffen mit mehreren Personen begrüßen Sie jeden Teilnehmer persönlich und werfen nicht etwa nur einen allgemeinen Gruß in die Runde. Hier richtet man sich jedoch nach der Rangfolge und begrüßt ältere Menschen zuerst, wie es auch in Europa üblich ist, so die Gruppe überschaubar ist, sonst der Reihe nach. Dabei wird dann auch die obligatorische Frage nach dem Befinden gestellt. Je eher so ein Treffen informell wird, desto eher geht man auch zum „Du" über. In diesem Fall gilt es als aufmerksam, den Vornamen des Gegenübers zu benutzen. Als Besucher des Landes gehen Sie jedoch nicht einfach zum „Du" über, sondern lassen den Argentinier entscheiden, wann dafür der richtige Zeitpunkt ist.

Im Schriftverkehr wird jedoch weiterhin das „Sie" verwendet, hier wird auf die Form geachtet. Die Anrede besteht demnach aus den Begrüßungsworten, dem Vornamen und der Frage nach dem Befinden. So sagt man also: „Buenos dias" plus Vorname! „Como estás?"

Bis 12 Uhr mittags verwendet man die Grußformel „Buenos dias", am Nachmittag „Buenas tardes" und am Abend „Buenas noches".

Auch wenn die Argentinier viel und schnell sprechen, sollte man sein Gegenüber immer ausreden lassen. Dies kann man allerdings nicht immer umsetzen, schließlich gibt es Gesprächspartner, bei denen man dann gar nicht mehr zu Wort kommt. Trotz aller Höflichkeit muss man natürlich versuchen, sich aktiv am Gespräch zu beteiligen, da der Gesprächspartner sonst denkt, dass man vom Thema gelangweilt sei. Wenn man nicht sicher in der spanischen Sprache ist, sollte man bei geschäftlichen Gesprächen einen Dolmetscher dabei haben, da nicht alle Argentinier Englisch sprechen.

Beachten sollte man, dass Körpersprache eine viel stärkere Bedeutung hat, als wir dies in Deutschland, Österreich oder der Schweiz gewöhnt sind. Argentinier haben ein ganz anderes Distanzempfinden und so kommt es häufiger zu Berührungen. Zudem stehen Argentinier deutlich näher beieinander, als die meisten Europäer dies tun würden. Auch hier sollten Sie sich bereits mit dem Gedanken vertraut machen, in Situationen zu kommen, die einem Europäer ungewöhnlich erscheinen. Ein Zurückweichen wird schnell als unhöflich interpretiert.

An dieser Stelle sei bemerkt, dass es auch Unterschiede in der Bedeutung von bei uns grundsätzlich bekannten Gesten gibt. Das Zeichen für OK, also der aus Daumen und Zeigefinger gebildete Ring, oder der hoch gestreckte Daumen gelten in Argentinien als vulgär und sollten deshalb vermieden werden.

In geschäftlichen Beziehungen ist die persönliche Ebene sehr wichtig. Es sollte daher ein reger Austausch zwischen den Geschäftspartnern herrschen. Während Deutsche eher abschlussorientiert handeln, zählt für den Argentinier stärker der persönliche Kontakt, denn er bevorzugt es, langfristige Geschäfte zu machen, und will deshalb wissen, mit wem er es zu tun hat. Ein intensiver Kontakt ist für Europäer schon deshalb wichtig, weil es aufgrund völlig verschiedener Vorstellungen schnell zu Missverständnissen kommen kann. Argentinier sind zwar stolz und halten sich in der Regel an ihr Wort, aber ihre Vorgehensweise ist eine andere. Deshalb ist es sinnvoll, auch bei kleineren Dingen einen Vertrag aufzusetzen und es nicht bei einem Handschlag oder Versprechungen zu belassen.

Wenn Sie beginnen wollen, Geschäfte in Argentinien zu tätigen, ist der Weg über Botschaften, Außenhandelskammern oder sonstige Vermittler sinnvoll. Beim ersten Treffen ist es wichtig, nicht nur über das Geschäft selbst zu sprechen, sondern auch über sich etwas zu erzählen. Da in Argentinien Status sehr wichtig ist, schadet es nicht, Studienabschlüsse und Karriereschritte im Werdegang zu nennen. Im Gespräch heben auch beiläufig erwähnte akademische Grade sowie international bekannte Arbeitgeber das Ansehen. Auch das zu wählende Verkehrsmittel bestimmt sich nach Ihrem Status: Wenn Sie eine höhere Position bekleiden, so reisen Sie natürlich nicht mit öffentlichen Verkehrsmitteln an. Ist Ihre Position nicht ganz so hoch, dann ist dies jedoch kein Problem.

Bei einem ersten, einleitenden Gespräch, dem Smalltalk, sollten Themen wie die Politik der Perons, der Konflikt um die Falklandinseln, das Nachbarland Brasilien oder die Wirtschaftskrise 1998 vermieden werden.

Auch wenn dies bei uns sehr lässig wirkt: Sich während eines Gesprächs auf den Tisch zu setzen, gilt in Argentinien als schwerwiegender Fehltritt.

Die Tischetikette in Argentinien ist der europäischen sehr ähnlich. Es gibt jedoch eine grundlegende Ausnahme: Während in Europa nach dem Essen das Besteck auf „Zehn-vor-fünf" liegt, wird es in Argentinien gekreuzt auf den Teller gelegt. Gehen Sie mit Ihren Geschäftspartnern essen, gilt es als Zeichen von Höflichkeit und Interesse, lokale Spezialitäten zu probieren oder sich vom Gastgeber etwas empfehlen zu lassen. Das Einschenken von Getränken sollten Sie nicht selbst übernehmen, sondern es vom Personal machen lassen. Können Sie nicht warten, gießen Sie nicht mit der linken Hand und nicht über den Handrücken ein. Geht es ans Bezahlen, sollten Sie etwa zehn Prozent Trinkgeld einplanen.

Bei einem Geschäftstreffen empfiehlt es sich, auch dann pünktlich zu erscheinen, wenn sich der Gastgeber vermutlich um ein paar Minuten verspätet. Ist Ihr Zeitplan knapp bemessen und ein pünktliches Beginnen für Sie wichtig, vereinbaren Sie den Termin nach „american time". Da es vorkommen kann, dass aufgrund unterschiedlicher Vorstellungen und daraus resultierender Missverständnisse Termine nicht eingehalten werden, vergewissern Sie sich am besten fünf Tage vor einem Meeting oder Treffen, dass dieses wie geplant stattfinden wird. Werden Sie jedoch privat eingeladen, sollten Sie keinesfalls pünktlich erscheinen, sondern sich 30 Minuten Verspätung gönnen. Es gilt als unhöflich, zur vereinbarten Zeit vor der Tür zu stehen.

Was die Kleidung betrifft, so können Sie sich in Argentinien an Spanien oder Italien orientieren. Stilvolle Kleidung ist immens wichtig – oder könnten Sie sich einen Tangotänzer in kurzen Hosen und buntem Hemd vorstellen? Der Kleidungsstil ist elegant und eher offiziell. Im Business trägt man den gewohnten Geschäftsanzug. Idealerweise tragen Sie also einen dunklen oder grauen Anzug. Natürlich gehören dazu stets eine Krawatte und ein langärmeliges Hemd. Für Menschen in höheren Geschäftsebenen ist der Dreiteiler zu empfehlen; dieser besteht aus Hose, Weste und Anzugjacke. Natürlich sollten die Schuhe gepflegt sein. Man kann hier auf erwachsene Schuhputzer auf den Straßen zurückgreifen. Dienstleistungen von Kindern sollten Sie hingegen nicht in Anspruch nehmen.

Auch wenn die Temperaturen, besonders in den Wintermonaten, etwas höher sind, sollten sich Frauen nicht zu kurzen Kleidern hinreißen lassen. Hier empfiehlt sich die weit verbreitete Businessmode. Schnitte können zwar weiblich und figurbetont sein, sollten jedoch nicht zu viel Haut zeigen.

Brasilien

Obwohl Brasilien vor allem für Karneval und schöne Strände bekannt ist, sollte man dieses große Land mit seiner wachsenden Wirtschaftskraft nicht unterschätzen. Brasilien, das seinen Namen vom Brasilholz-Baum hat, welcher auf portugiesisch „Pau-brasil" heißt und zur Zeit der Kolonisation ein wichtiges Exportprodukt war, ist ein gefragter Wirtschaftspartner. Nach den USA und Argentinien gehört auch Deutschland zu den wichtigeren Handelspartnern.

Menschen, die sich auf den Weg nach Brasilien machen, sollten sich vor ihrer Abfahrt der Besonderheiten Brasiliens bewusst werden. Seit dem Beginn der Kolonisation durch Portugal im Jahre 1500, ist die brasilianische Gesellschaft stark hierarchisch geprägt. Status ist hier besonders wichtig, akademische Grade und wichtige Bekanntschaften sollten daher nicht versteckt werden.

Brasilien ist das einzige Land Südamerikas, das Portugiesisch als Amtssprache hat. Für Geschäftsleute empfiehlt es sich, sich mit der Sprache vertraut zu machen oder einen Dolmetscher dabei zu haben. Mit Englisch wird man nicht sehr weit kommen und auch Spanisch wird nur ansatzweise verstanden. Daher wird Geschäftsreisenden geraten, einen geeigneten Mittelsmann zu suchen, der sich um Kontakte und gesellschaftliche Fragen kümmert. Natürlich schadet es wie in jedem anderen Land der Erde auch hier nicht, zumindest einige Standardsätze zu beherrschen. Am Morgen wird mit „Bom dia" und am Nachmittag mit „Boa tarde" gegrüßt. Entgegenkommen zeigt man auch mit „Tudo bem?", was soviel heißt wie „Geht es gut?" Möchten Sie sich bedanken, so verwenden Sie als Mann „Muito obrigado“ und als Frau „Muito obrigada“.

Wie andere südamerikanische und zum Teil auch südeuropäische Länder, ist Brasilien ein Land, in dem die Sprache weit ausdrucksstärker ist als im deutschsprachigen Raum. Es wird also temperamentvoller gesprochen inklusive stärkerer Gestik. Europäische Besucher sollten sich also nicht zu zurückhaltend verhalten und damit Signale aussenden, die falsch verstanden werden könnten.

Möchten deutsche Geschäftsleute mit brasilianischen Unternehmen ins Gespräch kommen, so empfiehlt es sich, auch hier auf persönliche Beziehungen zurückzugreifen. Sinnvoll ist es auch, Kontakte über Botschaften oder Handelsvertretungen herzustellen. Interessierte Unternehmen sollten aber in jedem Fall versuchen, eine direkte Ansprechperson im gewünschten Unternehmen zu finden. Geschäftsanbahnungen via E-Mail und Brief können schnell im Sande verlaufen, Telefonate sind die bessere Wahl. Haben ausländische Investoren es geschafft, Kontakte zu knüpfen, sollten sie sich auch bemühen, dieselben aufrecht zu erhalten. Der Pflege der gewonnenen Kontakte ist es dienlich, ab dem zweiten Besuch kleine Geschenke mitzubringen. Schenken Sie nicht nur Ihrem direkten Geschäftspartner etwas, sondern suchen Sie sich in seinem Umfeld weitere mögliche Kontaktpersonen. Sollten Sie auf den Gedanken kommen, Blumen zu verschenken, so sehen Sie in Brasilien von der Trauer symbolisierenden Farbe Dunkelrot ab.

Begrüßungen sind in Brasilien viel herzlicher und direkter als in Mitteleuropa. Ein freudiges Händeschütteln oder eine Umarmung unter Männern und Wangenküsse unter Frauen sind normal. Europäische Besucher sollten sich gegen diese Herzlichkeit nicht sträuben und diese Gesten erwidern. Wenn Sie mit Ihrem Unternehmen den Schritt nach Brasilien wagen, so besorgen Sie sich auf jeden Fall Visitenkarten auf Portugiesisch. Das wirkt viel professioneller, als wenn Sie Ihre herkömmlichen Karten verwenden.

Viele werden das Problem kennen, manchmal fällt es sehr schwer, ausländische Namen auszusprechen. Das geht Brasilianern auch mit deutschen Namen so. Deshalb helfen Sie und sprechen Sie Ihren Namen laut und deutlich aus. Bestehen Sie aber nicht auf einer perfekten Artikulation. Die traditionelle Anrede besteht aus einem „Senhor" beziehungsweise „Dona" und dem Vornamen. Haben Besucher es hingegen mit einer älteren Person oder einer Respektsperson zu tun, so wird der Vorname weggelassen.

Geschäftliche Essen finden in Brasilien eher am Mittag statt, da der Abend feierlichen Anlässen vorbehalten ist. Wenn Sie als Vertreter Ihres Unternehmens Ihre brasilianischen Geschäftspartner zum Essen einladen wollen, greifen Sie auf den Mittelsmann Ihres Vertrauens zurück und lassen sich ein geeignetes Restaurant empfehlen, das Ihren Status untermalt. Sollte es vorkommen, dass europäische Besucher auf ihre Gäste warten müssen, so ist dies dem unterschiedlichen Zeitempfinden geschuldet. Ähnliche Erfahrungen werden Sie auch in anderen südamerikanischen Ländern machen. Deutsche werden jedoch in der Welt für ihre Tugenden geschätzt, zu denen auch die Pünktlichkeit gehört. Lassen Sie sich daher nicht dazu hinreißen, sich dem Zeitempfinden der Brasilianer anzupassen. Ausnahmen bilden jedoch private Einladungen, wo Sie auf jeden Fall eine gute halbe Stunde später eintreffen sollten. Bei Partys „verspäten" Sie sich um etwa eine Stunde.

In Gesprächen gelten die üblichen Smalltalk-Regeln. Ich empfehle, über positive Dinge wie die Schönheit des Landes oder Ihre Reiseeindrücke zu sprechen und unliebsame Themen zu meiden. Wie überall im Ausland sollte man auch in Brasilien Beurteilungen der Politik des Gastlandes und andere besserwisserische Bemerkungen unterlassen. Ungeeignete Smalltalk-Themen sind auch der Regenwald, die Ureinwohner, Armut und Kinderarbeit sowie die Korruption. Auf keinen Fall darf ein Gast einen Brasilianer vor seinen Landsleuten kritisieren.

Die unterschiedliche Gesprächskultur wird auch in Meetings deutlich. Dass man unterbrochen wird, ist eher die Regel als die Ausnahme. Europäische Besucher sollten sich davon nicht aus der Ruhe bringen lassen, das gehört in Brasilien dazu. Gespräche können auch mal etwas lauter werden. In einem Meeting sollten europäische Besucher versuchen, Ihre Zurückhaltung abzulegen, sonst kann es schnell dazu kommen, dass sie als Weichlinge wahrgenommen werden.

Ein Hinweis noch zur Körperhaltung: Als Mann vermeidet man, im Sitzen die Beine übereinander zu schlagen. Diese Sitzhaltung wird möglicherweise als homoerotisch gedeutet und kann einen in Brasilien rasch disqualifizieren. Auch die OK-Geste, gebildet aus Daumen und Zeigefinger, sollten Sie als europäischer Besucher vermeiden, da sie in Brasilien als Aufforderung zum Geschlechtsverkehr missverstanden werden könnte.

Mit den deutschen Tischsitten kommt man auch in Brasilien sehr weit. Man macht alles richtig, wenn man Damen den Vortritt im Restaurant, nicht aber an der Eingangstür lässt. Ein kleiner Unterschied besteht aber doch: Der Tisch wird nicht selbst gewählt, sondern man lässt sich einen Tisch zuweisen.

Möchten Sie die Rechnung bezahlen und nicht in die Situation kommen, dass ums Bezahlendürfen „gerangelt" wird, so verabreden Sie dies am besten schon vorher mit dem Kellner. Als Trinkgeld werden etwa zehn bis 15 Prozent als hinreichend angesehen, es sei denn, es wurde schon automatisch auf die Rechnung aufgeschlagen.

Als Aperitif wird Ihnen in Brasilien häufig ein Caipirinha begegnen, ein Cocktail aus Limetten, Rohrzucker, weißem Rum und Sodawasser, der sich ja inzwischen auch in Europa größter Beliebtheit erfreut. Auch wenn dieser Aperitif an den Beginn eines feucht-fröhlichen Abends erinnert, so wird auch in Brasilien ungezügelter Alkoholkonsum als Fehltritt gewertet.

Nach dem Essen sollten Sie sich von einem Taxi zu Ihrer Unterkunft bringen lassen. Leider gibt es in Brasilien Gegenden, in denen man als Fremder schnell Straßenräubern zum Opfer fallen kann. Solche Viertel sind bekannt, man sollte sie möglichst meiden. Werden Sie tatsächlich überfallen, so spielen Sie nicht den Helden, sondern tun, was von Ihnen verlangt wird. Brasilianische Straßenräuber gelten als sehr skrupellos.

Die Kleidungsvorschriften sind wenig überraschend. Wie in allen hier besprochenen Ländern trägt man auch in Brasilien einen Businessanzug; dunkle, klassische Anzüge eignen sich am besten. In vielen Unternehmen gibt es einen „Casual Friday“, der einen etwas lockereren Dresscode zulässt. Aber wie so häufig, lassen sich auch in Brasilien der Status und die hierarchische Stellung auch an der Kleidung ablesen. Der ausländische Besucher, der der oberen Führungsebene angehört, sollte als Vertreter seines Unternehmens dem klassischen Dreiteiler den Vorzug geben. Frauen können ruhig etwas kreativer sein und dürfen eine sexy Ausstrahlung haben. Schicke Kostüme mit hohen Schuhen sind kein Problem, solange beides seriös wirkt.

Eigentlich müsste es selbstverständlich sein, aber ich möchte an dieser Stelle noch einmal besonders darauf hinweisen: Der Besucher sollte auf gepflegte Nägel und Hände sowie auf polierte Schuhe Wert legen. Dies ist in Brasilien wirklich ein Muss, da man sonst einen schäbigen Eindruck macht.

China

Die Volksrepublik China, das Land der „aufgehenden Sonne“ oder das „Reich der Mitte“ erlebt zurzeit einen enormen wirtschaftlichen Aufschwung und wird vermutlich bald die größte Weltmacht sein. Viele Unternehmen und Geschäftsleute wollen an diesem Aufschwung teilhaben und versuchen ihr Glück in China. Dabei werden jedoch immer wieder Fehler gemacht, denn China ist ein Land mit einer ganz anderen Kultur, die viel älter ist als jene Europas. Wir sollten diese Tatsache bedenken, respektieren, dass sich die Chinesen ihrer großen Tradition bewusst sind, und ihnen zubilligen, dass sie – bei aller gezeigten Bescheidenheit – immer davon ausgehen, dass sie die Überlegenen sind.

Die großen kulturellen Unterschiede machen sich in allen Bereichen des Lebens bemerkbar. Dies stellt sich schon bei der ersten Begrüßung heraus. Zwar wird mit Handschlag begrüßt, doch sollte dieser eher locker sein. Als Europäer sollte man warten, bis einem die Hand gereicht wird. Ansonsten tut es auch ein Nicken oder eine leichte Verbeugung. In China herrscht etwas mehr Distanz zwischen den Menschen. Berührungen, Umarmungen und Küsse sollte man daher vermeiden. Jedoch stehen Chinesen in Gruppen deutlich enger zusammen. Versucht man sich dann etwas zu entfernen, so rücken Chinesen häufig einfach nach und „verfolgen" einen. Zeitrafferaufnahmen internationaler Konferenzen gleichen so häufig einer Tanzveranstaltung. Bei der Begrüßung lächeln Chinesen nicht, davon sollte man sich nicht irritieren lassen.

Genau wie in Europa sind ältere Menschen als ranghöher anzusehen. Demzufolge werden Jüngere den Älteren vorgestellt. Überschwängliche Bewegungen sollte man generell vermeiden, besonders in Gegenwart ranghöherer und älterer Personen. Wer eine gerade und aufrechte Haltung beibehält, macht es richtig.

Chinesen legen bei der Begrüßung viel Wert auf die korrekte Aussprache ihres Namens. Sollte man unsicher sein, übt man dies am besten vorher und nicht zusammen mit dem potentiellen Geschäftspartner. Was die Unterscheidung von Vor- und Nachnamen betrifft, kann man sich in der Regel an der Länge des Namens orientieren. Der Vorname hat häufig mehr Silben, der Nachname weniger. Bei „Xiaoming Li" ist dann „Xiaoming" der Vorname. Meistens wird der Nachname bei der Anrede zuerst genannt. Gebräuchlich sind jedoch auch amerikanische Formen wie Mr. Lin oder Mr. Chen. Da China eine Gesellschaft ist, in der die Beachtung des unterschiedlichen Ranges sehr wichtig ist, sollte auch ein eventuell vorhandener Titel in der Anrede verwendet werden. Beispielsweise spricht man den Präsidenten einer Unternehmung mit „Guten Tag, Präsident Ling" oder „Guten Tag, Direktor Wong!" an.

Nach der Begrüßung und Vorstellung werden die Visitenkarten mit einer Verbeugung mit beiden Händen übergeben. Der Rangniedrigere, beispielsweise der Jüngere, verneigt sich nach der Übergabe zuerst. Die Arme sind dabei an der Hüfte angelegt. Auch hier gilt, je tiefer die Verbeugung, desto höflicher. Der Ranghöhere verbeugt sich anschließend auch, jedoch weniger tief. Einflussreiche Beziehungen spielen in China eine große Rolle und können viele Türen überhaupt erst öffnen. Die Einführung durch die „richtigen Leute“ gilt häufig als Schlüssel zum Erfolg. Es gibt sogar ein eigenes Wort dafür, man spricht von „Guanxi“ oder „Guanxixue“.

Bei der Annäherung an eine Chinesin ist Vorsicht geboten. Dies kann schnell zu einer Ausweisung führen, da sie, plump ausgeführt, als Beleidigung des gesamten chinesischen Volkes empfunden wird – und das sind immerhin 1,3 Milliarden Menschen.

Kommt es zu einer privaten Einladung, so erscheint man stets pünktlich, besser ein paar Minuten früher. Beliebte Gastgeschenke sind in China Präsente aus der Heimat, Obstkörbe, süßer Wein oder Spirituosen und teure Pralinen. Gern gesehen sind auch hochwertige Bildbände. Von Blumen sollte man jedoch absehen. Besonders wichtig bei einem Geschenk ist die aufwendige und hübsche Verpackung. Anders als in Deutschland werden Geschenke jedoch erst ausgepackt, wenn der Schenkende wieder gegangen ist.

Sind Sie zum Essen eingeladen oder laden Sie Chinesen ein, so sollten Sie auch hier einiges beachten. Bei der Wahl des Restaurants zeigt sich, wie viel Ihnen der Gast wert ist. Je teurer ein Restaurant, desto mehr Wertschätzung bringen Sie ihm entgegen. Häufig wird dann aber noch um das Bezahlendürfen gefeilscht, es sei denn, man wurde ausdrücklich eingeladen. Ist dies der Fall, so erwidern Sie eine Einladung innerhalb von 48 Stunden.

Beim Essen wird traditionell immer ein Gericht mehr aufgetragen als Personen vorhanden sind. Die Gerichte wählt üblicherweise der Gastgeber aus. In der Regel brauchen Sie jedoch nicht zu befürchten, dass Ihnen Hunde, Hühnerfüße oder Insekten vorgesetzt werden; die Chinesen wissen, dass ihre Gäste solch exotische Speisen nicht gewöhnt sind. Aber es wird natürlich gern gesehen, wenn man unerschrocken die lokale Küche probiert. Milch und Milchprodukte sind in China jedoch unüblich.

Das typische chinesische Gedeck besteht aus zwei Schälchen oder einem Teller und einem Schälchen. Hinzu kommen ein Paar Stäbchen sowie eine Art Messerbänkchen. Natürlich gibt es auch eine Serviette und ein Glas. In einem der Schälchen befinden sich Reis oder Suppe, in das andere kommt die eigentliche Speise. Dabei erwartet niemand, dass ausländische Gäste es den Chinesen gleichtun. Man kann also beruhigt nach vertrauteren Essinstrumenten fragen. Auch die bei uns höchstens in so mancher Mensa zu beobachtenden Tischsitten, wie Schmatzen, Rülpsen und Spucken, müssen Sie in China nicht mitmachen. Wenn Sie Ihrem Tischnachbarn Speisen zureichen oder sich selbst etwas von einer Platte nehmen wollen und es gibt keine „Vorlagestäbchen", dann drehen Sie Ihre eigenen Stäbchen um und verwenden das Griffstück zum Transportieren der Speisen. Manchmal liegen aber extra Servierstäbchen auf einer Platte. Es wird gern gesehen, wenn man dem Nachbarn die leckersten Stücke in dessen Schale legt.

Suppenschalen werden übrigens mit beiden Händen zum Mund geführt. Die Reisschale wird zumindest in China und Japan ebenfalls nahe zum Mund geführt und der Reis dann mit den Stäbchen in den Mund geschaufelt. In Korea dagegen bleiben die Schalen beim Essen auf dem Tisch stehen. Die Essstäbchen sollten nie in den Reis gesteckt werden, da dies an Räucherstäbchen erinnert, die bei Trauerzeremonien zum Einsatz kommen. Genauso wenig sollten Sie die Stäbchen dazu verwenden, Dinge auf dem Tisch zu verschieben; legen Sie die Stäbchen daher auf dem häufig vorhandenen Bänkchen ab. Nutzen Sie die Stäbchen auch nicht wie eine Gabel zum Aufspießen der Speisen und zeigen Sie nie mit Stäbchen auf andere. Das sollte man mit Gabel oder Messer ja auch niemals tun! Auch sollten Sie mit Stäbchen in der Hand nicht gestikulieren.

Die Sitzordnung bestimmt sich nach dem jeweiligen Rang der Teilnehmenden. Der Hauptgast sitzt rechts neben dem Hauptgastgeber, der zweitwichtigste Gast entsprechend links von ihm. Dem Hauptgastgeber gegenüber sitzt der zweite Hauptgastgeber. Hier wiederholt sich das Prozedere für den dritt- und viertwichtigsten Gast, der rechts beziehungsweise links vom zweiten Hauptgastgeber platziert wird.

Businesskleidung sieht in China aus wie in den meisten anderen Ländern auch. Ein formeller Businessanzug ist im Geschäftsleben einfach Pflicht, daran führt kein Weg vorbei. Vermeiden sollten Sie jedoch gänzlich weiße Kleidung, da die Farbe Weiß Trauer symbolisiert.

In Verhandlungen und Gesprächen sollten Sie nie laut oder unhöflich werden. Vermeiden Sie ein klares „Nein“ und brüskieren Sie einen Chinesen nie, er muss immer sein Gesicht wahren können. Kritisieren Sie einen Chinesen daher nie öffentlich. Unterbrechen Sie niemanden. Schweigen ist häufig ein Zeichen von Höflichkeit oder Nachdenklichkeit.

Beim Smalltalk gelten die üblichen Regeln. Vermeiden Sie aber eine Stellungnahme zu chinesischer Politik.

Ehren Sie Chinesen so oft wie möglich und seien Sie immer höflich und zuvorkommend. Lassen Sie ihnen stets den Vortritt in Aufzügen, auf Treppen und an Türen und weisen Sie in solchen Situationen freundlich lächelnd mit der Hand in die jeweilige Richtung.

England

England ist ein Land, in dem Umgangsformen sehr wichtig sind. Nicht umsonst spricht man von der feinen englischen Art, wenn man die gehobene Etikette meint. Dabei ist England ein Land der Gegensätze. Zum einen herrscht Distanz, Körperkontakt ist selten. Zum anderen gibt es vermeintliche Nähe, ungezwungener Smalltalk spielt eine wichtige Rolle. Geschäftliche Gespräche werden so oft mit einem unverbindlichen Geplauder eingeleitet und dabei sollten natürlich keine Themen angesprochen werden, die das Gegenüber in Verlegenheit bringen könnten. Idealerweise spricht man also über das Wetter, den Sport, den letzten Urlaub oder über Autos. In England ist es sehr wichtig, diese unverbindlichen Kontakte zu pflegen und so sollten bei bestehender Partnerschaft regelmäßige Besuche und Anrufe selbstverständlich sein.

Höfliches Verhalten hat in England besondere Bedeutung. Man sollte nie die Ruhe oder Fassung verlieren und immer beherrscht sein. Man drängelt nicht (eine Schlange bildet sich bereits ab zwei Menschen), bedankt sich lieber ein Mal zu viel als zu wenig und natürlich wird großer Wert auf Pünktlichkeit gelegt.

Es herrscht ein strenger Dresscode, der etwas traditioneller ist. Im geschäftlichen Bereich trägt man immer Anzug und Krawatte. Braune Anzüge sollte man vermeiden, diese werden eher mit der Jagd assoziiert und passen nicht in das geschäftliche Leben. Vorsichtig sein sollten Sie auch mit gestreiften Krawatten, da viele Farbkombinationen Erkennungszeichen der vielen verschiedenen Clubs und Colleges sind. Auch die bekannte Regel „never brown after six“ gilt es zu beherzigen. So trägt man bei Abendveranstaltungen nach 18 Uhr keine braunen Farben; dies gilt auch für Gürtel, Schuhe und Uhrenarmbänder.

Keinesfalls sollte man Firmen, mit denen man ins Geschäft kommen möchte, unaufgefordert kontaktieren, da das recht teuer werden kann. In England gibt es Datenbanken, sogenannte Direct Marketing Agencies, die Daten von Menschen beinhalten, die keine Werbung wünschen. Kontaktiert man eine solche Person, drohen Bußgelder von bis zu 5000 Pfund je Anruf.

Bei der ersten Begrüßung stellt man sich mit Vor- und Nachnamen vor und gibt sich die Hand. Der Händedruck erfolgt jedoch nur bei der ersten Begrüßung, bei einem zweiten Treffen kann dies schon ein Fauxpas sein. Erscheint man zu einer privaten Einladung, werden etwaige Blumen stets im Papier überreicht. Verzichten sollte man auf weiße Lilien, da diese als Friedhofsblumen gelten.

Im Gegensatz zu Deutschland werden in England Probleme nie direkt angesprochen. Viele Unternehmen haben so irrtümlicherweise angenommen, große Geschäfte gemacht zu haben, weil sie alle Formulierungen für bare Münze genommen haben. So ist etwas, dass der Engländer als „great“ bezeichnet nicht etwa großartig, sondern bestenfalls OK. Erklärt der Engländer „We’ve got a tiny problem“, dann sollte man das als „tiny“ bezeichnete Problem nicht als etwas sehen, worüber man hinweggehen kann, denn tatsächlich spricht der Engländer hier eine mittelgroße Katastrophe an.

Engländer haben viel Humor, der fast keine Grenzen kennt. Häufig werden Späße auch über die Deutschen und Deutschland gemacht. Lachen Sie aber ruhig mit, denn diese werden in aller Regel nicht aus Boshaftigkeit gebracht. Späße auf Kosten des Königshauses und deren Mitglieder sollte man aber unter allen Umständen vermeiden.

Darüber hinaus spricht man sich recht schnell mit Vornamen an, jedoch sollte man das nicht als Zeichen von Nähe oder Zuneigung interpretieren. Insgesamt ist in England also vieles distanzierter, auch Berührungen sollte man vermeiden. Am besten ist es, immer etwa eine Armlänge Abstand zu halten.

Rufen Engländer in Deutschland an, sind sie oft verwundert über die Begrüßung am Telefon. Wo in Deutschland oft nur der Nachname genannt wird, sollte man sich in England beispielsweise mit „This is *Unternehmensname*. Hello! What can I do for you?" melden. Der eigene Name wird nie zuerst genannt. Nachträgliche Telefongespräche sind in England auch häufiger nötig, da Meetings oft nicht so geordnet verlaufen, wie man dies vielleicht von Deutschland oder Österreich gewöhnt ist. Hier sollte man stets etwas Flexibilität zeigen und nicht angesprochene Punkte später per E-Mail oder eben Telefon klären. Bei einem Meeting sollte man auch kurzfristiger denken, da Gewinne und Erfolge viel rascher eintreten müssen. Versucht man, Produkte auf dem englischen Markt zu etablieren, sollte man sich genauestens mit den Gegebenheiten auf der Insel auseinandersetzen, da vieles anders funktioniert als im mittleren Europa.

Wichtig ist auch, die Landesteile Großbritanniens nicht durcheinander zu bringen. So setzt sich das Vereinigte Königreich aus England, Wales, Schottland und Nord Irland zusammen. Als Deutscher möchte man ja schließlich auch nicht nur auf Bayern reduziert werden.

Die Tischetikette ist vergleichbar mit der uns bekannten. Obwohl man im Großen und Ganzen mit den „Standards" recht weit kommt, gibt es doch einige Besonderheiten: So wird Suppe von der Seite des Löffels geschlürft und nicht der Löffel in den Mund genommen. Auch das Halten der Gabel ist anders; die uns bekannte „Schaufelhaltung", mit der das Essen zum Munde geführt wird, ist in England weniger häufig anzutreffen. Engländer schieben und drücken Nahrung auf den Gabelrücken und führen diese zum Mund. Sollte man sich hier anpassen wollen, so übe man dies doch erst einmal allein unter sicheren Bedingungen.

In puncto Körpersprache sollte beachtet werden, dass die bei uns unter dem Namen „Victory Zeichen" bekannte Geste in England eine völlig andere Bedeutung hat. Sie ist verletzender als der uns bekannte „Stinkefinger" und sollte daher nirgends gezeigt werden.

Frankreich

Als wichtigster Handelspartner Deutschlands sollte Frankreich eigentlich eine ganz besondere Rolle spielen. Jedoch bereiten sich viele Menschen auf ihre Geschäftskontakte in Asien besser vor, als wenn sie unser Nachbarland besuchen. Als wichtigsten Grundsatz sollte man sich zu Herzen nehmen, den Franzosen große Achtung entgegenzubringen. Das beginnt schon bei der Kontaktanbahnung. Reste des Schulfranzösisch reichen mit Sicherheit nicht aus. Ein Brief muss absolut fehlerfrei sein, Rechtschreibfehler sind regelrecht verhasst. Dieser sollte auch direkt an den Firmenchef gerichtet werden.

Angebotene Gastfreundschaft sollte man annehmen, um nicht unhöflich zu wirken. Wird ein Treffen mit Feierlichkeiten verbunden, so wäre es ein grober Fauxpas, an diesen nicht teilzunehmen. Generell empfiehlt es sich, für Geschäftstermine etwas mehr Zeit einzuplanen und Wichtiges nicht einfach zwischen Tür und Angel zu besprechen.

Die Begrüßung erfolgt mittlerweile auch per Handschlag, jedoch sollte dieser eher flüchtig und locker sein – ein kräftiger Händedruck gilt als unkultiviert. Dabei ist Blickkontakt aufzunehmen. Der Wangenkuss spielt im Geschäftsalltag eigentlich keine Rolle. Nur unter guten Freunden begrüßt man sich mit einem solchen gehauchten Kuss. Dabei unterscheidet man je nach geografischer Position, wie viele Küsse es sein sollen. In Paris küsst man sich zweimal, während es in vielen Gegenden Frankreichs vier Küsse sind. Am Mittelmeer sind es hingegen drei.

Besonders sollte man auf die Verwendung eventuell vorhandener Titel achten. Die korrekte Anrede enthält immer die Anredeform, also etwa „Monsieur", sowie die Position. Ein Beispiel wäre also „Monsieur le directeur". Statt der Anredeform kann auch ein eventueller Titel gebraucht werden. Die andere Möglichkeit der Anrede besteht in der Anredeform und dem Nachnamen. Geschäftspartner sollte man niemals von sich aus duzen, hier wartet man, bis einem das „Du" angeboten wird. Generell kann es einige Zeit dauern, bis dies passiert, oftmals kommt es nie dazu. Es heißt, dass Jacques Chirac seine Frau noch heute siezt.

Wie in vielen anderen Ländern auch, werden beim ersten Treffen Visitenkarten ausgetauscht. Karten mit einer französischen Übersetzung machen einen guten Eindruck, solche mit bedruckter Rückseite sind hingegen verpönt. Akademische Titel findet man selten auf Visitenkarten.

Auch im Umgang mit Frauen empfiehlt sich Zurückhaltung und mit Berührungen sollte man sparsam sein.

Während man in Paris davon ausgehen kann, mit Englisch durchzukommen, ist dies in weiten Teilen Frankreichs eher selten der Fall. Hier ist es ideal, wenn ein Übersetzer, der auch den Briefverkehr übernimmt, die Delegation begleitet. Natürlich bringt es Vorteile und Pluspunkte, wenn man ein paar eigene französische Sätze anbringen kann. Zumindest die wichtigsten Floskeln sollten zum Repertoire gehören. Lassen Sie sich aber nicht aus der Ruhe bringen, wenn Sie ständig verbessert werden. Der Franzose möchte hier nur helfen.

Beim Smalltalk sollten Sie politische Themen gänzlich vermeiden und das Gespräch auch nicht auf die Insel Korsika lenken. Mit kulturellen Themen kann man hingegen punkten. Besonders vorsichtig sein sollten Sie mit Bemerkungen, die den französischen Nationalstolz verletzen könnten. Es gehört sich auch nicht, nach dem Verdienst zu fragen oder sich über den Beruf informieren zu wollen. Bedenken Sie stets den Unterschied zwischen einer Universität und einer Eliteschule, einer sogenannte „Grand École".

Kommen Sie in den Genuss einer privaten Einladung, sollten Sie dort nicht zu früh erscheinen. 15 Minuten nach der genannten Zeit sind in Ordnung, sonst gilt man schnell als unanständig. Bringen Sie ein Gastgeschenk mit. Besonders eignen sich guter Wein oder teure Pralinen. Verschenken Sie Blumen, so sollten es nicht mehr als elf und nach Möglichkeit eine ungerade Stückzahl sein. Vermeiden Sie Chrysanthemen, da dies Friedhofsblumen sind. Gelbe Blumen signalisieren, dass eine Frau eine Affäre hat, und Rosen sind zu eindeutig.

Generell unterscheidet sich die Geschäftskultur der Franzosen darin, dass Verhandlungen individueller und emotionaler sind als im deutschsprachigen Raum. Das Vertrauen ist hierbei sehr personenbezogen. Wichtig ist, dass man sich stets eine positive Erwartungshaltung bewahrt und offen ist für Überraschungen. Es empfiehlt sich, stets flexibel zu bleiben, da Änderungen im Ablauf immer möglich sind, weswegen man bei Terminen stets Pufferzeiten einplanen sollte. Sinnvoll ist es auch, den Projektablauf in regelmäßigen Abständen zusammenzufassen. Ein direktes „Nein" sollte man immer vermeiden, da dies schnell als plump und höchst unfreundlich verstanden wird. Vermeiden sollte man ebenso das in Deutschland bekannte Handzeichen für OK, da dieses in Frankreich die Bedeutung „Null" oder „wertlos" besitzt. Oft werden Geschäfte auch beim Essen besprochen, jedoch sollte man erst nach dem Hauptgang zum eigentlichen Thema wechseln. Die Mahlzeiten ziehen sich in Frankreich ziemlich in die Länge, mittags muss man mit etwa zwei Stunden rechnen.

Die Tischetikette ist den mitteleuropäischen Gepflogenheiten sehr ähnlich. Auf einige Feinheiten sollte man aber dennoch achten. So ist es zulässig, Brot in die Suppe zu tunken, da es als Beilage zu allen Gerichten aufgetragen wird. Als richtig vornehm gilt das allerdings auch in Frankreich nicht. Wein gehört zu jedem Essen, Trunkenheit ist jedoch verpönt. Sollten Sie Ihren Wein verdünnen wollen, so tun Sie das nie direkt im Weinglas; hierfür gibt es ein separates Glas. Frauen sollten sich nicht selbst nachschenken, das übernimmt der Kellner oder der Gastgeber. Ein bekannter französischer Trinkspruch lautet „A votre santé". Obwohl das Trinkgeld schon im Preis enthalten ist, gibt an zusätzlich zehn bis 15 Prozent dazu.

Im Business tragen Männer stets einen Anzug mit Hemd und Krawatte. Der Anzug ist entweder Grau, Schwarz oder Blau, jedoch niemals Braun. Frauen tragen ein Kostüm oder ein geschmackvolles Kleid. Wichtig ist der Sitz der Kleidung und deren Qualität.

Indien

Mit etwa 1,2 Milliarden Einwohnern ist Indien nach China das zweitbevölkerungsreichste Land der Erde und dabei ein Land der Gegensätze. Während viele Menschen mit weniger als einem Dollar pro Tag auskommen müssen, gibt es immer mehr Inder, die zum wohlhabenden Mittelstand zu zählen sind. Auch die Gruppe der Elite-Inder ist stark gewachsen. Indien befindet sich in einem stetigen wirtschaftlichen Aufschwung und ist zu einem interessanten Ort für Investitionen geworden. Doch aufgrund der großen kulturellen Unterschiede gelingt es vielen europäischen Unternehmen nicht, in Indien Fuß zu fassen.

Auch Indien ist ein Land, in dem geschäftliche Kontakte vor allem über Beziehungen aufgebaut werden. Dies geht so weit, dass E-Mails von unbekannten Absendern häufig unbeantwortet bleiben, weil Unternehmen gleich mit der Tür ins Haus fallen. Diese Praxis führt in Indien selten zum Erfolg. Ausländische Investoren sollten daher Messen nutzen, um sich und ihr Unternehmen vorzustellen. Auch Handelskammern und Delegationen können dabei helfen, langfristige Kontakte zu knüpfen. Es wird empfohlen, bei der Kontaktanbahnung nicht nur auf schriftliche Kommunikation zu setzen, sondern eventuell vorhandene Bekanntschaften zu nutzen.

Bei einem ersten Kontakt sollten Sie das Geschäftliche noch nicht so sehr zur Sprache bringen. Lernen Sie Ihr Gegenüber kennen, geben Sie Dinge von sich preis. Inder sind an einer längeren, persönlichen Beziehung mit einem Unternehmen interessiert. Daher ist es wenig sinnvoll, den entsprechenden Mitarbeiter Ihres Unternehmens, der den Kontakt nach Indien halten soll, auszuwechseln. Dem Kontaktaufbau dienen neben Telefonaten auch Treffen in Indien. Der erste Besuch sollte jedoch nur dazu genutzt werden, sich besser kennenzulernen. Es empfiehlt sich, erst bei einem zweiten Treffen den Kern des Geschäfts anzusprechen. Europäische Besucher sollten immer durchblicken lassen, dass sie an langfristigen Kontakten interessiert sind und den indischen Geschäftspartnern zeigen, dass sie ihnen persönlich wichtig sind.

Die Begrüßung erfolgt weitestgehend wie hierzulande. Befindet man sich hinsichtlich des Ranges auf einer Ebene, begrüßt man sich mit Handschlag. Blicken Sie dem Gegenüber dabei freundlich in die Augen und nicken Sie leicht. Ist Ihr Gesprächspartner ranghöher, dann entscheidet *er,* wie er Sie begrüßen möchte. Viele Inder grüßen sich mit der Namaste-Geste. Diese unter Hindus gängige Begrüßungsgeste kommt vom Sanskrit „nam“ und bedeutet sinngemäß „Ich verbeuge mich vor dir“. Dabei werden die Handinnenflächen zusammen- und in der Nähe des Herzens an die Brust geführt. Dies wird von einem Nicken des Kopfes begleitet. Eine noch größere Ehrerbietung wird gezeigt, indem die gefalteten Hände angehoben und die Spitzen der Finger auf den Punkt zwischen den Augen gelegt werden. An dieser Stelle befindet sich nach hinduistischer Lehre das „dritte Auge“, eine Art energetisches Zentrum. Wenn man sich bei der Begrüßung unsicher ist, lässt man besser sein Gegenüber den ersten Schritt machen.

In einem ersten Gespräch sollten politische Themen vermieden werden. Indien ist in mehrere Konflikte verwickelt und als Ausländer sollte man dazu seine Meinung nicht äußern. Dass Indien ein Land mit einem Kastensystem ist, dürfte bekannt sein. Auch wenn es Sie als Besucher interessiert, fragen Sie einen Inder nie nach seiner Kastenzugehörigkeit.

Die Anrede erfolgt im Regelfall nur mit dem Nachnamen oder zusammen mit dem jeweiligen Titel. Eine Anrede mit Vornamen ist eher unüblich. Titel sind auch in Indien sehr wichtig, sie sollten daher auch im Schriftverkehr verwendet werden.

Man grüßt entweder auf Englisch oder in einer der regionalen Sprachen. Bei Interesse an einer längerfristigen Partnerschaft empfiehlt es sich, eine davon zu erlernen. Aber auch nur Grundregeln der indischen

Sprache bringen beim Geschäftspartner Sympathiepunkte. Kritik sollte nie deutlich geäußert und die Arbeit der indischen Geschäftspartner nicht bemängelt werden. Idealerweise sucht man stets nach positiven Aspekten und macht Verbesserungsvorschläge, statt Fehler zu thematisieren. Ein klares „Nein" sind Inder nicht gewöhnt und sollte daher auch vermieden werden. Umschreiben Sie höflich, warum etwas so nicht funktioniert, und signalisieren Sie, dass Sie es trotzdem versuchen werden.

Die Absage wichtiger Termine sollte plausibel begründet werden, um die gegenseitige Achtung zu bewahren. Auch kommt es mitunter vor, dass in Indien zunächst alles möglich scheint, es dann jedoch trotzdem nicht klappt. Geben Sie Ihren indischen Geschäftspartnern in Gesprächen immer die Möglichkeit geben, ihre enthusiastischen Worte zu revidieren oder zumindest zu relativieren, damit diese ihr Gesicht wahren können. Es empfiehlt sich, genauer nachzufragen, auf welche Weise Ziele erreicht werden können, und nicht unhöflich zu werden, wenn nicht alles reibungslos funktioniert

Wird im Gespräch ein Angebot gemacht, gilt es als höflich, es erstmal abzulehnen. Beim zweiten Angebot kann man dann einwilligen. Ebenso sollte man indischen Geschäftspartnern wiederholt Dinge anbieten, da diese auch häufig aus Höflichkeit ablehnen und nicht, weil sie tatsächlich nichts möchten.

Die Zeit hat in Indien ihre eigene Bedeutung. Da sie nach hinduistischer Lehre nicht abnimmt, sondern sich stets wiederholt, sollten Sie sich von pünktlich eingehaltenen Terminen schon im Vorfeld verabschieden, da Sie sonst nur Enttäuschungen erleben werden. Termine werden so, wie sie ursprünglich festgelegt wurden, nur sehr selten eingehalten und bei Verhandlungen mit Behörden kann es zu sehr langen Wartezeiten kommen. Es bringt jedoch nichts, sich bei diesem Thema aufzuregen, denn nach hinduistischer Lehre hat man mehrere Leben. Warum also alles in *ein* Leben packen? Diesen Tatsachen zum Trotz erwarten Inder von Deutschen Pünktlichkeit – hier eilt ihnen ihr Ruf voraus. Um trotzdem Erfolge zu erzielen und nicht in Frustration zu versinken, sollten Sie Ihre Termine reduzieren. Legen Sie sich nur einen Termin pro Tag, damit sich genug Reserven ergeben. In den Wartezeiten lässt sich liegengebliebene Arbeit erledigen; so vermeidet man es, sich zu langweilen, wenn es mal wieder zu scheinbar endlosen Verspätungen kommt. Man sollte versuchen, diese Eigenart der Inder nicht persönlich zu nehmen und sich für etwaige Terminverschiebungen einen Zeitpuffer zu reservieren.

Sie sollten sich mit dem Gedanken vertraut machen, dass es bei Verhandlungen meist zum Feilschen kommt. Gerade wenn es um einen Einkauf geht, darf man nicht die Geduld verlieren. Man muss einfach handeln, um die Kosten in Grenzen zu halten. Dabei sollte man Inder aber nicht zu sehr unter Druck setzen, sondern immer wieder freundlich nachhaken.

Tischsitten sollten Europäern in Indien keine Kopfschmerzen bereiten. Es gibt nur wenige Besonderheiten. Wird beim Essen die Hand verwendet, beispielsweise beim Essen von Brot, wird nur die rechte benutzt, da die linke als „unrein" gilt. Das Schnäuzen der Nase bei Tisch sollte auch in Indien unterbleiben. Die laufende Nase kann maximal abgetupft werden. Bewirtet man indische Gäste selbst, ist auf deren Essgewohnheiten zu achten. Viele Inder essen kein Fleisch, schon gar kein Rindfleisch, da die Kuh in Indien heilig ist. Viele Inder sind Moslems; so sollte auch auf Schweinefleisch verzichtet werden.

Der Dresscode ist in Indien sehr klassisch, im Business trägt man einen Anzug. In den Sommermonaten kann auch mal das Sakko weggelassen werden und die Kleidung nur aus Stoffhose, Hemd und Krawatte bestehen. Frauen können sich leichter kleiden, sollten aber nicht zu viel Haut zeigen.

Israel

Die Beziehungen zum 1948 gegründeten Staat Israel sind durch die deutsch-jüdische Geschichte belastet und daher nicht einfach. Wenn man bedenkt, wie schnell man auch in Deutschland, mehr als 60 Jahre nach dem Zweiten Weltkrieg, mit einer doppeldeutigen oder unbedachten Äußerung in Ungnade fallen kann, so sollte man auch bei einem Besuch in Israel stets darauf achten, was man sagt.

Viele Regeln sind Besuchern gar nicht so neu, denn Israel ist ein Einwandererland und viele Gewohnheiten stammen ursprünglich aus anderen Ländern. Doch die kulturellen Unterschiede zwischen Arabern und den jüdischen Bevölkerungsgruppen führen immer wieder zu Problemen.

Die Anrede besteht aus dem ganzen Namen und gegebenenfalls dem Titel. Wenn man sich etwas besser kennt, geht man jedoch sehr schnell zum Vornamen über. Im Privaten stellt man sich ohnehin mit Vornamen vor. Die Begrüßung wird von einem Handschlag begleitet, aber auch Wangenküsse und Schulterklopfen sind verbreitet. Der Gruß besteht in einem freundlichen „Shalom", Titel spielen dann keine Rolle.

Bei Abendveranstaltung gibt es meist kein Buffet. Zu geschäftlichen Anlässen wird jedoch häufig in ein Restaurant gebeten. Laden Sie als ausländischer Besucher Israelis in ein Restaurant ein, sollten Sie auf koscheres Essen achten, Schweinefleisch ist tabu. Der konsum von Alkohol stellt hingegen kein Problem dar, sollte sich jedoch in Grenzen halten. Auch hier disqualifiziert man sich, wenn man einen betrunkenen Eindruck hinterlässt. Im Restaurant sollten Sie etwa 15 Prozent Trinkgeld einkalkulieren.

Bei Einladungen im Privaten gelten die gleichen Regeln wie in Mitteleuropa. Man kommt nicht unbedingt auf die Minute pünktlich, sondern erscheint etwas später. Gastgeschenke sind gern gesehen, hier eignen sich Blumen oder andere Kleinigkeiten. In jedem Fall sollten auch die Kinder mit kleinen Geschenken bedacht werden. Die Blumen werden vor dem Überreichen ausgepackt. Geschenke, die an das „typische" Deutschland erinnern, sind nicht immer angebracht. Meist ist es besser, etwas Neutrales zu schenken.

Der Dresscode entspricht der Business-Kleidung der meisten Länder. Als Geschäftsmann trägt man einen Businessanzug, der in den heißen Sommermonaten etwas legerer ausfallen kann, indem die Krawatte weggelassen wird. Auch wenn in Israel kurzärmelige Hemden nicht verpönt sind, rate ich ausländischen Besuchern mit Stil davon ab. Langärmelige Hemden wirken immer seriöser. Frauen tragen Kostüm oder leichte Sommerkleidung.

Die Besucherin aus Europa oder Amerika muss sich in einigen Situationen etwas umstellen. Beim Betreten von Gotteshäusern sollten Frauen wie Männer ihren Kopf bedecken. Es empfiehlt sich, für solche Fälle ein Kopftuch dabeizuhaben. Männer tragen in der Synagoge eine Kippa, der traditionelle kreisförmige Kopfbedeckung. Frauen sollten strenggläubige Juden, die man an der schwarzen Kleidung, den Schläfenlocken und einem breitkrempigen Hut erkennt, nicht berühren. Allein reisenden Frauen wird ab und an hinterher gepfiffen. Davon sollten Sie sich jedoch nicht verunsichern lassen.

Legen Sie geschäftliche Termine nicht auf einen Sabbat, der am Freitagabend mit Sonnenuntergang beginnt und am Samstagabend mit Sonnenuntergang endet, oder einen der anderen jüdischen Feiertage, an denen das ganze öffentliche Leben zum Erliegen kommt. Am Freitag wird häufig nur halbtags gearbeitet.

Auch in Israel öffnet Smalltalk die Ohren für ernstere Themen. Vermieden werden sollte hierbei Kritik am Land und den Menschen und das Eingehen auf den Konflikt mit Palästina. Daneben wird die Gleichberechtigung von Mann und Frau nicht von allen Juden als wichtig oder sinnvoll erachtet – auch dies sollte man bei Gesprächen im Hinterkopf behalten. Zwar ist die deutsch-jüdische Geschichte ein schmerzliches und sensibles Thema, doch Fragen zum Holocaust werden durchaus gestellt. Besonders junge Besucher sollten hier zeigen, dass sie über dieses Thema informiert sind.

Bei Gesprächen steht man häufig eng zusammen und es kommt auch zu Berührungen am Arm. Hiervon sollte man sich nicht verunsichern lassen, gerade im Privaten ist dies völlig normal.

Möchten Sie in Israel investieren, sollten Sie in geschäftlichen Verhandlungen offen und direkt auftreten und Vereinbarungen stets schriftlich festhalten. Formulieren Sie Absagen deutlich, begründen Sie sie jedoch stichhaltig. Entscheidungsfindungen sind oft ein längerer Prozess, da häufig alle Mitarbeiter eines Unternehmens eingebunden werden.

Italien

Italien, bekannt für seine gute Küche, Mode- und Designartikel, Architektur, Autos, Fußball, Kunst und Musik ist auch ein wichtiger Handelspartner Deutschlands. Deutsche Geschäftspartner werden in Italien geschätzt für ihre Pünktlichkeit, Zuverlässigkeit und die Qualität ihrer Arbeit. Manieren und ein ausgeprägtes Kommunikationstalent sind gute Voraussetzungen, um in Italien Geschäfte zu machen.

Geschäftsbeziehungen lassen sich am besten auf Messen anbahnen. Wer sich anschickt, Kontakte nach Italien zu knüpfen, sollte sich idealerweise durch einen italienischen Landsmann vorstellen lassen. Um rasch Verhandlungen aufnehmen zu können, sollte man bereits im Vorfeld möglichst viele Informationen über den italienischen Partner einholen. Plant man langfristige Geschäfte, sind persönliche Treffen in Italien essentiell. Während das erste Treffen meist im Büro stattfindet, wird beim zweiten Meeting oftmals ein Restaurant bevorzugt.

Die Begrüßung im Business sollte immer höflich sein. Ein „Ciao", wie es sonst durch die Gassen hallt, hat hier nichts zu suchen. Die Verwendung des Grußes „Ciao" ist gleichbedeutend mit dem Duzen des Gegenübers. Wie in Deutschland oder Österreich auch, muss dass „Du" jedoch erst vom Ranghöheren angeboten werden. Die Begrüßung selbst besteht aus einem kurzen Händedruck und einem intensiven Blick in die Augen. Auch Frauen sollten ihre Hand zum Gruß reichen, Männer hingegen warten, bis ihnen die Dame die Hand entgegenstreckt.

Status und Titel spielen in Italien eine große Rolle und werden ganz selbstverständlich in der Anrede verwendet. Diese setzt sich aus der Anredeform (Signor/Signora) und der Position oder dem Titel (Dottore/Dottoressa, Presidente usw.) zusammen. Dies kann noch zusätzlich mit dem Nachnamen kombiniert werden. Im Gespräch sollte diese Anrede häufig wiederholt werden, um dem Gegenüber seine Wertschätzung zu zeigen. Ein häufiger Blickkontakt gilt in Italien als positives Zeichen von Aufrichtigkeit und Ehrlichkeit.

Wer in Italien erfolgreich Geschäfte machen will, sollte sich bemühen, vom italienischen Geschäftspartner als sympathisch eingestuft zu werden. Beim ersten Treffen ist es daher hilfreich, einen Mitarbeiter zu entsenden, der über sehr guten Kommunikationsfähigkeiten verfügt. Um sich nicht umgehend ins Aus zu manövrieren, sollten in ersten Gesprächen gewisse heikle Themen vermieden werden. Dazu gehören der Zweite Weltkrieg oder kritische Äußerungen über die katholische Kirche. Und auch wenn es zum Gegenstand vieler Filme wurde, umgeht man das Thema Mafia in Diskussionen besser. Ideale Gesprächsthemen sind Sport, besonders der Fußball, aber auch italienische Filme, Kunst, Literatur, Architektur, Weine und Familie. Auch das aktuelle Geschehen im Herkunftsland eignet sich für Smalltalk. Am besten zeigt man, dass die eigenen Interessen über das Geschäftliche hinausgehen, indem man sich über aktuelle Geschehnisse informiert zeigt.

In Gesprächsrunden oder ähnlichen Situationen fällt auf, dass Italiener viel näher beisammen stehen als etwa Deutsche dies tun würden. Das hat mit dem unterschiedlichen Distanzempfinden der Italiener zu tun. Verschrecken Sie also Ihre Geschäftspartner nicht, indem Sie zurückweichen.

Regeln, Gesetze und Verordnungen gibt es in Italien deutlich mehr als in Deutschland oder Österreich und viele Italiener haben ein Talent dafür entwickelt, sich über viele davon hinwegzusetzen. Die Italiener sind Meister der Improvisation. Um erfolgreich Geschäfte machen zu können, ist es also sehr wichtig, einen ständigen Austausch zu pflegen.

Zu einem Meeting sollte man stets pünktlich erscheinen, allein schon deshalb, weil das von Deutschen erwartet wird. Es kann jedoch vorkommen, dass sich der italienische Geschäftspartner verspätet. Darüber sollten Sie hinwegsehen. Es ist immer sinnvoll, vereinbarte Termine vorher schriftlich oder per Fax zu bestätigen und bei dieser Gelegenheit auszudrücken, dass man sich auf den Termin freut. Ein Meeting verläuft jedoch meist anders, als Deutsche dies gewöhnt sind. Werden Sie nicht unruhig, wenn vorab aufgestellte Tagesordnungspunkte nicht eingehalten werden. Bewahren Sie Ruhe und üben Sie möglichst keinen unnötigen Druck aus. In Italien wird häufig zuerst das besprochen, was gerade machbar erscheint, während andere Punkte gar nicht berührt werden.

Zurückhalten sollte man sich mit Bevormundungen oder Verbesserungen, dies wird selten positiv aufgenommen. Eine weitere Irritation in Meetings stellt das Faktum dar, dass Italiener einander häufig ins Wort fallen. Dies ist jedoch kein Zeichen von Unhöflichkeit, sondern hat in Italien vor allem mit der Struktur der Sprache zu tun. In internationalen Konzernen wird zwar Englisch gesprochen, beim Verhandeln mit neuen Kunden sollten Sie jedoch einen Dolmetscher hinzuziehen, wenn Sie nicht sehr gut Italienisch sprechen. Generell gilt, wie in jedem Land, dass das Beherrschen der Landessprache Pluspunkte bringt.

Zu beachten sind auch die Unterschiede in Körpersprache und Gestik. Italiener machen deutlich mehr Gebrauch von ihren Händen und Armen. Achtgeben muss man bei bestimmten Gesten. So kann etwa ein erhobener Daumen in Italien schnell missverstanden werden.

Geschäftliche Dinge werden häufig beim Essen besprochen, deshalb schadet es nicht, die Tischsitten zu kennen. In Italien wird dem Gast im Restaurant ein Tisch zugewiesen, man geht nicht einfach quer durchs Lokal und sucht sich selbst einen Platz aus. Ist man mit den heimischen Tischsitten vertraut, kann man in Italien kaum Fehler machen, doch sollte man beim Bestellen einer Pizza von der Variante Hawaii mit Schinken und Ananas absehen.

Ein Essen schließt mit einem Kaffee, der häufig in Form eines Espresso daherkommt. Cappuccino hingegen wird eher zum Frühstück oder am Nachmittag getrunken. Laden Sie Ihre Geschäftspartner ein, sind Sie also der Gastgeber, dann bezahlen Sie selbstverständlich auch die Rechnung. Italiener sind meist großzügig und gegenseitiges Einladen zum Essen wird als schöne Geste angesehen.

Zum Essen wird meist Wein getrunken. Hierbei sollte man sich aber zurückhalten und zusätzlich viel Wasser trinken. Auch wenn Italien einen hohen Pro-Kopf-Verbrauch von Wein aufweist, so wirkt es doch respektlos, wenn der Gast sich betrinkt. Übrigens ist das direkte Mischen von Wein und Wasser zu Weinschorle in Italien verpönt.

Der Dresscode ist in Italien stets sehr elegant aber gleichzeitig auch lässig. Bekannte Modeunternehmen wie Giorgio Armani, Versace, Kiton, Dolce & Gabbana kommen nicht umsonst aus diesem Land. Italiener sind ein modebegeistertes Volk, das viel Wert auf ein perfektes Auftreten legt. Im Business sollte man daher besonders auf sein Äußeres achten. Frauen tragen ein schickes Kostüm oder einen klassischen, eleganten Hosenanzug, Männer einen gut geschnittenen Anzug mit passender Krawatte. An Farben gibt es deutlich mehr tragbare Kombinationen als dies in vielen anderen Ländern der Fall ist. Auch die Regeln der farblich passenden Schuhen werden weniger streng gehandhabt. So gelten braune Glattlederschuhe zum eleganten, dunkelblauen Anzug hier nicht als Fauxpas.

Japan

Japaner sind ein harmoniebedürftiges Volk. Der Umgang miteinander ist stets sehr respektvoll. Dies wird schon bei der Begrüßung deutlich. In Japan ist die Verbeugung die traditionelle Form der Begrüßung und es gilt die einfache Faustregel, dass diese umso respektvoller ist, je tiefer sie ausgeführt wird. Aber auch die in Europa gängige Begrüßungsform des Händeschüttelns ist in Japan möglich, dann jedoch nur mit schwachem Druck und abgewendetem Blick. Nach einer Begrüßung im geschäftlichen Umfeld folgt sogleich die Übergabe der Visitenkarten. Auch hier muss man Höflichkeit walten lassen. Der Gast überreicht dem Gastgeber zuerst seine Visitenkarte – mit beiden Händen und einer kleinen Verbeugung. Bei der Anrede wird dem Nachnamen anderer ein „-san“ angehängt, was soviel wie „Herr“ oder „Frau“ bedeutet. Stellt man sich selbst vor, wird dem eigenen Namen nichts hinzugefügt.

Im Umgang mit Japanern sollten Sie stets darauf achten, dass Sie Ihr Gegenüber nicht berühren, anstarren oder ungeschickt auf es zeigen. Möchten Sie auf jemanden weisen, tun Sie dies mit der ganzen Hand.

Will man jemanden zu sich winken, zeigt die Handfläche dabei nach unten, während die Finger ausgestreckt und angezogen werden. Auf keinen Fall verwendet man die europäische Geste der nach oben gewandten Handfläche, da diese in Japan zum Heranrufen von Tieren benutzt wird. In der Öffentlichkeit sollte man auch das Putzen der Nase vermeiden. Dies gilt immer noch als unschicklich, stattdessen ist es besser, hochzuziehen. Damit beweist man, dass man die Situation unter Kontrolle hat.

Bringt man Geschenke nach Japan mit, und davon sollte man immer mehr als nötig mitführen, gilt es, ein paar Grundsätze zu beachten. Wichtig ist die Hochwertigkeit der Geschenke, besonders die Qualität der Verpackung. Da Japan ein Land mit langer Geschichte und vielen Bräuchen ist, gibt es immer wieder Stolperfallen: So sollte nichts Weißes verschenkt werden, da Weiß eine Trauerfarbe ist, und auch nichts, was aus vier Teilen besteht. Die Zahl Vier ist eine Unglückszahl wie hier die Dreizehn. Begehrte Gastgeschenke sind Dinge aus der Heimat des Besuchers, sowie hochwertige Spirituosen wie beispielsweise Whiskey. Blumen sollten nur zu Traueranlässen verschenkt werden. Geschenke werden wie Visitenkarten mit beiden Händen und einer Verbeugung überreicht. Japaner zieren sich häufig, Präsente anzunehmen.

Vor dem Betreten eines Restaurants ziehen Japaner ihre Schuhe aus und stellen sie mit den Spitzen zum Ausgang ab. Beim Essen wird auf die Präsentation der Speisen viel Wert gelegt. Diese sind deshalb häufig nur noch lauwarm oder gar kalt, jedoch stört dies niemanden. Vor dem Essen sagt man „Itadakimasu", nach dem Essen „Gochisosama deshita" und „Kanpai" für „Prost". Zum Essen wird häufig Sake getrunken, ein milder Reiswein. Aber auch Bier oder Whiskey sind gängige Getränke, von Traubenweinen aus Japan möchte ich jedoch abraten. Entgegen europäischer Sitte wird das Essen nicht mit einem Nachtisch beendet, sondern zwei Schalen Reis gereicht, die jedoch nicht gegessen werden. Eine davon ist für die Verstorbenen gedacht.

Während des Essens sollte man unbedingt davon absehen, seine Essstäbchen in die Speise zu stecken – dies würde an Räucherstäbchen erinnern – oder mit den Stäbchen in der Hand auf Menschen zu zeigen;

besser ist es, die Stäbchen auf einem häufig zu findenden Stäbchenbänkchen abzulegen. Wenn man Essen von seiner Schale an andere weitergeben möchte, dreht man die eigenen Stäbchen um und fasst die Speise mit dem Griff. Geht es ans Bezahlen, ist darauf zu achten, dass kein Trinkgeld gegeben wird, da dies als Beleidigung aufgefasst wird. Zudem wird in Restaurants häufig an einer zentralen Kasse in Türnähe gezahlt und nicht vor aller Augen am Tisch.

Wird man in einen Privathaushalt eingeladen, gilt es als höflich, die erste und manchmal auch die zweite Einladung abzulehnen. Bei der dritten Einladung sollte man jedoch zusagen. Die Schuhe werden beim Betreten des Hauses ausgezogen und mit den Spitzen zur Tür aufgestellt. Achten Sie also besser darauf, dass Ihre Strümpfe keine Löcher haben.

Höflichkeit ist in jeder Situation äußerst wichtig, niemals darf man sein Gesicht verlieren. Auch Ungeduld und Unzuverlässigkeit manövrieren einen schnell ins Abseits. Genauso verhält es sich mit klaren, einsilbigen Absagen. Nie sollten Sie ein klares „Nein" aussprechen, stattdessen ein vages „Ich werde sehen" oder „Das könnte schwierig werden". In vielen Situationen ist Harmonie der Wahrheit vorzuziehen. Vieles bleibt einfach ungesagt, gerade bei heiklen Themen sollte man deshalb nicht unnötig nachhaken.

Sitzt man einer Respektsperson gegenüber, ist stets Haltung zu bewahren. Gerade sitzen ohne sich anzulehnen, lautet die Devise. Bei einer Einladung zum Tee sollte man angebotenes Gebäck nicht ablehnen, da dies als grobe Beleidigung aufgefasst würde. Zudem sollte man davon absehen, seinen Tee mit Zucker oder Milch zu verfeinern. Ist der Tee tatsächlich zu bitter, isst man eben mehr süßes Gebäck dazu.

Die gängige Businesskleidung ist wie in Europa der Geschäftsanzug. Dieser ist jedoch dunkler und konservativer als in anderen Ländern. Kleidung ist immer von sehr hoher Qualität, Japaner sind zudem sehr markenbewusst. Achten Sie auf ein dezentes Parfüm oder tragen Sie gar keines. Am Abend, zum Besuch in einer der vielen Karaoke-Bars, kann die Kleidung etwas legerer sein und die Krawatte abgelegt werden. Jedoch sollte man nicht ganz in Weiß erscheinen.

Russland

Die Russische Föderation, Rechtsnachfolger der Sowjetunion, ist das flächenmäßig größte Land der Erde – und ein Land der Gegensätze. Wer hier Geschäfte machen möchte, sollte sich vorab über das Land informieren. Hierfür eignet sich besonders die Webseite von „Voice of Russia", die deutschsprachige Artikel und Audio-Beiträge enthält. Man kann auch russische Tageszeitungen auf Deutsch im Internet lesen, beispielsweise auf „www.russland.ru" oder „www.russland-news.de". Zudem hält die Deutsche Botschaft in Moskau „www.moskau.diplo.de" nützliche Informationen bereit.

Es hat sich in den letzten Jahren eine finanzielle Elite in Russland etabliert, deren Angehörige als „Oligarchen" bezeichnet werden. Die Oligarchie bezeichnet bei Platon (427–347 v. Chr.) die gesetzlose Herrschaft der Reichen, die nur an ihrem Vorteil interessiert sind. Wegen ihres unglaublichen Reichtums sollte man sich bei einem ersten Kontakt mit genaueren Angaben über eigene größere Investitionen zurückhalten. Derartige Offenbarungen können schnell peinlich werden. Man kann es mit einem Gewinner des neuen Russland zu tun haben, der sich Yachten und teure Häuser kauft, oder man trifft auf einen schwerfälligen Geschäftspartner, an dem die Zeit der UdSSR nicht spurlos vorübergegangen ist.

Russland ist mittlerweile ein gefragter Geschäftspartner für die deutsche Industrie, deshalb ist es besonders wichtig, bei einem ersten Treffen einen guten Eindruck zu hinterlassen. Kleidung und oder auch die Wahl des Verkehrsmittels sagen viel aus.

Einen ersten Kontakt nach Russland stellt man am besten auf Messen her. Vereinbart man schließlich ein Treffen mit einem russischen Geschäftspartner, sollte man sich seinen Kalender nicht zu voll packen, denn vieles läuft in Russland über die Beziehungsebene; man möchte sich erst kennenlernen, bevor man beginnt, Geschäfte zu machen. Dafür nehmen sich Russen gerne den ganzen Tag Zeit. Häufig kommt es zu privaten Einladungen, die Sie unbedingt annehmen sollten.

In Russland existiert keine klare Trennung zwischen Privatleben und Beruf. Hat man also am Vorabend bei einem gelungenen Essen Freundschaft geschlossen, sollte man sich am nächsten Tag einer Umarmung nicht widersetzen. Dies kann schnell als unhöflich aufgefasst werden. Bei einem russischen Gegenbesuch passen Sie am besten Ihren Aufwand dem des russischen Empfangs an.

Messen Sie der Pflege bestehender Kontakte nach Russland große Bedeutung bei.

Unter Männern begrüßt man sich mit Handschlag, im Kontakt mit Frauen sollte die Initiative zum Händeschütteln von ihr ausgehen. Die korrekte Anrede kann Probleme bereiten, da russische Namen häufig dreigeteilt sind. Heißt das Gegenüber beispielsweise Wladimir Wladimirowitsch Putin, dann ist Wladimirowitsch der Name des Vaters, Putin der Nachname. Den Vaternamen erkennt man bei Männern an der Nachsilbe „-owitsch“, bei Frauen an der Silbe „-owna“. Sie bedeuten soviel wie „Sohn von“ oder „Tochter von“ und werden aus dem Vornamen des Vaters und der entsprechenden Nachsilbe gebildet. Eine respektvolle aber distanzierte Anrede, meist verwendet bei älteren und angesehenen Personen, besteht aus Vor- und Vaternamen. Die förmliche Anrede im Unternehmen hingegen lautet „Herr“ beziehungsweise „Frau“ plus Nachname. In unserem Fall also „Dobroi Djen, Herr Putin“ und nicht „Dobroi Djen, Herr Wladimirowitsch“. Eigentlich sollte man im Geschäftsleben nicht zum „Du“ übergehen, doch wenn der Geschäftspartner dies tut, passt man sich an. Im Privaten duzt man sich in der Regel rasch und spricht sich mit Vornamen an.

Ab einer gewissen beruflichen Position muss in Russland Status gezeigt werden. Zwar ist der Verkehr in Russlands Hauptstadt Moskau in der Regel so verstopft, dass es keinen Sinn zu machen scheint, mit dem Auto zu kommen, doch sollte man, so man etwas auf sich hält, keinesfalls mit öffentlichen Verkehrsmittel anreisen. Wird man vom russischen Geschäftspartner mit einer Limousine abgeholt, hält man sich besser mit Bemerkungen über die katastrophale Verkehrssituation zurück und würdigt stattdessen anerkennend die entgegengebrachte Ehrerbietung.

Statussymbole sind nun einmal wichtig in Russland. Bei einem großen Chef werden Statussymbole, wie exklusive Schreibgeräte, Designermode, teure Uhren oder luxuriöse technische Hilfsmittel, erwartet. Sind diese nicht vorhanden, wirkt er rasch weniger authentisch.

Hat man die ersten Hürden überwunden und bereits Kontakte geknüpft, wird man sich häufig in einem Restaurant wiederfinden. Der Vodka spielt noch immer eine große Rolle in Russland und es existieren sogar Statistiken, die davon ausgehen, dass die Russen sich in 200 bis 300 Jahren durch ihren Vodka-Konsum selbst ausrotten werden. Trotzdem muss man sich vor der Unterzeichnung eines Vertrages nicht bis zur Besinnungslosigkeit betrinken. Es gibt jedoch einige Geschäftspartner, die gucken, ob man auch trinkfest ist. Unter Beachtung einiger Regeln lässt sich so ein Abend aber ohne größere Probleme überstehen. Mittlerweile verbreiten sich auch, sehr zur Freude ausländischer Gäste, westliche Schnapsgläser, die deutlich weniger als die traditionellen 10 Zentiliter fassen. Zu einem Essen wird stets Vodka getrunken, dieser jedoch nur zu einem Trinkspruch konsumiert. Dazwischen sollte man bei alkoholfreien Getränken bleiben.

Der erste Toast wird vom Gastgeber ausgebracht. Am besten überlegt man sich bereits vor dem Essen einen möglichen Trinkspruch. Trinken sollte man nicht nur auf die Frauen oder die Gesundheit, sondern kann durchaus etwas kreativer sein und auf etwas trinken, was einen in Russland beeindruckt hat. Das erste Glas wird in einem Zug ausgetrunken, die nachfolgenden Gläser ebenso mit ordentlichen Schlucken, man nippt nicht am Glas. Es empfiehlt sich, nach dem Trinken sofort auszuatmen und immer viel zu essen – je salziger und fetter, desto besser. Wenn es ans Nachschenken geht, ist es legitim, das Glas abzudecken.

Der Dresscode ist gleich wie in den meisten anderen Ländern: Männer tragen einen klassischen Businessanzug mit langärmeligem Oberhemd und Krawatte. Die Kleidung zeigt stärker als in Deutschland oder Österreich den eigenen Status. Die bekannte Redensart „Kleider machen Leute“ gilt hier noch ausnahmsloser. Frauen dürfen sich gerne feminin kleiden, sollten aber auf zu viel Haut verzichten. Eine zur Schau gestellte Weiblichkeit ist in Russland jedoch häufig anzutreffen. Elegante Kleidung und Makeup kommen meist besser an, als das hier verbreitete eher strenge Auftreten. Den Gentleman wird es freuen, denn in Russland werden gute Umgangsformen gegenüber Frauen viel stärker geschätzt als dies in vielen anderen Ländern der Fall ist. Während man in den USA mit Komplimenten an Frauen sehr vorsichtig sein muss, darf und sollte man in Russland damit nicht geizen. Man kann also durchaus äußern, dass einem die Aufmachung einer Frau gefällt. Viele Frauen provozieren dies bewusst durch die Wahl ihrer Garderobe und der Accessoires. Ein galanter und zuvorkommender Umgangston gegenüber Frauen ist sehr wichtig und die weibliche Begleitung sollte im Restaurant stets eingeladen sein. Auch der Handkuss wird von der russischen Lady gerne entgegengenommen.

Spanien

Das im Südwesten Europas gelegene Königreich Spanien ist sicher vielen Urlaubern bekannt. Plant man hier Geschäfte, sollte man sich auch hier zuvor über die Gepflogenheiten in diesem Land informieren, damit Unternehmungen nicht Gefahr laufen, zu scheitern. Viele Unternehmer verwechseln ihren Spanienbesuch mit Urlaub und nehmen bestimmte Dinge einfach nicht ernst.

Spanien weist eine völlig andere Geschäftskultur als Mitteleuropa auf. Zu beachten ist beispielsweise, dass Spanier bei Geschäften weniger abschlussorientiert denken, als etwa die Deutschen. Es geht vielmehr darum, den Geschäftspartner erst einmal kennenzulernen, denn auch hier ist man an längerfristigen Partnerschaften interessiert. Zudem wird es als unhöflich empfunden, wenn der Erstkontakt durch einen unpersönlichen Anruf erfolgt (Cold Call). Kontakte sollten besser auf Messen oder durch Bekannte und Vertretungen angebahnt werden. Wird dann ein Termin vereinbart, bewahren sich viele Spanier eine gewisse Flexibilität, indem sie erst sehr spät fix zusagen. Davon sollte man sich jedoch nicht irritieren lassen, denn dies ist kein Zeichen fehlenden Interesses. Diese Regel gilt aber ebenso für deutsche Gäste; es stellt kein Problem dar, wenn ein Termin einmal kurzfristig abgesagt werden muss.

Man begrüßt sich mit einem Handschlag und blickt sich dabei in die Augen. Frauen stehen in der Rangordnung weiter oben und reichen beim Grüßen zuerst die Hand. Wie auch in Deutschland hat man als Frau das Recht zu entscheiden, wem man die Hand geben möchte und wem nicht. Das Begrüßungsküsschen zwischen Mann und Frau, das im Urlaub häufiger ausgetauscht wird, hat im Geschäftsleben hingegen nichts zu suchen.

Status und Titel sind auch in Spanien wichtig. Die Anrede setzt sich somit mindestens aus Señor/Señora und dem Nachnamen zusammen. Für Frauen eignet sich „Señorita“ (Fräulein) besser, Señora gilt eher für ältere Frauen. Hat die Person einen Titel (Doctor/Doctora, Profesor/Profesora) oder eine bestimmte Position (z.B. Presidente, Director), wird diese zusammen mit dem Nachnamen genannt.

Der Nachname setzt sich in Spanien aus einem mütterlichen und einem väterlichen Teil zusammen. Während man im Schriftverkehr beide Namen verwendet, reicht im Sprachgebrauch einer, meist der väterliche Teil.

In einem ersten Gespräch und natürlich auch bei weiteren unverbindlichen Gesprächen sollten während des Smalltalks bestimmte Themen vermieden werden, wie etwa der Stierkampf, die Siesta, die Diktatur Francos oder der baskische Separatismus. Zurückhaltung ist ebenfalls geboten bei Flüchen, da das religiöse Spanien auf diese besonders verärgert reagiert. Sprechen Sie lieber über die schönen Dinge Spaniens, wie Kunst und Architektur, Tradition oder Wein. Auch über Reiseerlebnisse wird gern geplaudert, ebenso stößt die aktuelle politische Entwicklung in Deutschland auf offene Ohren.

Politik spielt auch im Geschäftsleben eine Rolle. Wenn man sich nicht sicher ist, wie bestimmte Entscheidungen oder Personalversetzungen aufgenommen werden, bespricht man sich besser mit einem spanischen Kollegen. Vorsicht ist bei Gesten geboten: Der hochgestreckte

Daumen wird in Spanien als beleidigend empfunden. Ebenso sollte man nicht mit dem Zeige- oder kleinen Finger auf Menschen zeigen und das Andeuten von Hörnern am Kopf mittels der Finger unterlassen.

Man muss man sich daran gewöhnen, dass man in Spanien selten ausreden darf. Dies ist jedoch kein Zeichen von Unhöflichkeit, sondern im Gegenteil ein Zeichen regen Interesses. Generell verschafft man sich natürlich Vorteile, wenn man die Landessprache beherrscht.

In Meetings wird oftmals viel Privates ausgetauscht, denn in Spanien ist es sehr wichtig, eine persönliche Beziehung zu seinem Geschäftspartner zu haben, die auch gepflegt werden muss. Es empfiehlt sich, auch etwas über sich zu erzählen und nicht zu sehr an den vereinbarten Gesprächspunkten festzuhalten.

Vielen Gesprächen fehlt eine gewisse Direktheit. Ein klar ausgesprochenes „Nein" kann hier schnell zu Problemen führen. Verpacken Sie daher Ihre Bedenken besser in höfliche Worte und vermitteln Sie Kritik stets in Kombination mit Lob.

Beachten Sie auch das unterschiedliche Zeitempfinden der Spanier, die häufig bis zu 30 Minuten zu spät kommen – ein Faktum, das nicht kritisiert werden sollte. Von Deutschen wird jedoch Pünktlichkeit erwartet. Durch die hohen Temperaturen in den Sommermonaten haben viele Unternehmen eine Sommerpause, in der die geschäftlichen Aktivitäten ruhen und die Mitarbeiter ihren Jahresurlaub nehmen.

Termine legt man in Spanien am besten auf den späten Vormittag. Danach sind Meetings erst wieder nach der Siesta möglich. Ein gemeinsames Mittagessen findet selten statt, Abendessen in gehobeneren Restaurants sind jedoch sehr beliebt. Diese dauern dann bis spät in die Nacht. Will man seinen Kunden in Spanien etwas verkaufen, sollte man im Restaurant die komplette Rechnung übernehmen, wobei man etwa zehn Prozent Trinkgeld einplanen muss.

Begleitet eine Dame einen Herrn zu einem Geschäftsessen, so sollte sie sich ihrer Rolle bewusst sein, indem sie sich in Gesprächen etwas zurückhält, schließlich „begleitet" sie nur. Wie in allen anderen Ländern auch, sollte man nie den Eindruck machen, dem Alkohol zu sehr zugesprochen zu haben. In Spanien kann bereits ein kleiner Schwips sehr negativ vermerkt werden.

Die Wahl der richtigen Kleidung ist nicht besonders kompliziert. Auch wenn Spanien ein beliebtes Urlaubsland ist und Deutsche sich auf den Balearischen Inseln wie daheim fühlen, trägt man im Geschäftsleben den traditionellen Businessanzug. Passende Kleidung ist in Spanien für einen positiven ersten Eindruck elementar. Es wird viel Wert auf Qualität und Mode gelegt und man sollte auf jeden Fall einen klassischen, seriösen Businessanzug oder einen Anzug in modernerem Design im Koffer haben. Ist man unsicher, hilft ein Blick in eine Modezeitschrift für Männer, beispielsweise die „Vogue Homme". Von kurzärmeligen Hemden sollten Sie Abstand nehmen und das Jackett nicht ablegen. Dies fällt nicht so schwer, da viele Geschäftsräume klimatisiert sind . Für Damen gilt der gleiche Dresscode wie in Mitteleuropa. Idealerweise tragen sie ein das Knie bedeckendes Kostüm und achten auf eine nicht zu weit ausgeschnittene Bluse.

USA

Denkt man an die USA, fällt einem eine Vielzahl von Produkten ein, die auch in Europa erhältlich sind. Die Amerikanisierung unserer Gesellschaft lässt viele Menschen glauben, dass sich die Gepflogenheiten im Geschäftsleben der Amerikaner und Europäer ähnlich sind. Doch die Umgangsformen in Europa sind mit jenen in den USA nicht vergleichbar. Das Wissen darum ist von großer Bedeutung, denn die Vereinigten Staaten von Amerika sind Deutschlands zweitwichtigster Handelspartner.

Die USA sind ein Einwandererland, was man auch an den Umgangsformen erkennen kann. Die Führungsschicht ist meist englischer oder irischer Herkunft und hat eine Ausbildung an Eliteuniversitäten in den USA oder Europa genossen. Einflussreiche gesellschaftliche Faktoren stellen auch christliche Sekten und jüdische Organisationen dar. Das öffentliche Leben ist bestimmt von strengen Formen und Moral, gutes Benehmen, Umgangsformen und korrekte Kleidung haben einen hohen Stellenwert. Das amerikanische Verhalten ist viktorianisch geprägt und insgesamt recht prüde. Schlechte Laune, das Zeigen von Schwächen, aber auch Unpünktlichkeit sind dem Ansehen nicht zuträglich. Die amerikanische Gesellschaft ist sehr zielorientiert, es zählen schnelle Erfolge, Zeit ist Geld.

Vor diesem Hintergrund verwundert es, dass Meetings oft etwas unstrukturiert erscheinen. Hier sollte man etwas Flexibilität aufbringen und eventuell versäumte Punkte der Tagesordnung später per Telefon oder E-Mail klären. Eine Begrüßung sollte immer aus einem kurzen, festen Händedruck und Blickkontakt bestehen. Wie in unseren Breiten entscheidet der Ranghöhere über die Form der Begrüßung. Oft werden hier schon die ersten Floskeln ausgetauscht. Fragen wie „How are you?" oder „How do you do?" werden gern statt eines freundlichen „Hello" verwendet, sind eher als rhetorische Fragen zu verstehen und sollten auf keinen Fall ehrlich beantwortet werden. Eine gute Replik ist beispielsweise „Fine" oder „Very well. Thank you". Das Austauschen von Visitenkarten geht meist recht schnell vonstatten, den Karten selbst wird eher weniger Aufmerksamkeit gewidmet.

Ähnlich wie in England wird auch in den USA ein Gespräch immer mit etwas unverbindlichem Smalltalk eingeleitet. Dieses nicht zielgerichtete Gespräch gehört in den USA einfach dazu und umfasst mindestens fünf bis zehn Minuten. Hier eignen sich Themen, die das Gegenüber nicht in Verlegenheit bringen, wie Sport, Autos, Hobby oder Familie. Generell empfiehlt es sich, mit allzu direkten Formulierungen vorsichtig zu sein, da viele Floskeln nur dazu dienen, Höflichkeiten und unverbindliche Nettigkeiten auszutauschen. So wird man vielleicht bei einem Meeting unverbindlich aufgefordert, doch mal vorbeizukommen, ohne dass dies eine ernst gemeinte Einladung darstellt. Ein tatsächlicher Termin ist immer mit dem Vereinbaren einer konkreten Zeit verbunden.

Die Anrede erfolgt mit „Mr" oder „Ms" plus Nachname. „Mrs", die Anrede für eine verheiratete Frau, wird hingegen seltener verwendet.

Höherrangige Personen werden auch mit „Sir“ beziehungsweise „Madam“ und dem Nachnamen angesprochen. Jedoch wird nach dem gegenseitigen Vorstellen auch schnell zum Vornamen übergegangen. Dies ist jedoch kein Zeichen von Nähe, genauso wie das Wort „you“ nicht mit dem deutschen „Du“ gleichzusetzen ist.

Vorsichtig sollten Sie mit vermeintlich richtigen Formulierungen sein, die einen schnell lächerlich machen können. So sprechen viele von ihrem „Chef“, meinen aber eigentlich den „Boss“ und nicht den Koch. Auch die vermeintliche Übersetzung von „Unternehmer“ mit „undertaker“ und der Verweis auf das eigene „bureau“ lösen Stirnrunzeln aus. Ähnlich verhält es sich mit dem Verweis auf das „mobile phone“, das im deutschsprachigen Raum als „Handy“ bekannt ist. Diese Beispiele zeigen, dass es unbedingt nötig ist, sich dieser möglichen Fehler bewusst zu werden. Schimpfworte sollte man auf jeden Fall vermeiden, im geschäftlichen Sprachgebrauch haben sie nichts zu suchen.

Galante Umgangsformen sind in den USA gern gesehen, doch muss man besonders im Umgang mit Frauen eher zurückhaltend agieren und auf anzügliche Witze, offensive Blicke und Hinterhersehen auf jeden Fall verzichten. Auch Komplimente die Figur betreffend können schnell falsch verstanden werden, ebenso doppeldeutige Witze. Es kann nicht schaden, bei Gesprächen mit Mitarbeiterinnen die Tür offen zu lassen, um im Zweifelsfall Zeugen zu haben. Es gilt, Distanz zu wahren und Umarmungen oder gar Tätscheln auf jeden Fall zu vermeiden.

Ein Besuch in einem Restaurant der gehobeneren Preiskategorie wird nur wenige Unterschiede zu hiesigen Gepflogenheiten aufweisen. Die Handhabung des Bestecks ist etwas anders, denn der typische Amerikaner zerteilt die Speisen zuerst auf dem Teller, legt dann das Messer an den Tellerrand und isst mit der Gabel. Der Legende nach stammt dieses Verhalten aus der Zeit des „Wilden Westens“, wo man immer schussbereit sein musste.

In Restaurants der niedrigeren Preiskategorie sollte man sich nicht wundern, wenn kein Fischbesteck vorhanden ist oder Wein in falschen Gläsern serviert wird. Ein weiterer Unterschied zeigt sich beim Verlassen des Tisches. Hier wird die Stoffserviette, soweit vorhanden, nach dem Essen nicht auf den Tisch, sondern auf den Stuhl gelegt. Im Gegensatz zu Deutschland oder Österreich verdient der Service in den Restaurants hauptsächlich an den Trinkgeldern. Daher sollten Sie immer zwischen zehn und 20 Prozent geben.

Einen großen Unterschied gibt es hinsichtlich des Dresscodes. In vielen Restaurants wird der Zutritt nur mit Anzug oder zumindest Krawatte gewährt. Als Mann tut man also gut daran, immer eine Krawatte dabei zu haben. Möchte man eine Toilette besuchen, fragt man lieber nach dem „lady's room" oder „men's room", nicht nach der „toilet".

Generell sind Kleidervorschriften viel selbstverständlicher, als dies in Europa der Fall ist. Bei Abendveranstaltungen wird viel häufiger Smoking („black tie" oder auch „tuxedo") gefordert und auch im normalen Businessbetrieb geht es oft etwas schicker zu.

Als Mann trägt man idealerweise einen „Smart Business suit", also einen dunklen Anzug mit einer dunklen Krawatte, Frauen Kostüm oder Hosenanzug. Aufreizende Kleidung oder nackte Beine disqualifizieren eher und sollten daher tabu sein. In den USA ist das Entfernen von Körperbehaarung ganz selbstverständlich, oft werden nicht nur Achseln und Beine rasiert, sondern auch die Arme. Möchte man diesen Trend nicht mitmachen, empfiehlt es sich, die entsprechenden Partien zu bedecken. Wenn Sie sich unsicher sind, welcher Dresscode zu einem bestimmten Termin passt, können Sie sich ruhig mit einem Anruf danach erkundigen, dies ist in den USA ganz normal.

Bei Einladung ist es in der Regel ratsam, seine Kinder zuhause zu lassen und einen Babysitter zu engagieren. Gern gesehen wird es, sich nach erhaltener Einladung danach zu erkundigen, ob man auf irgendeine Art und Weise zu diesem Abend beitragen kann. Gastgeschenke sollten nicht zu teuer sein, die Grenze liegt etwa bei 20 Dollar. Einen guten Eindruck macht man, wenn man sich hinterher entweder per Anruf oder schriftlich mit einem Brief oder einer E-Mail für die Einladung bedankt.

Vereinigte Arabische Emirate

Die Vereinigten Arabischen Emirate (VAE) sind ein auf der Arabischen Halbinsel gelegener Bundesstaat. Sie grenzen im Süden und Westen an Saudi-Arabien und im Osten an den Oman. Seit ihrer Gründung im Jahr 1971 haben sich die Vereinigen Arabischen Emirate unter einer für die Region sehr stabilen Politik stetig weiterentwickelt und sind Deutschlands wichtigster arabischer Handelspartner. Die Stadt Dubai ist in enormem Wachstum begriffen und ist geprägt von einer beeindruckenden Skyline aus den höchsten Wolkenkratzern der Welt. Der Hauptwachstumsmotor sind die Bodenschätze Öl und Gas sowie neuerdings der Tourismus. Plant man geschäftliche Aktivitäten in den VAE, ist Kenntnis von der arabischen Geschäftskultur und der spezifischen kulturellen Rahmenbedingungen sinnvoll.

Wichtig sind hier besonders die Achtung des Ehrgefühls, das unter keinen Umständen verletzt werden darf, sowie besondere Vorsicht bei der Wortwahl. Zudem sollten Sie bedenken, dass aufgrund der Kultur und der Bedeutung der Religion ein ganz anderes Verhalten gegenüber Frauen an den Tag gelegt wird, als man es aus Europa kennt. Mit den Verhaltensweisen eines typischen Gentleman kann man in den arabischen Staaten unter Umständen sogar unangenehm anecken. So sollten Sie nicht auf die Idee kommen, einer Frau in den Mantel zu helfen. Was in Deutschland galant ist, wird in den Vereinigten Arabischen Emiraten anders interpretiert. Das wird auch bei der Begrüßung deutlich. Männer begrüßen sich in der Regel per Handschlag, mit einer Umarmung oder einem Wangenkuss. Die arabische Gesellschaft ist hinsichtlich Berührungen, zumindest was die Männer betrifft, wesentlich freier. In der Regel werden Europäer jedoch zurückhaltender begrüßt, allerdings sollte man sich ruhig mit dem Gedanken einer möglichen Berührung vertraut machen. Denn stößt man einen potentiellen Geschäftspartner von sich, kann das auf diesen verletzend wirken.

Frauen werden in den arabischen Ländern hingegen in der Regel ohne Handschlag, sondern mit Kopfnicken und einem verhaltenen Lächeln begrüßt. Blicken Sie Frauen nicht lange in die Augen blicken und sprechen Sie sich auch nicht direkt an. Auch europäischen Frauen sei geraten, sich an diese Empfehlungen zu halten und beim Händeschütteln etwas zurückhaltender zu sein. Apropos Händeschütteln: In arabischen Ländern gilt die linke Hand als „unrein" und sollte bei der Begrüßung keinesfalls zum Einsatz kommen.

Die Anrede erfolgt mit „Sayed" (Herr) oder „Sayyida" (Frau). An diese können sich Vor- und Nachnamen anschließen. Niemals sollte man nur den Nachnamen nennen. Später, wenn man sich besser kennt, sind auch nur die Vornamen möglich und häufig auch üblich.

Werden Sie von einem Geschäftspartner in seine private Wohnung eingeladen, was sehr schnell vorkommen kann, sollten Sie die Einladung ein- oder zweimal mit seichten Entschuldigungen ablehnen, jedoch niemals mit einem strikten „Nein", das wirkt unhöflich. Besser ist hier ein „Das ist doch nicht nötig" oder Ähnliches. Eine dritte Offerte sollten Sie dann aber in jedem Fall annehmen, denn eine private Einladung ist als große Ehre anzusehen.

Beim Betreten der Wohnung (das gilt auch für Gebetshäuser) zieht man die Schuhe aus und platziert sie mit der Spitze zur Tür. Es empfiehlt sich, kleine Geschenke für die Kinder mitzubringen. Entgegen europäischer Sitte wird der Ehefrau jedoch nichts mitgebracht. Man erkundigt sich auch nicht nach dem deren Befinden und nach dem Essen lobt man sie nicht für das gute Essen. Generell werden der Ehefrau keine Komplimente gemacht.

Aufgrund der islamisch geprägten Kultur sollten Sie von alkoholischen Getränken als Geschenk absehen. Vermeiden Sie es außerdem, schöne Dinge zu bewundern. Der Einheimische könnte sich veranlasst sehen, sie Ihnen zu schenken. In einem solchen Fall befindet man sich jedoch rasch in einer Zwickmühle, da man nun nicht ablehnen kann. Dies wäre genauso unhöflich.

Die Tischsitten sind anders, als wir es in Europa gewöhnt sind. Gegessen wird nur mit der rechten Hand, da die linke als „unrein" gilt. Vor und nach dem Essen wäscht man sich die Hände am Tisch. Erschrecken

Sie nicht, wenn eine unglaubliche Menge an Speisen aufgetischt wird. Das muss nicht alles gegessen werden, sondern es wird immer mehr aufgetischt, als verspeist werden kann. Der Teller wird nicht gänzlich leer gegessen, sondern man lässt einen kleinen Rest auf dem Teller liegen. Das zeigt dem Gastgeber, dass er den Gast großzügig und ausreichend bewirtet hat. Der Kaffee nach Beendigung des Essens ist, wie in Europa auch, das Zeichen zum baldigen Aufbruch. In Restaurants gibt man diskret etwa zehn bis 15 Prozent Trinkgeld.

In Gegenwart von Einheimischen sollte stets eine respektvolle, aufrechte Körperhaltung gewahrt werden. Man fläzt sich nicht in Stühle, sitzt und steht gerade und zeigt vor allem niemandem seine Fußsohlen.

Obwohl es in den Vereinigen Arabischen Emiraten immer sehr warm ist, sollten Besucher von Urlaubskleidung absehen und zum Beispiel nicht in Badesachen durch die Hotellobby gehen. Männer sollten kurze Hosen vermeiden; diese werden zurecht als lächerlich empfunden. Im Geschäftsleben gilt wie überall auch der formelle Businessanzug, der aus Anzug, Krawatte und einem langärmeligen Oberhemd besteht. Frauen tragen idealerweise ein das Knie bedeckendes Kostüm und eine Bluse mit dezentem Ausschnitt.

Beim Planen geschäftlicher Aktivitäten sollten Sie auf die örtlichen Feiertage Rücksicht nehmen. Während des Fastenmonats Ramadan empfiehlt es sich, Termine auf den Abend zu legen. Bedenken Sie, dass Moslems fünfmal am Tag beten. Zu diesen Zeiten sollte man sie nicht stören. Keinesfalls sollte man muslimische Geschäftspartner im Restaurant zum Trinken von Alkohol animieren, zu beachten ist auch das Verbot von Schweinefleisch.

Lassen Sie sich bei Verhandlungen nicht aus der Ruhe bringen, häufige Terminverschiebungen sind üblich. Ungeduld wird schnell als Zeichen von Schwäche wahrgenommen. Außerdem sollte auf lautes Niesen oder Naseputzen verzichtet werden.

Anlass	Anzug	Hemd	Krawatte	Schuhe & Strümpfe
Halboffizieller Anlass (Vernissagen, Geschäftseröffnungen, Luncheons)	dunkel, zweireihig oder einreihig mit Weste, Pattentaschen; umschlaglose Hose	weiß oder blau-weiß/rot-weiß gestreift, Doppelmanschette, Umlegekragen	dunkler Grund, dezente Musterung, Seidenrips, Crêpe de Chine; keine Streifen zum gestreiften Hemd oder Anzug	schwarze Budapester oder glatte schwarze Schuhe (Oxford)
Offizieller Anlass (Kleinere Festlichkeiten, Empfänge bei Tag und am Abend)	schwarz, zweireihig oder einreihig mit Weste, Pattentaschen; umschlaglose Hose	weiß, Doppelmanschette, Umlegekragen	silbergrau, uni oder fein gemustert, schwarz bei Trauer	schlicht schwarz
Festlicher Anlass am Tag (Trauungen, Begräbnisse, Empfänge)	Stresemann (Bonner Anzug), schwarz oder marengo, einreihig mit Weste, Pattentaschen; umschlaglose Stresemann-Hose (gestreift wie beim „Cut")	weiß, Doppelmanschette, Umlegekragen	silbergrau, dezente Musterung, schwarz-weiß-grau, schwarz bei Trauer	schlicht schwarz
Festlicher Anlass am Abend im Haus (Ballett, Theater, Dinner)	Smoking, schwarz, mitternachtsblau, ein- oder zweireihig mit Schalkragen oder Spitzfacon; umschlaglose Hose mit Seidengalon; Weste aus demselben Material wie Smoking oder schwarze Seide, ein- oder zweireihig	weiß, hellblau, écru, Doppelmanschette, Kläppchen- oder Umlegekragen, Brustbiesen und verdeckte Knopfleiste oder Piqué mit Knopflöchern für edle Zierknöpfe	handgebundene Schleife, schwarze (auch blaue oder farblich gemusterte) Seide	Schlicht, schwarz; besser; Lackschnürschuhe mit seidenumhüllten Schnürsenkeln
Festlicher Anlass am Abend unter freiem Himmel (Sommerfest, Schiffsreise)	Dinner-Jackett, weiß oder écru, ein- oder zweireihig, steigende Revers oder Schalkragen, Paspel-taschen; Smokinghose (schwarz); Seidenweste schwarz oder pastellfarben oder Brokat	Smokinghemd weiß, hellblau oder écru, mit Falten- oder Piquébrust und Knopfleiste mit Knopflöchern für Zierknöpfe	schwarze Smokingschleife, Seide	schlicht schwarz; besser: Lackschnürschuhe.

Anlass	Anzug	Hemd	Krawatte	Schuhe & Strümpfe
Hochoffizieller Anlass am Tag (Trauungen, Begräbnisse, hoch offizielle Empfänge)	Cutaway („Cut"), schwarz oder marengo, steigende Revers, ein Schließknopf, knielange Schöße; umschlaglose graue oder gestreifte Hose; graue oder pastellfarbene, zur Beerdigung schwarze, Weste	weiß mit Umlegekragen (Kent / Haifisch) und Doppelmanschette oder einfache Manschette	silbergrau oder grau-schwarz-weiß, zum Kläppchenkragen Plastron, zur Beerdigung schwarze Krawatte	schlichte schwarze Schnürschuhe
Hochoffizieller Anlass am Abend (Galadinner, Staatsempfänge)	Frack, steigende, satinbesetzte Revers, Schöße mit Mittelschlitz, Hose mit doppeltem Seidengalon ohne Umschlag	Frackhemd mit Piquébrust, Kläppchenkragen, einfache (!) Manschetten mit Knopflöchern für edle Manschettenknöpfe	weiße Piqué-Schleife	schwarze Lackschnürschuhe oder Lack-Pumps mit einer Seidenripsschleife vorne
Büro (geschäftlich unterwegs, Geschäftsessen am Mittag)	durchgehender Anzug, uni oder gemustert (z.B. Glencheck, Vogelauge, dunkelblaue Nadelstreifen), einreihig mit fallenden Revers, Rücken- oder Seitenschlitze	blau-weiß oder rot-weiß gestreift, pastellfarben, Doppelmanschette oder einfache Manschette, Umlege-, Klammer- oder Tabkragen	gemustert (z.B. Paisley), diagonal gestreift (nur wenn sonst nichts Gestreiftes) oder gepunktet; einfarbig nur, wenn kein Uniform-Look – besser mit „In-sich-Muster"	braun zum helleren Anzug, schwarz zum dunkleren Anzug, Schnürschuhe (z.B. Budapester, Brogue, Derby), Strümpfe aus Baumwolle, dunkler als die Hose

Danksagung

Beim Herstellen der Fotos und beim Zusammentragen der Quellen, insbesondere für den Auslandsteil, hat mir mein studentischer Mitarbeiter Jakob Döring unschätzbare Dienste erwiesen. Ich möchte ihm an dieser Stelle ebenso danken, wie dem ehrenamtlichen Model Wendelin Köhler und meinem Assistenten Marcus Janota, der vor allem die Fragen und Antworten meines Publikums geordnet und immer wieder Korrekturen vorgenommen hat. Meinen leider schon lange nicht mehr lebenden Eltern danke ich für meine Erziehung, ebenso meiner honorigen Studentenverbindung, dem Corps Suevia München, und meiner teuren Freundin Ega v. der Osten, von der ich vieles erst gelernt habe, was ich jetzt lehre. Dem Verfasser des Vorworts, Alexander Graf Matuschka, danke ich für seine mich ehrenden persönlichen Worte. Und schließlich danke ich besonders meinen Hunderten von Seminarteilnehmern für ihre klugen und hilfreichen Fragen, die sie mir in den Stil-und Etikette-Seminaren stellten. Sie haben mir den Blick für die notwendigen Antworten geöffnet.

Potsdam, im März 2009

Uwe Fenner

© Angelika Zinzow

Uwe Fenner ist Headhunter und Coach. Seit über 20 Jahren als Personalberater tätig, veranstaltet er seit 2003 auch Seminare für Stil und Etikette, die in vielen Zeitungen und Fachzeitschriften positive Erwähnung fanden. In zahlreichen Fernsehbeiträgen, u.a. im ARD-Morgenmagazin, im Programm von n24 bei Sat1 sowie bei VOX und RTL, hatte er Gelegenheit, seine Arbeit und sein Wissen über Stil und Etikette zu präsentieren. Er ist regelmäßiger Kolumnist zu Stil- und Etikettefragen in der *Münchner Abendzeitung,* in der Zeitschrift *Cigar Clan* und im *Diplomatischen Magazin.*

Das „Stil-Dinner am Mittwoch – die perfekte Abendgesellschaft" ist Fenners Antwort auf die vielen TV-Formate mit origineller Kochkunst und zweifelhaftem Stil und Benehmen. Bei dieser Veranstaltung am Jungfernsee in Potsdam führt Uwe Fenner den vorbildlichen Ablauf einer Abendgesellschaft vor Augen und setzt so seine in Seminaren und Büchern dargestellte Benimmtheorie in die Praxis um.

Weitere Informationen über Uwe Fenner finden Sie im Internet unter:

www.fenner.de
www.institut-fuer-stil-und-etikette.de

Register

A

Abendgesellschaft 47
Abendkleid 54
Accessoires 189
Achtundsechziger 18
Adel 164, 165, 207, 208, 209
Adelstitel 165
Adressfeld 163, 164
Akzidenzen (Drucksachen) 193
Ananas 62
Angeberei 24
Anrede 163, 165, 166, 207, 208
Anrufbeantworter 157
Ans-Glas-Klopfen 43
Anzug 114
Anzug-Kombinationen 176
Apfel 62
Applaus 45
Arbeitssitzung 131
Argentinien 289, 290, 291, 292, 293
Arme verschränken 77
Artischocke 62
Ascot 53
Aufmerksamkeit 81
Aufstehen und Setzen 36, 38, 73, 74, 127
Auster 62
Avocado 62

B

Bahnhof 102
Banane 62
Baumwollanzug 47, 176, 178, 179, 180, 181
Beerdigung 186
Begrüßung 36, 37, 125, 126, 208
Benimmbuch 14, 15, 16
Benimm im Alltag 81
Benimmregeln 106
Bescheidenheit 23
Besprechungen 117, 152
Besprechungsraum 117
Besteck 32, 59, 60, 61, 227, 229
Bestellung 147
Besucher 88, 89, 90, 97, 98, 99, 100, 112, 113, 114, 115, 116
Betreten des Hauses 86
Betreuung 141
Bewerbungsgespräch 221
Bezahlen, im Restaurant 149, 150, 151, 153, 154, 231
Birne 63
Black tie 53, 54
Blazer 46, 177, 178
Brasilien 293, 294, 295, 296, 297
Brief 130, 161, 162, 163, 165, 166, 167, 168, 169
Brot 63, 66

Brotkorb 63
Brücken bauen 28
Buffet 141
Bundeskanzlerin 45
Bundespräsident Herzog 44, 45
Büro 117, 173, 179, 189, 218, 220, 221, 226
Business 105, 107, 108, 109, 173, 174, 175, 176, 177, 179
Businessanzug 46, 120, 174, 175
Business-Dinner 46
Business-Etikette 105
Button-down-Kragen 47

C

Casual 49, 50, 181, 182
Check-in 102
China 297, 298, 299, 300, 301
Cocktailkleid 189
Cutaway 17, 51, 52, 53, 104, 184, 185, 186

D

Dame 150, 151, 152, 189
Degen 70
Dessertlöffel 60
Dinner-Jacket 58
Direktor 107
Dresscode 120, 173, 189, 216, 232, 233, 235, 238, 240, 242, 243, 245, 247, 266
Drink 38
Drucksachen (Akzidenzen) 193
Dunkler Anzug 46, 51
Duzen 218, 249

E

Edelstahl 60
Ehrengast 45, 46
Ehrenpflicht 81
Ei 60
Einchecken 102
Einkaufen 95, 96
Einladung 90, 135, 136, 137, 138, 139, 141
- zum Geschäftsessen 147
Einladungskarten 201, 202
Einschenken 259
Einstecktuch 48, 50
E-Mail 130, 161, 163, 166, 168, 169, 170
Empfangsbeauftragter 124, 125, 126
England 301, 302, 303, 304
Erfrischungen 118
Essen 27
Essensbeginn 29
Essenspause 32
Event-Agentur 133, 135

F

Fahrrad 84, 93
Faltenbrust 58
Fingerfood 141
Firmencasino 147
Firmenparkplatz 113
Fisch 60, 66
Fischbesteck 66

Fliege 54, 58
Flipflops 181, 190
Flughafen 102
Flugzeug 103
Frack 51, 53, 55, 56, 182, 183, 184
Franken, Constanze von 14, 15
Frankreich 304, 305, 306, 307
Freizeit 180, 181
Freundschaft 97
Führungsstil, weiblicher 151
Fünfzigerjahre 18
Füße abtreten 86

G

Gabel 32, 33, 59, 61, 229
Gabouchon 56
Gähnen 79
Gartenparty 49, 50, 58
Gast 88, 89, 97, 98, 99, 100, 113, 142, 143, 144, 148, 149, 253, 254
- Pflichten des 146
Gästeliste 133, 134, 135
Gäste-WC 87
Gastgeber 88, 89, 97, 98, 99, 100, 113, 148, 150
Gastgeberpflichten 100
Gastgeschenk 99, 141
Geburt 193, 200
Geburtstag 39
Geflügel 66
Gehrock 51
Geld 35
Gepäck 75, 103
Geräusche 78, 79
Geruch 94, 103, 104
Geschäftsbesuch 144
Geschäftsbeziehung 144
Geschäftsessen 152, 153
Geschäftspräsentation 118, 119
Geschäftsreise 101
Geschenk 258
Geschmacklosigkeiten 24
Gesprächsthema 35
Getränke 124, 259
Gleichheitsgrundsatz 69
Gründerzeit 14
Grundgesetz 69
Gruß 36, 37, 78, 111, 166
Grußformel 163, 166, 167, 171
Guten Appetit 30, 110

H

Hagen, Ernst von 14
Haltung 76, 111
- bei Tisch 32
Händedruck 261
Handgepäck 102, 103
Handschuh 78
Handy 157, 159
Hausbesuch 97
Hausflur 93, 94
Hausgemeinschaft 90
Haustier 94
Hemd 47, 174, 175, 184, 186, 263
Hierarchie 69, 107
Hilfe 23
Hilfsbereitschaft 82
Hochzeit 184, 193, 194, 197, 198, 265, 266, 268, 269, 272, 274, 276, 279, 280

- Anzeige 193, 196
- Empfang 197
Höflichkeit 81, 82
Höflichkeitsbesuch 106
Hohenwart, Albert 14
Hosenanzug 46, 189, 243
Hosentasche 76
Hummer 67
Hummergabel 67
Hund 85, 94
Husten 79
Hut 282

I

Indien 307, 308, 309, 310
Israel 310, 311, 312
Italien 313, 314, 315, 316

J

Jackett 47, 50, 99
Japan 316, 317, 318
Jeans 50, 120, 178, 181
Jermyn Street 55

K

Kartoffel 60, 67
Kaugummi 220
Keller 94
Kinder 85
Kinderwagen 84
Kirche 104
Klappkarte 136, 137
Kleid 58, 189, 199, 243, 274
Kleidung 46, 120, 173, 179, 182
Kleidungsempfehlung 199
Kleiner Stresemann 17, 53, 104
Knicks 78
Knigge, Adolph Freiherr 13
Knopps, Cornelia 15
Koffer 102, 103
Konferenzraum 119, 120, 121, 122, 123, 125
Körperhaltung 33, 76
Kostüm 46, 189
Krawatte 47, 48, 143, 176, 178, 180, 186
Krebs 68
Krebsmesser 68
Kummerbund 58
Kunde 95, 96, 97
Kundenbesuch 114
Kündigung 223

L

Lackschuhe 56
Lärm 83
Leitfigur 132
Liebenswürdigkeit 23
Lob 130
Löffel 32, 33, 34
Ludwig XIV. 13

M

Mahlzeit 30, 109, 110, 111
Mailbox 157
Manager 107
Mediengesellschaft 22

Messer 32, 59, 61
Messerbänkchen 28
Militär 107
Mitarbeiter 112
Mittagessen 51, 148, 151
Monolog 35
Moral 21, 24
Multiplikator 131, 132, 133

N

Nachbarn 83, 91, 92
Nachbarschaft 84, 93
Nachbereitung 130
Nachtisch 60
Namensschilder 142, 155
Nazis 15, 108
Neueinzug 90
Neujahrsempfang 245
Niesen 79
Notizen 129

P

Page 75
Pappritz, Erica 16
Parkplatz 84, 85
Pause 122
Peinlichkeit 148
Pflichtbesuch 89
Pförtner 113
Piercing 189
Placement 42, 46
Plastron 53, 186
Polterabend 196
Portier 115, 116
Präsentation 118, 119, 120, 122, 123, 124, 125, 128, 129, 131
Privatleben 106
Projektleiter 107
Prominenz 134
Protokollführer 129
Prozess 85

R

Ranghöhere 69, 70, 71, 78, 111, 112, 125, 209
Rangkollision 213
Rangniedrigere 69, 70, 209
Rangordnung 107
Rangregeln 70
Ratgeber 13
Raucher 146
Rechnung übernehmen 152
Reden 272
Reisegepäck 115
Reisen 101
Restaurant 148, 149
Rucksack 189
Rücksichtnahme 23, 84
Russland 319, 320, 321, 322

S

Sachbearbeiter 107
Sandalen 181, 189
Schlange stehen 102
Schnäuzen 79
Schuhe 48, 50, 174, 176, 178, 180
Schütte, Carl 16
Schwiegereltern 210

Sechzigerjahre 18
Sekretärin 112, 113, 116
Sitzgelegenheit 88
Sitzordnung 42, 45, 129
Smalltalk 116, 121, 123
Smart casual 49, 50, 51, 182
Smoking 51, 54, 56, 57, 58, 186, 187
Socken 180
Sommerfest 47
Sonderwünsche 148
Spanien 322, 323, 324, 325
Spargel 60, 68
Sprache 35
Staatsbankett 44, 45, 53
Staatsgast 44
Stilsünden 190, 191, 192
Strümpfe 48, 50

T

Tafelbesteck 59
Tannhäuser 11
Taschenuhr 56
Tatoo 189
Team 126, 127, 129
Teamleiter 120, 129
Telefon 155, 157, 158, 159, 160
Telefonat 155, 156
Terminvereinbarung 145
Ticketkauf 102
Tischdame 42, 46, 206
Tischführungskarten 205
Tischgesellschaft 29, 30, 31, 34, 37, 43
Tischgespräch 34, 35
Tischherr 42, 205
Tischkonversation 28
Tischmanieren 31
Tischordnung 42, 141
Tischreden 38, 39, 40, 41, 42, 43, 44, 45
Tischsitten 27
Titel 164, 165, 166, 208
Toast 43
Todesfall 193
Treppenhaus 84, 94
Trinkgeld 286
Türe aufhalten 71, 72, 73
Turnschuhe 180
Tweedjacke 176, 181

U

Uhr 56

V

Verabschiedung 36
Veranstaltung 131, 132, 133, 140, 141, 142, 143, 144
Vereinigte Arabische Emirate (VAE) 329, 330, 331
Vereinigte Staaten von Amerika (USA) 108
Verkaufspersonal 95
Verkaufstricks 158
Verlobung 193
Verspätung 37
VIP-Gast 143
Visitenkarte 114, 115, 145
Vorgesetzter 112
Vorlagebesteck 61

Vorspeise 30
Vorstand 107
Vorstellung 37, 123, 126
Vortrag 131
Vortritt 71, 72

W

Wahrhaftigkeit 23
Warteschlange 102
Weihnachtsfeier 214
Weimarer Zeit 15
Weißer Smoking 58
Werbeagentur 120, 121
Wertschätzung 81
Weste 58
White tie 53, 54, 182
Wilmsen, Friedrich Philipp 14
Wirtschaftsclub 147
Wohnung 83

Z

Zugfahrt 103
Zweiter Weltkrieg 16
Zylinder 53, 280